전남대학교 지역개발연구소 기획도서 12

광주·전남 지역경제현황과 지속가능한 발전방향

전남대학교 지역개발연구소 기획도서 12

광주·전남 지역경제현황과 지속가능한 발전방향

2021년 2월 22일 인쇄
2021년 2월 26일 발행

저자 나주몽·김원기·이상호·조수미·김일태·김봉진
박경석·이찬영·배정환·구재운·정봉현
발행인 정성택
발행처 전남대학교출판문화원

등록 1981. 5. 21. 제53호
주소 61186 광주광역시 북구 용봉로 77
전화 062-530-0573
팩스 062-530-0579
홈페이지 http://www.cnup.co.kr
이메일 cnup0571@hanmail.net

값 20,000원

ISBN 978-89-6849-809-1 (93320)

* 잘못된 책은 바꿔드립니다.

전남대학교 지역개발연구소 기획도서 12

광주 · 전남 지역경제현황과 지속가능한 발전방향

나주몽 · 김원기 · 이상호 · 조수미 · 김일태 · 김봉진
박경석 · 이찬영 · 배정환 · 구재운 · 정봉현 공저

전남대학교출판문화원

서문

최근 저출산·고령화에 따른 인구구조 변화로 인한 성장 잠재력의 약화와 중국을 비롯한 개발도상 국가들의 추격으로 인한 요소투입 중심의 추격형 경제성장의 한계에 직면하여 실질성장률이 저하되고 있다. 더욱이 코로나19로 인해 전 세계는 역성장, 실업, 양극화의 늪에 빠져있는 가운데 사회·경제 각 방면에서 패러다임의 변화가 요구가 거세지고 있다. 2020년 말 기준 국내 주민등록 인구는 5182만9023명으로 2019년보다 2만838명(0.04%) 감소하여 연간 기준으로 처음으로 주민등록 상 절대 인구가 줄어들었고, 출생자보다 사망자가 많아지는 '인구 데드크로스' 현상이 처음으로 발생하였다. 그야 말로 우리나라의 급속한 저출산·고령화에 의한 인구구조를 변화로 인해 생산인력 확보를 어렵게 하여 성장잠재력에도 부정적인 영향을 미치는 우려가 현실화되고 있다.

우리나라가 지금까지 경험해 보지 못한 '저성장이 뉴노멀(new normal)로 되는 시대'를 실감하고 있는 지금, 광주·전남 지역경제의 현실을 객관적으로 직시하고 경제활동주체가 집단지성을 통해 지혜를 모아 지속가능한 발전을 모색하는 것이 필요하다.

이를 위해 기존에 양적 성장 위주의 경제발전정책에서 양적 성장과 질적 성장을 동시에 추구하는 정책으로 패러다임 전환이 요구되고 있으며, 지역정책 차원에서 인력·자원·환경을 지속가능한 형태로 전환하는 새로운 모색이 필요하다. 또한 우리나라의 새로운 패러다임 전환기를 맞이하여 이제는 포용적 성장에 대해 관심을 갖고 위기를 직시하여, 산학연관민이 주인의식을 갖고 혁신주체로서 역할이 더욱 중요시되고 있다.

'전남대학교 지역개발연구소'는 1968년에 설립된 이래 지역발전을 위해 실질적으로 기여할 수 있는 ≪기획도서≫시리즈를 발간해오고 있다. 이 책은 새로운 패러다임 전환기에 대응하여 지역경제현황을 진단하고 광주·전남 지역경제를 다양한 관점에서 지속가능한 발전의 지역정책의 대안을 모색하기 위한 가이드의 역할을 할 수 있도록 종합적으로 정리한 연구서이다.

이 책은 총 9장으로 구성되어 있다. 제1장은 과거 30년간의 광주·전남지역의 생산, 고용, 물가 상황을 살펴본다. 다른 주요 도시 및 지역과의 비교를 통해 광주·전남지역 경기변동의 특징을 살펴보고 2000년 이후 광주·전남지역의 생산성 변화를 고찰함으로서 향후 광주·전남지역의 경제성장에 대한 함의를 논의한다.

제2장은 세계 산업구조의 변화요인과 광주·전남 산업구조의 현황과 특성을 살펴보고, 향후 지역경제의 신성장 동력산업을 중심으로 광주·전남 산업정책의 추진방향을 살펴본다. 구체적으로 광주·전남의 지역경제를 이끌고 있는 주력산업으로서 AI 데이터 집적단지의 조성, 자동차와 관련한 광주형 일자리 사업, 광주·전남의 사회적경제 등의 주요 사업을 중심으로 광주·전남 지역산업 정책의 현황과 발전방안을 검토하고 정책적 제언을 한다.

제3장은 광주·전남의 지방재정 구조 및 세입·세출 측면에서 다양한 특성을 분석하고 지방재정운용의 효율성 측면에서 시사점을 제공한다. 또한 지방재정지출로 인한 지역경제에 미치는 효과를 검토하여 광주·전남의 재정상황에 적합한 정책적 시사점을 제공한다.

제4장은 광주·전남지역의 무역현황을 수출을 중심으로 살펴본 후

최근에 나타난 기술적, 경제적 및 국제정치적 변화의 관점에서 수출에 대한 향후 전망을 하고, 지역기업들의 수출경쟁력을 높이기 위한 정책방향에 대한 제언을 한다.

제5장은 광주·전남 지역의 인구구조 및 노동시장 구조를 파악하고 한국고용정보원의 워크넷 자료를 통해 광주전남의 구인, 구직, 취업 현황을 분석함으로써 이 지역의 노동수요와 노동공급 상에 나타난 특징을 분석한다. 세부적으로는 광주와 전남을 각각 7대 특·광역시와 9개도와 비교하여 광주전남 지역의 상대적인 성과를 파악하고, 최종적으로는 광주전남 지역 구직자들을 대상으로 실업요인을 분해하여 이 지역의 일자리 미스매치를 해소하기 위한 방안을 제시한다.

제6장은 광주와 전남 지역의 환경과 에너지 분야 현황을 파악하고, 타 지역에 비해 각 분야에서 어떤 문제가 있는지 검토해 향후 개선방안에 대해 살펴보고자 한다. 특히 환경 분야에서는 온실가스 및 미세먼지 배출 현황과 관련 정책을 중점적으로 다루고, 에너지 분야에서는 신재생에너지 보급 현황과 관련 정책을 중점적으로 다루고 이에 대한 개선방안을 제시한다.

제7장은 금융과 실물부문의 연관성에 대해 기술하고 있다. 특히 금융 발달이 실물경제의 성장에 미치는 긍정적인 효과는 국내외의 많은 연구에서 입증된 바 있다. 본 장은 광주·전남의 금융 현황을 개관하고 지역금융의 발달이 지역경제의 성장에 미치는 효과를 분석하고자 한다. 또한 금융발달을 촉진하여 지역경제의 성장을 도모하기 위한 정책을 제안한다.

제8장은 광주전남지역을 사례로 생활형 SOC 실태와 발전방향을 살펴 본다. 이를 위해 먼저 사회간접자본의 개요를 검토하고 광주전남 생활SOC의 실태와 문제점을 파악하고, 이를 근간으로 주거·생활 SOC 여건과 전망을 파악하여 정책관점에서 광주전남 생활SOC의 발

전방향을 종합적으로 제시한다.

제9장은 국가균형발전정책이 본격화된 2000년대 이후 역대 정부별로 상이하게 나타나는 균형발전정책의 다양한 추진과정을 살펴보고, 이러한 균형발전정책의 추진과정에서 광주·전남에 지역발전의 현주소를 지역발전지수와 지역혁신지수를 통해 분석한다. 이를 통해 광주 전남 지역관점에서 균형발전정책에 대응한 지속가능한 지역발전방향과 정책적 시사점을 제시한다.

이상의 지역경제현황과 정책적 시사점은 광주·전남지역의 지역경제 활성화를 위한 지역정책의 기초자료로서 활용될 수 있으며, 지역의 연구자, 기업인, 정책담당자 및 시민들에게 유용한 지역경제의 지침서가 될 것으로 기대된다.

이 책은 출간되기까지 주위의 많은 도움이 있었다. 지역연구에 관심을 가지고 귀중한 시간을 쪼개어 집필에 참여해 주신 교수님들께 감사하며, 편집위원회 간사 및 편집 작업을 성실하게 해 준 지역개발연구소 변장섭 학술연구교수에게 감사의 뜻을 표한다.

모쪼록 광주·전남지역 경제의 미래를 걱정하는 연구자, 정책당국 및 시민에게 이 책이 유용한 참고자료로 활용될 수 있기를 기대한다.

2021년 2월 10일

전남대학교 지역개발연구소장 나주몽

목차

제3장 지방재정과 지역경제

제4장 무역현황과 전망

제5장 노동시장 구조 변화 및 정책적 시사점

제6장 환경 및 에너지 분야 현황과 과제

제7장 광주·전남지역 경제 발전을 위한 금융의 역할

제8장 생활SOC 실태와 발전방향

제9장 균형발전정책의 변천과정과 광주·전남지역정책의 지속가능한 발전 방향

제1장

경제성장, 경기변동 및 구성

김원기(전남대학교 경제학부)

본 장에서는 과거 30년간의 광주·전남지역의 생산, 고용, 물가 상황을 살펴본다. 다른 주요 도시 및 지역과의 비교를 통해 광주·전남지역 경기변동의 특징을 살펴본다. 또한 2000년 이후 광주·전남지역의 생산성 변화를 살펴봄으로서 향후 광주·전남지역의 경제성장에 대한 함의를 논의한다.

1-1 지역 총생산 및 구성

본 장에서는 과거 30년간의 광주·전남지역의 생산, 고용, 물가 상황을 살펴본다. 다른 주요 도시 및 지역과의 비교를 통해 광주·전남지역 경기변동의 특징을 살펴본다. 또한 2000년 이후 광주·전남지역의 생산성 변화를 살펴봄으로서 향후 광주·전남지역의 경제성장에 대한 함의를 논의한다.

광주·전남지역의 전반적인 경제상황을 살펴보기 위하여 광주 및 전남지역의 지역 총생산 및 그 구성요소를 우선 살펴보았다. 표 1-1-1에 1989년부터 2017년까지 대략 30년간의 광주·전남지역의 2010년 가격기준 실질 GRDP(Gross Regional Domestic Product)가 나타나 있다. 1989년 380조 가량이었던 한국의 실질 GDP는 2017년에 1500조가 넘는 규모로 지난 30년 동안 5배가량 성장한 것을 볼 수 있다. 광주의 경우 1989년 대략 9조의 실질 GDP를 기록하였고, 2017년에는 30조 가량으로 대략 3배정도를 성장하였다. 전남의 경우 1989년 대략 22조의 실질 GDP를 기록하였고 2017년에는 68조 가량의 실질 GDP를 기록하면서 대략 3배정도 증가한 모습을 보였다. 수치에서 볼 수 있듯이 광주와 전남은 한국의 GDP가 5배 성장하는 동안 3배가량 증가하는 모습을 보이면서 전국의 성장수준에 미치지 못하는 것으로 나타났다.

표 1-1-1. 광주·전남지역 실질 GRDP

(단위: 100억원, 2010년 가격)

년도	전국	광주	전남	광주·전남
1989	38,742	888	2,253	3,141
1990	42,694	1,008	2,419	3,426
1991	47,109	1,090	2,705	3,795
1992	49,788	1,133	2,920	4,053
1993	53,109	1,216	3,065	4,281
1994	58,011	1,350	3,325	4,675
1995	64,025	1,518	3,669	5,187
1996	68,437	1,655	3,917	5,572
1997	72,472	1,708	4,331	6,038
1998	68,825	1,520	4,075	5,595
1999	76,544	1,648	4,148	5,796
2000	82,933	1,788	4,362	6,150
2001	87,030	1,877	4,545	6,422
2002	92,784	2,013	4,738	6,751
2003	95,755	2,016	4,799	6,815
2004	99,669	2,070	4,949	7,019
2005	104,072	2,214	5,084	7,298
2006	109,188	2,299	5,235	7,533
2007	115,184	2,422	5,498	7,920
2008	117,945	2,439	5,562	8,001
2009	118,734	2,451	5,566	8,017
2010	126,515	2,640	5,990	8,630
2011	130,888	2,737	6,081	8,818
2012	133,899	2,764	6,313	9,077
2013	137,614	2,866	6,264	9,129
2014	142,219	2,957	6,312	9,268
2015	146,270	3,007	6,574	9,581
2016	150,578	3,032	6,743	9,776
2017	155,395	3,082	6,885	9,967

자료: 통계청 자료를 바탕으로 저자작성

시기별로 살펴보면 순조로운 성장을 보여주던 광주·전남 지역은 외환위기 기간 동안 GDP가 급감하는 모습을 보였다. 특히 1998년 광주의 실질 GDP는 10% 이상 감소하며, 한국전체의 GDP 감소분 (6%)

보다 훨씬 큰 감소폭을 보여 피해가 컸음을 볼 수 있다. 외환위기 이후 다시 성장세를 보이던 GDP는 2007-08 글로벌 금융위기 기간 동안 성장세가 주춤하였으며, 이후 조금씩 회복되는 모습을 볼 수 있다.

그림 1-1-1에는 광주·전남 지역의 실질 GDP성장률이 나타나 있다. 지난 30년 기간 동안 한국의 GDP성장률은 점차 낮아지는 추세를 보이고 있다. 1990년대에는 5∼10% 구간에서 성장률이 형성되었으나 외환위기 기간에 급격한 하락을 겪은 후 추세적으로 성장률이 낮아진 모습을 볼 수 있다. 광주·전남지역도 예외는 아니어서 전반적인 성장률이 감소하고 있는 추세를 볼 수 있다. 또한 외환위기 이후 광주·전남의 성장률은 지속적으로 한국 GDP성장률 수준을 하회하고 있는 모습을 볼 수 있다. 이러한 점은 광주·전남지역의 GDP성장이 한국 전체 GDP증가분에 미치지 못하는 것의 큰 원인으로 작용한 것으로 보인다.

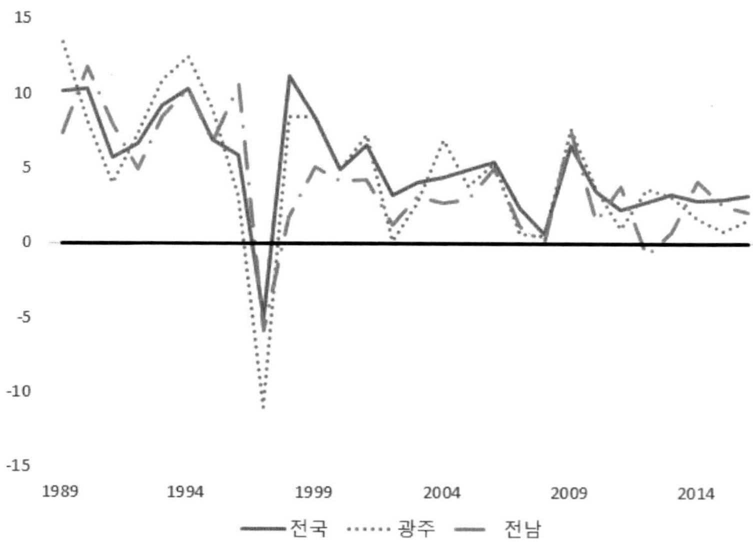

주: Y축은 %, X축은 연도를 나타냄
자료: 통계청 자료를 바탕으로 저자작성

그림 1-1-1. 광주, 전남 실질 GDP성장률

그림 1-1-2는 주요 광역시의 실질 GDP성장률이 나타나 있다. 이를 통해 광주·전남지역의 성장률과 여타 대도시의 성장률의 움직임을 비교할 수 있다. 외환위기 이후 많은 광역시의 실질 GDP성장률이 한국의 성장률을 하회하는 모습을 보이고 있다. 다만 인천의 경우 전국 평균 및 여타 광역시보다 높은 성장률을 보이는 모습을 찾아볼 수 있다. 다만 인천의 경우는 성장률의 변동폭이 여타 광역시보다 훨씬 큰 것으로 볼 때 경기에 영향을 받는 업종이 인천의 GDP의 많은 부분을 차지하고 있는 것으로 짐작된다.

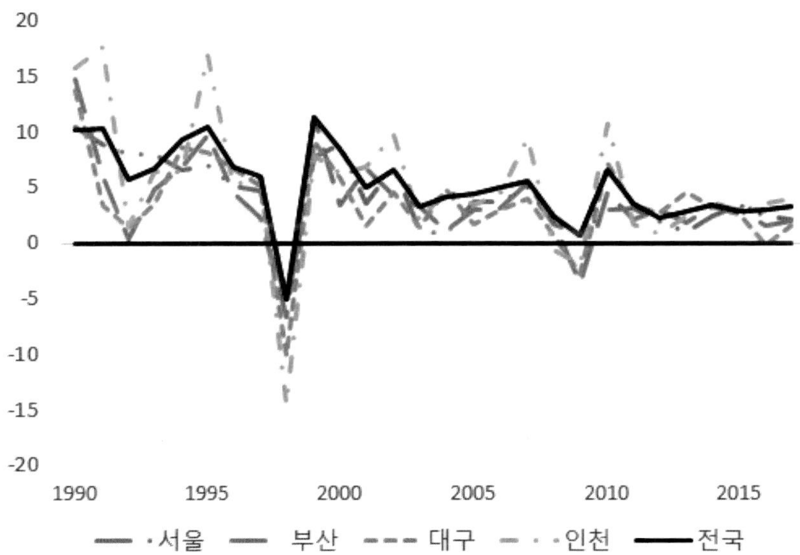

주: Y축은 %, X축은 연도를 나타냄
자료: 통계청 자료를 바탕으로 저자작성

그림 1-1-2. 주요 광역시 실질 GDP성장률

좀 더 세분화된 분석을 위해 광주 및 전남지역의 총생산을 주요 요소별로 분해해 보았다. 표 1-1-2는 1995년 이후 광주·전남지역의 GDP구성요소의 비중을 나타내고 있다. 표에서 볼 수 있듯 한국은 전반적으로 민간소비 및 투자 (고정자본형성)의 비중이 낮아지고 있으며 순수출이 음에서 양으로 전환된 것을 볼 수 있다. 민간소비 및 투자의 비중이 낮아졌다는 것은 공공부분 (정부지출)의 비중이 그만큼 커졌다는 뜻으로 해석할 수 있다. 순수출은 2000년 중반이후 GDP에서 차지하는 비중이 음에서 양으로 전환되었다. 이는 전반적인 수출 호조세와 더불어 수입의 감소에 기인하였을 가능성이 있다.

표 1-1-2. 광주·전남지역 실질 GRDP 항목별 비중

(단위: %)

년도	전국			광주			전남		
	소비	투자	순수출	소비	투자	순수출	소비	투자	순수출
1995	59.6	42.4	-12.4	69.9	40.1	-25.3	44.8	49.9	-21.7
1996	60.2	42.2	-14.0	69.7	38.6	-21.4	44.7	51.2	-27.4
1997	59.0	40.2	-10.4	70.8	37.9	-18.3	42.1	46.8	-9.8
1998	54.7	33.5	0.9	69.4	33.8	-13.6	37.8	37.2	14.2
1999	55.1	32.1	-1.9	73.0	29.5	-17.2	41.0	34.0	10.3
2000	55.2	33.9	-3.4	73.3	34.0	-23.9	41.8	31.8	9.0
2001	55.7	32.8	-2.7	74.1	27.9	-19.7	39.7	31.3	15.1
2002	56.8	32.9	-3.4	75.1	26.2	-17.7	39.1	31.2	16.5
2003	54.9	33.9	-2.7	75.0	30.5	-21.1	37.4	34.1	19.2
2004	52.9	33.4	-0.3	72.4	31.3	-20.2	34.8	31.5	21.8
2005	52.8	32.3	-0.3	70.0	29.7	-17.6	34.4	35.4	21.2
2006	52.6	32.4	-0.4	70.3	33.6	-21.8	34.1	33.0	17.8
2007	52.1	32.2	-0.1	70.0	31.2	-19.7	33.7	37.3	15.6
2008	51.6	31.1	1.8	70.9	30.8	-20.6	33.1	35.9	13.1

년도	전국			광주			전남		
	소비	투자	순수출	소비	투자	순수출	소비	투자	순수출
2009	51.4	31.0	4.7	71.5	27.6	-15.1	33.4	39.2	15.8
2010	50.4	30.7	3.2	69.7	24.4	-12.1	32.2	37.8	12.8
2011	50.0	29.4	3.9	69.4	23.7	-12.4	32.4	36.3	15.1
2012	50.0	28.9	5.3	70.2	25.3	-13.6	32.2	37.8	10.9
2013	49.6	29.0	6.7	69.5	26.3	-13.6	33.2	37.2	11.7
2014	48.9	29.1	6.9	68.1	26.2	-12.0	33.7	32.4	11.6
2015	48.6	30.1	5.6	68.6	26.2	-14.0	33.3	34.8	10.3
2016	48.4	30.5	4.5	69.7	25.5	-14.8	33.3	32.6	17.2
2017	48.1	32.1	2.0	70.8	25.5	-17.5	33.3	31.9	18.3

자료: 통계청 자료를 바탕으로 저자작성

반면 광주의 경우 전국 데이터에 대비하여 민간소비의 비중이 압도적으로 높은 모습을 볼 수 있다. 지역 GDP의 약 70%가량이 민간소비로 이루어져 있으며, 이는 50%가량인 전국평균에 비하여 20%p 가량 높은 수치이다. 투자의 경우 2000년 이후 지역 GDP에서 20%중반의 비중을 차지하고 있으며 이는 전국 평균 약 30%에 비하여 5%p 가량 낮은 수치이다. 즉 광주는 소비가 경제의 대부분을 차지하는 도시라고 볼 수 있다. 이는 순수출의 비중이 -20%를 차지하고 있는 것에서도 볼 수 있다. 비교적 수출산업의 비중이 낮고 소비가 큰 비중을 차지하는 도시인만큼 수출이 적고 소비재 수입이 클 가능성이 있으며, 이러한 구조가 수입이 수출보다 훨씬 큰 결과로 나타나게 된다. 전남의 경우 소비가 30% 초반으로 지역 GDP에서 차지하는 비중이 낮으며 이 수치는 광주의 절반정도에 불과하다. 투자는 2000년 이후 대략 30% 중반가량을 차지하는 것으로 나타났으며, 이는 광주의 20% 중반보다 높은 수치이다. 순수출은 광주와는 반대로 대략 20%가량의 비중을 차지하는 것으로 나타났다. 이는 낮은 민간소비 비중과 무관치 않으며 낮은 소비를 보이는 만큼 수입재 소비가 낮을 가능성이 있다. 전남은 광주와는 달리 단순 민간소비보다는 생산과 관련된 활동이 GDP에서 차지하는 비중이 높은 것으로 보인다.

1-2 고용

본 절에서는 총생산과 함께 중요한 변수인 노동시장에 대하여 분석해 본다. 그림 1-2-1에는 광주 및 전남지역의 1999년 이후 분기별 실업률이 표시되어 있다. 비교를 위하여 서울지역의 실업률이 같이 표시되어 있다. 광주지역에 1997-98 외환위기 이후 나타난 높은 실업률은 2000년 초, 중반이후 4~5%대에서 안정정인 모습을 보이는 것을 볼 수 있다. 광주지역은 2010년 들어 실업률이 하락한 모습을 보여 3% 정도의 실업률을 보이는 것을 볼 수 있다. 또한 광주지역의 경우 2010년 이전 서울과 비슷한 실업률을 보였던 것에 반해, 2010년대에 나타난 실업률의 하락으로 인해 서울지역보다 낮은 실업률을 보여 고용사정이 비교적 좋아진 것으로 보인다. 전남지역은 2000년부터 2010년 사이에 3%이하의 안정적인 실업률을 기록하며, 광주지역보다 낮은 실업률이 나타났음을 알 수 있다. 반면, 2010년대 들어 광주지역의 실업률이 하락하며 최근에는 광주지역과 전남지역의 실업률이 비슷한 수준을 보이고 있음을 알 수 있다.

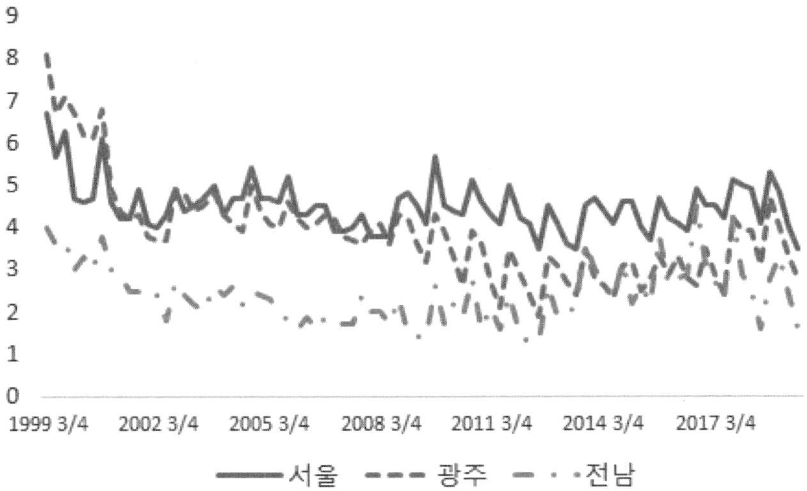

주: Y축은 %, X축은 연도를 나타냄.
자료: 통계청 자료를 바탕으로 저자작성

그림 1-2-1. 광주·전남지역 실업률

또한 고용지표 중 중요한 고용률을 살펴본다. 그림 1-2-2에는 1999년 이후의 분기별 고용률이 나타나 있다. 광주지역의 경우 1999년 이후로 고용률의 꾸준한 상승추세가 나타나고 있어 전반적인 고용시장의 사정이 나아지고 있음을 알 수 있다. 또한 2010년 이후 고용률이 비교적 큰 폭으로 올라 앞서 살펴본 실업률의 움직임과 일치하는 모습을 보이는 것을 알 수 있다.

전남지역의 경우 전반적으로 60% 초, 중반 고용률을 보이고 있어, 50% 후반 및 60% 초반의 고용률을 보이고 있는 서울지역에 비해 높은 고용률을 보이고 있으며, 광주지역보다 전반적으로 높은 고용률을 보이고 있는 것을 볼 수 있다.

주: Y축은 %, X축은 연도를 나타냄.
자료: 통계청 자료를 바탕으로 저자작성

그림 1-2-2. 광주·전남지역 고용률

또 다른 주요 지표인 경제활동 참가율이 그림 1-2-3에 나타나 있다. 광주지역의 경우 꾸준하게 경제활동 참가율이 높아지고 있는 모습을 볼 수 있으며, 특히 2010년 이후 큰 폭의 상승이 나타나고 있다. 앞서 살펴본 광주지역의 실업률 및 고용률 역시 2010년 이후 올라간 모습을 볼 때, 거시적인 측면에서 광주의 고용시장의 상황을 좋아진 것으로 판단할 수 있다. 다만 광주지역의 경우 여전히 서울 및 전남에 비하여 실업률, 고용률, 경제활동 참가율이 부족한 모습을 보여 이후에 개선의 여지가 남아있음을 볼 수 있다.

전남지역의 경우 60% 중반의 경제활동 참가율이 꾸준하게 나타나고 있음을 볼 수 있다. 이는 안정적인 실업률 및 고용률과 함께 전남지역의 고용시장에 안정적임을 의미한다. 다만 금융위기이후 소폭 하락한 경제활동 참가율이 여전히 회복되지 않았음을 알 수 있으며, 이를 위한 개선의 노력이 필요하다 할 수 있다.

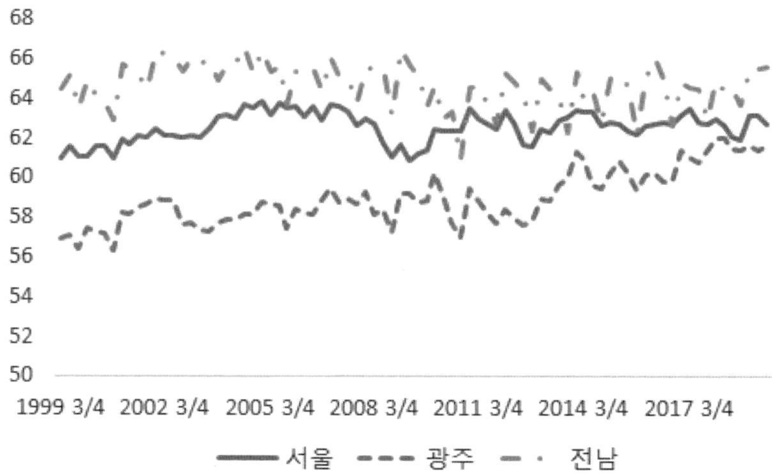

주: Y축은 %, X축은 연도를 나타냄.
자료: 통계청 자료를 바탕으로 저자작성

그림 1-2-3. 광주·전남지역 경제활동참가율

전반적으로 광주 및 전남지역의 고용시장의 사정은 여타 대도시에 비하여 나쁘지 않은 것으로 보인다. 특히 광주지역의 경우 2000년 이후 지속적인 개선세를 보이고 있음을 알 수 있었다. 다만, 이러한 지속적인 개선에도 불구하고 광주지역의 실업률, 고용률 및 경제활동참가율은 서울 및 전남지역에 비하여 절대적인 수치가 낮아 앞으로도 지속적인 개선노력이 필요한 것으로 보인다. 전남지역의 경우 실업률, 고용률, 경제활동 참가율 모두 안정적인 수준이며 서울과 비교해도 좋은 수준임을 알 수 있다. 다만, 2000년 이후 고용시장에 나아지는 모습을 찾아볼 수는 없었으면 경제활동참가율, 고용률의 경우 2000년대에 비하여 2010년대에 소폭 낮아져 회복되지 않는 모습을 보이고 있음을 알 수 있다.

1-3 물가

본 절에서는 주요 거시지표인 물가에 대하여 분석한다. 물가는 총수요측면의 정보를 종합적으로 담고 있어 거시적인 분석에서 주요하게 여겨지는 변수이다.

그림 1-3-1은 1990년 이후 광주 및 전남지역의 물가상승률을 보여주고 있다. 비교를 위하여 전국물가상승률이 같이 표시되어 있다. 물가상승률은 소비자물가지수(consumer price index)를 이용하여 계산하였다. 1990년 초, 중반 높았던 물가는 1997-98외환위기를 거치면 저물가로 전환되었다. 이는 광주·전남 뿐만 아니라 전국에서 나타난 현상이며, 이는 외환위기 이후 낮아진 성장률을 반영하는 것으로 볼 수 있다. 2000년대 들어 한국은 추세적으로 성장률이 낮아지고 있다. 이로 인하여 수요측면의 영향을 크게 받는 물가 역시 추세적으로 낮아지고 있는 모습을 볼 수 있다. 또한 이 같은 하락추세는 2007-08 글로벌 금융위기로 이하여 더욱 가속화 되는 모습을 보이고 있으며, 이로 인하여 2010년에는 1%대의 물가상승률을 보이고 있다.

주: Y축은 %, X축은 연도를 나타냄.
자료: 통계청 자료를 바탕으로 저자작성

그림 1-3-1. 광주·전남지역 물가상승률

이러한 물가의 하락은 앞서 살펴본 고용지표와는 괴리가 있는 것으로 보인다. 앞서 살펴본 고용시장지표 (실업률, 고용률, 경제성장률)은 2010년대 들어와 소폭이나마 개선되는 모습을 보였으며, 특히 광주지역은 개선세가 뚜렷함을 보여주었다. 이러한 고용시장의 개선세에도 불구하고 물가가 지속적으로 하락하는 모습으로 볼 때, 고용시장의 개선이 총수요를 늘리지 못한다고 볼 수 있다. 이는 고용시장의 양적인 개선에도 불구하고 (i) 임금(wage)성장의 정체, (ii) 고용시장의 질적 측면의 개선 부족 등의 이유로 인하여 이러한 현상이 나타날 수 있다. 따라서 고용시장의 양적인 개선과 더불어 질적인 측면의 개선이 필요한 것으로 판단되며 임금성장이 지속적으로 이루어져야 하는 과제를 안고 있다고 할 수 있다.

1-4 생산성

본 절에서는 앞선 총생산을 공급측면(supply side)에서 분석하기 위하여 광주·전남지역의 생산성을 알아본다. 생산성은 지속적인 경제성장의 주요한 요인이며, 향후 장기적인 성장추세는 생산성의 추세와 궤를 같이 하게 되므로 생산성의 향상은 중장기 성장에 가장 주요한 요인이라 할 수 있다.

표 1-1-1에서 볼 수 있었듯 광주·전남 지역의 경우 추세적으로 성장률이 낮아지고 있다. 또한 그림 1-4-1에서 볼 수 있듯 산업의 근간이라 볼 수 있는 제조업의 성장률 역시 2000~2006년 평균성장률에 비하여 2007년 이후의 성장률이 크게 낮아졌음을 볼 수 있다. 좀 더 자세히 살펴보면, 광주지역의 경우 2000~2006년 제조업의 평균 성장률이 10%를 넘었던 것에 비하여 2007~2015년 평균은 5%로 대략 절반정도의 성장률을 기록하고 있다. 전남지역 역시 2000~2006년 사이 10%정도였던 제조업 성장률이 2007년 이후 평균 4%대로 내려갔음을 알 수 있다. 다만 이러한 성장률의 하락은 전국적으로 나타난 현상으로 전국 제조업 성장률 역시 2007~2015년 평균 성장률은 2000~2006년 대비 절반정도에 불과한 것으로 나타났다.

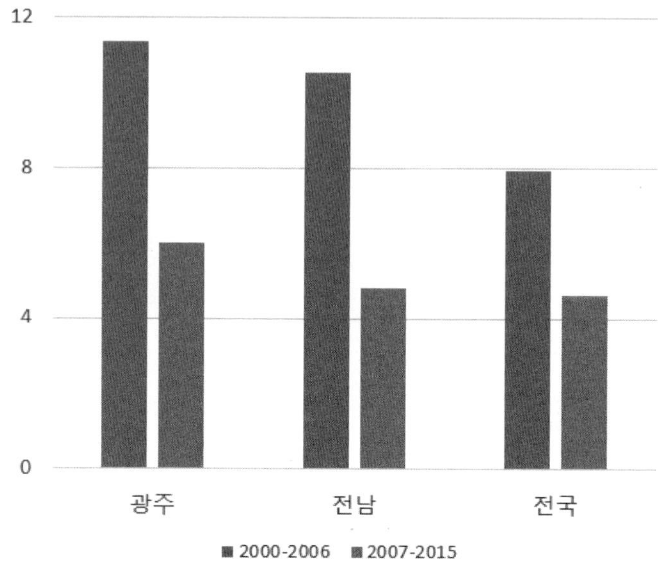

주: Y축은 %를 나타냄.
자료: 한국생산성본부, 저자재가공

그림 1-4-1. 광주·전남지역 제조업 성장률

이와 같은 현상의 원인을 분석하기 위하여 성장률, 특히 제조업의 성장률을 공급측면에서 분해하여 보았다. 표 1-4-1에 광주·전남지역의 제조업의 성장률을 공급측면에서 분해한 결과가 나타나 있다. 표 1-4-1은 2000~2006년과 2007~2015년의 기간 동안의 제조업 성장률을 자본투입, 노동투입, 중간재투입, 생산성이 차지하는 부분으로 분해한 결과를 표시한 것이다. 광주지역의 경우 두 기간 모두 중간재투입이 성장에 큰 영향을 차지하는 것으로 나타났다. 전남의 경우 역시 마찬가지로 중간재 투입이 큰 비중을 차지하고 있다. 따라서 두 지역 모두 다른 부분보다는 중간재 투입의 증가가 경제성장률을 견인한 것으로 보인다.

표 1-4-1. 광주·전남지역 성장률 분해: 성장률에서 차지하는 비중

(단위: %)

	광주		전남	
	2000~2006	2007~2015	2000~2006	2007~2015
자본투입	3	18	-1	33
노동투입	3	3	0	4
중간재투입	71	95	105	68
생산성	21	-15	-5	-5

자료: 한국생산성본부, 저자재가공

광주의 경우 최근 기간 (2007~2015년)에는 이전 기간 (2000~2006년)에 비하여 자본투입이 크게 늘어난 것을 볼 수 있다. 이는 경제성장률에 긍정적인 영향을 끼치는 요인으로 작용하였으나, 생산성의 감소가 매우 커 전반적인 성장률 자체가 하락한 것으로 보인다. 표에서 볼 수 있듯 광주지역의 경우 성장률에서 생산성이 차지하는 비중이 21%에서 -15%로 감소하였음을 볼 수 있다. 이는 광주지역에서 지난 10년 이상의 기간 동안 생산성이 꾸준히 감소하였음을 나타낸다. 생산성의 향상이 지속적인 경제성장을 담보하는 주요한 요인임은 자명한 사실이다. 광주의 경우 이러한 생산성이 지속적으로 하락하는 현상을 보이고 있어 향후 성장경로에 악영향을 끼칠 것으로 판단되며, 생산성 제고를 위한 노력이 하락한 성장률을 끌어올리는 데 가장 중요할 것으로 생각된다.

전남지역의 경우 역시 이전 기간에 비해 최근 기간에 자본투입이 크게 늘었음을 알 수 있다. 이는 전반적인 생산시설의 확충이라는 측면에서 향후 전남지역의 성장에 긍정적인 영향을 미칠 것으로 판단된다. 다만 전남지역은 만성적인 생산성 하락에 직면하고 있는 것으로 보인다. 최근 기간과 이전기간 모두 생산성이 경제성장에 기여하는 부분이 음인 것으로 나타나 경제성장을 저해하는 요인으로 나타나고

있다. 따라서 이러한 부분을 해소하려는 노력이 지속성장의 첫 번째 조건이라고 보인다.

표 1-4-2는 2000년 이후 매년 광주지역 제조업의 성장률을 공급측면에서 분해한 결과를 보여주고 있다. 표에서 볼 수 있듯 총요소생산성 (Total Factor Productivity)이 2007년 이후 역성장을 하는 모습을 찾아볼 수 있으며 이에 따라 제조업의 성장률 역시 감소하는 추세를 보이는 모습을 찾아볼 수 있다. 특히 제조업의 성장에 큰 부분을 차지하던 중간재 투입역시 감소하는 모습을 보이고 있어 향후 제조업 성장에 부정적인 영향을 미치는 요소라고 볼 수 있다.

표 1-4-2. 광주지역 제조업 성장률 분해: 2000년 이후

(단위: %)

년도	총산출	자본투입	노동투입	중간재투입	총요소생산성
2000	15	-0.3	0.5	15.5	-0.8
2001	5	-0.7	-0.2	4.4	1.5
2002	10.1	-0.9	0.3	6	4.7
2003	5	-0.6	0	4.1	1.6
2004	9.7	-0.8	0.3	5.5	4.8
2005	3.7	2.4	0.2	4.5	-3.5
2006	7.1	2.2	0.2	6.2	-1.4
2007	9.5	1.7	0.1	7.3	0.4
2008	5.6	-1.1	-0.2	7.1	-0.2
2009	1.7	-0.4	0	0.1	2
2010	14.1	3	0.6	11	-0.6
2011	3.3	2.8	0.1	3.1	-2.8
2012	1	-0.1	0.2	1	-0.1
2013	2	1.8	0.2	1.1	-1
2014	1.7	1.3	0.2	0.5	-0.3
2015	2.9	0.8	0.2	-1.3	3.3

자료: 한국생산성본부, 저자 재가공

표 1-4-3은 2000년 이후 매년 전남지역 제조업의 성장률을 공급측면에서 분해한 결과를 보여주고 있다. 표에서 볼 수 있듯 총요소생산성 증가률이 감소하는 모습을 볼 수 있으며 최근 중간재 투입 역시 크게 감소한 모습을 찾아볼 수 있다. 특히 중간재 투입의 경우 2000년대 중반에 큰 폭으로 마이너스를 기록한 것을 볼 수 있으며 이로 인하여 총산출 역시 큰 폭으로 감소한 것을 볼 수 있다. 단기적인 하락을 막기 위하여 중간재 투입의 감소를 줄일 방안을 마련하는 것이 필요하여, 지속적인 중장기 성장을 위하여 생산성 제고방안을 마련하는 것이 필요하다 할 수 있다.

표 1-4-3. 전남지역 제조업 성장률 분해: 2000년 이후

(단위: %)

연도	총산출	자본투입	노동투입	중간재투입	총요소생산성
2000	20.6	1.2	0	34.8	−15.3
2001	5.1	1.4	0.3	1.5	2
2002	5.1	−2.1	−0.1	2	5.3
2003	12.4	−0.8	−0.2	13.1	0.2
2004	18.3	−3.3	0.1	8.5	12.9
2005	9.4	2.9	0	9.8	−3.3
2006	2.7	0.3	0.1	7.5	−5.2
2007	15.8	3.3	0.3	8.8	3.4
2008	24.2	−0.4	0.1	23.4	1.1
2009	−12.2	1.3	0	−8.6	−4.8
2010	18.2	3.2	0.3	11.5	3.2
2011	10.5	2.8	0.1	8.6	−0.9
2012	4.2	−1	0.3	4.7	0.3
2013	1.3	5.1	−0.1	1.1	−4.8
2014	−5.3	0.6	0.3	−5.1	−1.1
2015	−13.3	−0.4	0.4	−14.8	1.4

자료: 한국생산성본부, 저자 재가공

비교를 위하여 전국 제조업의 성장률의 공급측면 분해결과를 표 1-4-4에 제시하였다. 전체적으로 2007년 이후 총요소생산성의 하락을 확인할 수 있으나, 광주, 전남지역의 하락분보다는 비교적 적은 폭으로 하락하였음을 볼 수 있다.

표 1-4-4. 전국 제조업 성장률 분해: 2000년 이후

(단위: %)

연도	총산출	자본투입	노동투입	중간재투입	총요소생산성
2000	15	−0.3	0.5	15.5	−0.8
2001	5	−0.7	−0.2	4.4	1.5
2002	10.1	−0.9	0.3	6	4.7
2003	5	−0.6	0	4.1	1.6
2004	9.7	−0.8	0.3	5.5	4.8
2005	3.7	2.4	0.2	4.5	−3.5
2006	7.1	2.2	0.2	6.2	−1.4
2007	9.5	1.7	0.1	7.3	0.4
2008	5.6	−1.1	−0.2	7.1	−0.2
2009	1.7	−0.4	0	0.1	2
2010	14.1	3	0.6	11	−0.6
2011	3.3	2.8	0.1	3.1	−2.8
2012	1	−0.1	0.2	1	−0.1
2013	2	1.8	0.2	1.1	−1
2014	1.7	1.3	0.2	0.5	−0.3
2015	2.9	0.8	0.2	−1.3	3.3

자료: 한국생산성본부, 저자 재가공

전반적으로 광주·전남의 제조업 및 전반적인 성장률은 물적자본 및 자본재의 투입이 견인하고 있는 것으로 보인다. 두 지역 모두 자본투자가 성장에서 차지하는 비중이 큰 폭으로 증가한 것으로 볼 수 있다. 성장에 있어 자본투자의 중요성은 이루 말할 수 없다. 기본적인

경제학의 성장모형에 비추어보았을 때 투자가 성장에 미치는 경로는 자명하다. 다만 이러한 물적 자본의 투자는 한계생산성의 체감으로 인하여 그 효과가 감소되는 점으로 고려하면 생산성의 향상이 이루어야 지속적인 성장을 달성할 수 있다. 이러한 점에서 광주·전남지역 최근의 생산성 하락은 우려스러운 부분이 있으며, 생산성 제고를 위한 정책과 민간의 노력이 필요하다 할 수 있겠다.

1-5 소결 및 정책적 시사점

본 장에서는 광주, 전남지역의 경제현황을 거시적인 측면에서 살펴보았다. 지난 30년간 광주·전남은 실질 GDP기준으로 약 3배정도가 성정하였으나, 이는 한국 전체성장 (5배)에 미치지 못하는 모습을 보였다. 광주의 경우 민간소비가 가장 큰 비중을 차지하는 모습을 보이고 있으나, 전남의 경우 투자와 순수출이 주를 이루는 모습을 보이고 있다.

고용의 측면에서도 광주·전남지역은 양적인 성장을 지속적으로 이루어 왔으며, 전반적으로 비교 대도시에 비해 나쁘지 않은 상황을 보이는 것으로 나타났다. 고용시장의 주요지표인 실업률, 고용률, 경제활동참가율 모두 서울대비 좋은 혹은 비슷한 수준을 보이고 있음을 알 수 있었으며, 다른 주요지표인 물가 역시 여타 지역과 비슷한 정도의 수준임을 알 수 있었다.

다만 이러한 광주·전남지역의 성장은 생산성이 아닌 물적자본 및 자본재 투입이 견인하는 것으로 보여 향후 그 지속성을 담보하기 어려운 것으로 보인다. 공급측면에서의 GDP 분해결과 두 지역 모두 자본투자 (물적 자본 및 중간재 투자)가 성장에서 차지하는 비중이 큰 것으로 나타났으며, 특히 최근 생산성의 하락속도는 우려스러운 부분이 존재한다. 많은 경제학의 성장모형에 비추어보았을 때 투자가 성장에 미치는 영향은 이루 말할 수 없이 중요하나, 지속적인 경제성장을 위해서는 생산성의 향상이 동반되어야 한다. 이러한 점에서 최근의 광주·전남지역의 생산성 하락은 우려스러운 부분이 있다. 향후 지속적인 성장을 위한 생산성 제고를 위해 우선 효율성을 증대시키려는 정책과 민간의 노력이 필요하다 할 수 있다. 불필요한 규제를 없애고 효율적인 제도 수립을 위하여 민관의 협동이 필요한 시점이라 할 수 있다. 또한 4차 산업혁명의 시대를 맞아 기술개발 및 미래먹거리 발굴을 위한 민간 차원의 R&D 투자 역시 지속적으로 이루어지는 것이 중요하며 이를 위하여 세액공제 등 지방정부차원에서의 지원책을 마련하는 것 역시 중요하다 할 수 있다.

참고문헌

구재운·김시원·이상호·김일태·김태기·홍성우·배정환·나주몽·최성호·정봉현·박광서, 『광주·전남지역의 경제현황과 발전방향』, 전남대학교 지역개발연구소 기획도서 9, 지인북스, 2011.

이준표, 『지역별 제조업 총요소생산성 분석』, 한국생산성본부, 2017, 2018.

제2장

산업구조와 산업정책

이상호(전남대학교 경제학부)
조수미(전남대학교 지역개발연구소)

본 장에서는 세계 산업구조의 변화요인과 광주·전남 산업구조의 현황과 특성을 살펴보고, 향후 지역경제의 신성장 동력산업을 중심으로 광주·전남 산업정책의 추진방향을 살펴본다. 구체적으로 광주·전남의 지역경제를 이끌고 있는 주력산업으로서 AI 데이터 집적단지의 조성, 자동차와 관련한 광주형 일자리 사업, 광주·전남의 사회적경제 주요 사업을 중심으로 광주·전남 지역산업 정책의 현황과 발전방안을 검토하고 정책적 제언을 한다.

2-1 서론

코로나19(COVID-19)의 확산에 따라 세계경제의 산업구조가 4차 산업혁명 기술기반의 신성장 산업구조로 재빠르게 바뀌고 있다. 2016년 스위스 다보스에서 개최된 세계경제포럼(WEF)에서도 '자동화와 연결성의 극단 : 4차 산업혁명의 국제적, 지역적, 투자적 함의'라는 백서를 통해 4차 산업혁명의 의의와 영향에 대해 설명하고 있으며 향후 10년간 인공지능(AI), 사물인터넷(IoT), 클라우드(Cloud), 빅데이터(Big Data) 등 지능정보기술이 이끄는 4차 산업혁명이 기존의 제조, 조립, 판매 위주의 산업구조를 급격하게 재편시킬 것으로 예측했다.[1)]

4차 산업혁명은 정보통신 기술을 바탕으로 한 3차 산업혁명의 연장선상에 있으면서도 기존 산업혁명과는 차별화되는 특징이 있다. 기존 산업혁명은 자동화와 연결성을 강화하는 과정인 반면, 4차 산업혁명은 인공지능의 출현으로 사람의 두뇌를 대체하는 시대의 도래를 포함하기 때문에 경제적, 사회적으로 심각한 변화를 가져오는 전환점이 될 것으로 전망된다. 이런 이유로 가까운 미래에는 정보통신 기술을 기반으로 한 제조업 영역이 확장될 것이며, 타산업과의 융합과 새로

1) 다보스포럼은 세계경제포럼의 클라우스 슈밥(Klaus Schwab) 회장에 의해 1971년부터 시작된 국제포럼으로 세계가 직면한 정치, 경제, 사회적 문제 해결을 위해 각국의 지도자 및 유력인사들의 의견을 공유하는 장으로 활용되고 있다.

운 영역창출을 통해 제조업은 빠르게 변화할 것이다. 또한, 기존의 대량생산 중심에서 소규모 맞춤형 사용자 중심으로, 소유에서 공유로의 패러다임에 대한 변화가 제조업을 필두로 전 분야에서 나타날 것으로 보인다.

한편, 세계화는 수년간 글로벌 경제를 이끈 원동력이었다. 세계화의 영향으로 무역관세는 낮아졌고, 자유무역협정(FTA)으로 인해 해외에서 생산한 물건도 싸고 쉽게 구매할 수 있게 되었으며, 글로벌 밸류체인이 형성되면서 국가간 분업과 협업도 자연스럽게 이루어졌다. 그러나 최근 세계 주요국은 보호무역을 앞세운 탈세계화를 이끌고 있다. 특히, 코로나19로 인해 탈세계화가 가속화되면서 기존의 글로벌 경쟁적 자유무역체제에서 보다 안전한 국가로의 자원 이동, 미중 무역마찰의 확대 및 중국과 베트남 등 후발 개도국의 급속한 성장, 그리고 신성장산업의 출현에 따른 산업 간의 격차 심화 등이 향후 국내 산업정책에 중요한 영향을 미치게 될 것으로 보인다. 이에 대응하여 광주·전남을 비롯한 지방정부는 포스트 코로나 시대 지역경제의 활성화에 기반이 되는 미래 신성장 산업을 중심으로 과학기술을 확충하여 지역의 산업구조를 개편하기 위한 산업정책을 지속적으로 추진하고 있다.

본 장에서는 세계 산업구조의 변화요인과 광주·전남 산업구조의 현황과 특성을 살펴보고, 향후 지역경제의 신성장 동력산업을 중심으로 광주·전남 산업정책의 추진방향에 대해 살펴보고자 한다. 구체적으로 광주·전남의 지역경제를 이끌고 있는 주력산업으로서 AI 데이터 집적단지의 조성, 자동차와 관련한 광주형 일자리 사업, 광주·전남의 사회적경제의 주요 사업 등을 중심으로 지역산업정책의 현황과 발전방안을 검토하기로 한다.

본 장의 구성은 다음과 같다. 2.2절에서는 세계 및 국내 산업구조의 변화요인과 산업정책의 변화방향을 살펴본다. 2.3절에서는 광주·전남의 산업구조를 기초통계자료를 기반으로 비교분석을 실시한다. 2.4절에서는 신성장산업을 중심으로 한 광주·전남의 산업정책을 조감하고자 한다. 구체적으로 AI 데이터 집적단지의 조성, 자동차와 관련한 광주형 일자리 사업, 광주·전남의 사회적경제의 주요 사업 등을 중심으로 지역산업정책의 현황을 검토한다. 마지막으로 2.5절은 결론으로 광주·전남의 산업정책의 발전방향을 제언한다.

2-2 국내외 산업구조의 변화

1. 세계 산업구조의 변화요인

세계의 산업구조는 기술적 요인, 정치적 요인, 경제적 요인, 그리고 환경적 요인 등 크게 4가지의 주요 요인이 상호작용하여 영향을 미치고 있다. 먼저, 기술적 요인으로 인공지능, 로봇기술, 빅데이터, 블록체인 등 첨단 정보통신 기술이 경제, 사회 전반에 융합되어 혁신적인 경제구조로 변화되고 있다. 다음으로 정치적 요인으로는 미중 무역마찰이 전세계로 파급되어 세계 경제는 보호무역으로 회귀하는 동시에 경제성장의 둔화세를 보이고 있다. 또한, 경제적 요인으로는 지난 몇 년간 세계의 생산공장의 역할을 해온 중국의 위상이 강화되면서 중국의 비즈니스 환경이 글로벌 공급망의 주축이 되는 세계 경제 생태계가 구조적 변화를 맞이하고 있다. 마지막으로 환경적 요인으로 기후변화와 코로나19 확산 등에 힘입어 사회 전 분야에서 친환경 스마트화가 진행되는 동시에 데이터 산업의 발전을 가속화시키고 있다. 특히, 코로나19는 세계 경제의 새로운 위험 요인으로 급부상하고 있는데, 전반적인 시장 경제체계가 약화되고 불확실성이 증가하여 세계 경제에 중대한 영향을 미치고 있다.

이에 따라 세계의 산업구조는 제조업에서 디지털 기술분야로, 중국을 주축으로 한 글로벌 공급망 구조에서 본국 회귀를 통한 내수 중심으로, 그리고 디지털 사업자를 중심으로 한 글로벌 시장집중 등으로 구조적 변화가 발생하게 될 것이며 이에 대응하여 다음과 같은 각국의 산업정책이 대두될 것으로 예측된다.[2)]

첫째, ICT 기술을 기반으로 한 4차 산업혁명은 디지털 뉴딜정책으로 일컬어지는 기술개발을 통한 경제적 혁신을 가속화시킨다.[3)] 디지털 전환은 데이터, 네트워크, 인공지능(D.N.A: Data, Network, AI) 등 디지털 신기술을 바탕으로 산업의 혁신을 견인할 것이다. 코로나19로 인한 비대면화의 확산으로 생산과 공급을 위한 면대면의 "물리적" 글로벌 공급망 대신에 가상의 버츄얼 방식의 "디지털" 글로벌 공급망으로 전환을 가속화시키고 이는 세계경제의 구조적 대전환을 유발시킬 것이다. 과거 전통 제조업 시대에는 선발주자가 만든 진입장벽이 막대한 자본투자에 근거했었던 반면, 포스트 코로나 이후의 세계에서는 산업의 중심이 제조에서 데이터 플랫폼으로 바뀌고, 핵심자산으로서 막대한 데이터 트래픽을 선점하는 것이 새로운 진입장벽이 될 것으로 보인다.

둘째, 중국을 세계의 축으로 하는 물리적 글로벌 공급망은 코로나19와 같은 외부적 충격에 취약하다는 것이 드러남에 따라, 리쇼어링(reshoring) 정책을 통한 국내 및 지역 일자리 창출을 기대해 볼 수 있다.[4)] 리쇼어링이란 국내 기업 가운데 해외 진출 기업을 정부가 규제

---

2) 한편, 기후변화의 가속화로 인해 신재생산업의 성장과 그린 뉴딜정책의 활성화도 중요한 세계적 산업구조의 변화와 산업정책의 방향이다. 이에 대해서는 본서의 6장에서 구체적으로 논의하고 있어서 본 장에서는 생략하기로 한다.

3) 정부는 2021년 디지털 뉴딜 사업에 12.7조원을 투입할 계획이며, 2025년까지 디지털 뉴딜에 58.2조원을 투입할 계획이다(전자신문, 2021.1.6일자).

4) 이에 더해 최근에는 보다 안전한 국가로 이동하는 디쇼오링(deshoring: deplace + shoring)도 나타날 것이다. 비용절감을 위해 기업의 서비스 기능이나 생산시설 등을 인건비가 저렴한 해외에서 외부조달하는 오프쇼어링(offshoring)과 대

완화와 세제 혜택을 부여함으로써 본국으로 불러들이는 정책을 말하는 것인데, 최근 코로나19로 인하여 해외 진출한 국내기업이 국내로 회귀하는 현상이 늘어남에 따라 이를 진작시키려는 산업정책이 증가하고 있다. 코로나바이러스 감염증의 피해를 최소화하기 위해 회귀하는 민간기업의 재투자와 리쇼어링을 통해 지역의 특정 산업을 집적화할 수 있는 정책의 개발이 중요할 것으로 보인다. 예를 들어, 삼성전자가 국내 생활가전 생산기지인 광주사업장을 증설시키고 첨단기술을 접목하여 기존 생산설비의 효율을 높여 생산량을 대폭 확대하기로 함에 따라 지역의 산업체와 유기적인 협력이 이루어질 것으로 보인다. 또한 광주시는 "광주형 일자리 사업"을 통해 자동차사업장을 지역상생형 일자리사업으로 추진함에 따라 민간시장의 활력과 산업경쟁력이 제고되고 지역경제 활성화를 유도할 수 있을 것으로 보인다.

셋째, 자본 위주의 고성장 경제체제는 소득불균형과 시장집중을 유발시킨 반면 이에 대한 경제적 반동으로 사람 위주의 저성장 경제체제를 안착화시키려는 "사회적 가치"와 함께 하는 산업정책이 대두되고 있다. 특히, 2008년의 글로벌 금융위기와 2020년 코로나19로 인해 가속화된 빈부격차, 고용불안, 고령화가 진행되면서 저성장·저고용의 경제구조로 변화로 변모함에 따라 사회적경제체제에 대한 사회적 요구가 증가하고 있다. 사회적경제는 시장경제의 효율성을 살리면서 양질의 일자리를 창출하고 실업과 빈곤 등 경제·사회문제를 극복하고 양극화를 완화할 수 있는 새로운 정책 대안이다. 예를 들어, 유럽을 비롯한 선진국은 오랜 시민사회의 전통을 기반으로 적극적으로 사회적경제 산업정책을 추진하여 고용과 사회복지를 연계하여 경제체제의 중요한 축으로 제시하여 공공부문과 시장경제를 보완하고 있다.

비되는 개념이다.

2. 국내 산업정책의 변화방향

21세기에 들어선 국내 산업정책은 미래 신성장 동력을 확보하기 위해 정보통신기술을 기반으로 ICT기술의 응용화를 통한 소프트웨어, 게임, 포털, 음악, 동영상 등 지식산업과 생명공학기술의 활성화를 통한 친환경 저탄소 녹색산업을 중심으로 재편되고 있다. 또한, 인공지능을 활용한 AI산업을 집중 육성함으로써 보다 혁신적이고 융복합적인 산업구조로 확대 재편하고자 경주하고 있다.

국내 산업구조정책의 개편방향은 세계 산업구조의 변화요인과 연장선상에 놓여 있지만, 국제경쟁의 관점에서 지리적 위치나 경제적 규모의 측면에서 보면 국내 산업구조정책이 고려해야 할 몇 가지 추가 사항을 검토할 수 있다. 예를 들어, 선진국인 미국, 독일, 일본의 경우 인적역량, 기반시설, 정책지원 등에서 경쟁우위를 보일 것이며, 후발개도국인 중국과 인도는 비용적인 측면에서 경쟁우위를 점차 확대할 것으로 보인다. 따라서 후발 개도국의 부상, 제조업 공동화 및 탈공업화의 가속화, 신성장산업의 출현에 따른 산업간 격차의 심화 요인이 향후 국내 산업정책에 주요한 영향을 미칠 것으로 보인다.

먼저, 국내의 미래 산업에 신성장동력을 제공하고 후발 개도국과의 기술격차를 확대하기 위해서는 신성장산업을 육성하는 동시에 기존의 전통적 제조업의 산업구조의 고도화를 혁신적으로 진작시켜야 한다. 이를 위해 정부는 첨단융복합산업, 벤처혁신사업, 고부가가치서비스산업 등을 지속적으로 적극 발굴하고 이들 산업의 기술경쟁력이 지역경제권으로 확산될 수 있도록 집중 지원해야 한다. 또한, 지방정부는 지역경제의 혁신적 성장을 위해 지식기반사회를 향한 산업구조를 재구축하여 지역경쟁력을 배가시키는 작업을 지역성장의 중요한 요소로 인식하고 적극적인 산업정책을 추진해야 한다. 이에 광주지역은 지역경제 활성화의 기반이 되는 “AI 집적단지”와 같은 미래 신성장산업을 중심으로 과학기술 능력을 확충하고 지역의 산업구조를 효과적으로 재구축하기 위한 정책을 지속적으로 수립하고 있다.

둘째, 중국과 인도 등 후발개도국에서 집중육성하고 있는 최첨단 산업들이 국내의 주요 산업들과 경쟁관계에 놓이게 됨에 따라 이들 후발 개도국의 부상은 국내의 기존 산업에 큰 위험이 되고 있다. 국내 제조업은 생산요소의 가격상승과 제조업 기피에 따른 필요 노동력의 부족, 중저가 시장에서 중국 등 후발 개도국과의 가격경쟁 심화, 국내 기업의 고부가가치 산업으로의 이동 등의 요인에 의해 산업경쟁력에 부정적인 영향을 미치고 있다. 그러나 최근 코로나19의 영향으로 확산되고 있는 리쇼어링 현상에 적극 대응하여 지역 내 일자리를 창출하고 지역 내 제조업의 공동화를 최소화할 수 있는 지역별 특화 정책을 적극 개발할 필요가 있다.[5] 이에 광주지역은 주력 제조업의 생산성을 향상하고, 질적 전환을 유도하기 위해 인공지능 및 IoT 기술을 적극 도입하고 있으며, “광주형 일자리 사업”을 통해 상생형 지역일자리 사업을 실시하여 민간시장의 활력과 산업경쟁력의 제고를 통해 지역경제를 활성화시키기 위한 정책을 지속적으로 추진하고 있다.

마지막으로 미래 신성장산업을 확충하기 위한 디지털 뉴딜과 그린 뉴딜정책은 산업간 격차와 기업 간 격차를 만들어내고 이는 다시 고용 및 소득의 격차와 기술혁신기반(교육, 인적자원 투자)의 격차로 이어져 산업간 격차를 더욱 확대시키는 악순환 구조를 형성함으로써 국내 산업구조의 불안정성을 유발시킬 수 있다. 따라서 지역 내 산업간 분업체계를 형성하고 국내 지역 간 산업구조의 안정성을 추구해야할

5) 강지연·문제철(2018)의 연구에 따르면, 4차 산업혁명시대에는 사물인터넷, 인공지능, 빅데이터 등을 활용한 생산혁신으로 생산성이 개선되면서 자국생산이 유리한 상황으로 전환되기 때문에 리쇼어링이 활발히 진행될 것으로 전망하였다.

필요가 있다. 특히, 가속화된 빈부격차와 고용불안을 해소하면서 저성장·저고용의 경제구조체제에 대응하기 위한 사회적경제체제를 지원하고 일자리와 사회복지를 지역의 경제성장의 중요한 축으로 정착시킬 수 있도록 정책대안을 적극 개발할 필요가 있다. 이에 광주와 전남 지역은 "사회적경제 사업"을 통해 사회적경제기업의 자생력을 확보하는 반면 사회적경제의 생태계를 조성하기 위한 각종 지원정책을 통해 지역경제의 안정화를 추진하고 있다.

본 장에서는 AI 데이터 집적단지 조성사업, 광주형 일자리 사업, 광주·전남의 사회적경제 사업을 중심으로 광주·전남지역 산업정책에 대한 방향을 구체적으로 살펴보고자 한다.

2-3 광주·전남의 산업구조

본 절과 다음 절에서는 광주·전남지역 산업구조의 현황과 특성을 먼저 살펴보고 향후 21세기 신성장 동력산업을 이끌 광주·전남지역 산업정책의 방향을 모색하고자 한다. 먼저, 광주·전남의 기초 산업경제 현황이 표 2-3-1에 제시되어 있다.

표 2-3-1. 광주·전남의 기초산업통계

구분	전국	광주	비율(%)	전남	비율(%)
인구(만명)	5,163	149	2.9	179	3.5
지역 내 생산액 (십억원)	1,900,007	39,815	2.1	76,466	4.0
사업체수(천개)	4,103,172	119,617	2.9	156,914	3.8
제조업체수(개)	437,024	9,105	2.1	14,014	3.2
제조업체 종사자수 (명)	4,105,871	86,109	2.1	117,989	2.9
총연구개발 투자비 (억원)	85,728	901	1.1	660	0.8
연구개발인력(명)	691,060	14,197	2.1	8,627	1.2
연구기관(개)	51,769	907	1.8	768	1.5
지식재산권(건)	162,561	3,431	2.1	3,223	2.0

자료: 통계청 홈페이지와 특허청 홈페이지, 2018년 12월 기준

광주의 경우 인구와 사업체수는 전국대비 2.9%이며, 지역 내 생산액, 제조업체수 및 종사자수 등은 전국대비 2.1%로 나타났다. 또한 연구개발인력과 지식재산권은 전국대비 2%대인 반면 총연구개발투자비와 연구기관은 1% 내외로 나타나 상대적으로 낮은 수치를 보여주고 있다. 전남의 경우는 지역 내 인구가 3.5%를 차지하고 있으며 지역 내 생산액, 사업체수와 제조업체 수는 전국대비 각각 4.0%, 3.8%, 3.2%로 3.0% 이상을 차지하고 있다. 반면, 총연구개발투자비는 0.8%를 차지하여 1% 이하로 매우 낮으며, 연구개발인력과 연구기관도 역시 1%대로 낮은 수치를 보여주고 있다. 지식재산권은 광주와 전남 모두 전국대비 2%에 불과하여 매우 낮은 것으로 나타났다.

표 2-3-2. 광주·전남의 인구 1인당 산업통계

구분	전국평균 (A)	광주 (B)	B/A (%)	전남 (C)	C/A (%)
인구 1인당 생산액	3,680만원	2,672만원	72.6	4,271만원	116.1
연구인력 1인당 연구개발투자비	16만원	6만원	37.4	3만원	22.2
연구인력 1인당 지식재산권	06.315건	0.237건	75.2	0.180건	57.2

자료: 표 2-3-1에 있는 통계청 및 특허청 자료를 가공하여 정리

표 2-3-2는 앞의 표 2-3-1을 기초로 광주·전남의 인구 1인당 성과를 전국대비 평균과 비교한 것이다. 먼저, 광주의 경우 인구 1인당 생산액은 2,672만원, 지식재산권은 0.237건으로 전국대비 70% 이상을 상회하는 반면 1인당 연구개발투자비는 6만원으로 전국대비 30% 수준에 머무르고 있는 것으로 나타났다. 전남은 인구 1인당 생산액이 4,271만원으로 전국대비 100%가 넘지만, 1인당 연구개발투자비와 지

식재산권은 3만원과 0.180건으로 전국대비 22.2%와 57.2%를 각각 차지하고 있다. 특히, 광주와 전남의 1인당 연구개발투자비는 각각 37.4%와 22.2%로 전국대비 20∼30% 수준에 불과하여 낮은 수준임을 알 수 있다.[6)]

표 2-3-3. 광주 전남 지역 내 산업의 비중

(생산액 단위: 십억원)

구분	전국		광주			전남		
	생산액	비중 (A)	생산액	비중 (B)	B/A (%)	생산액	비중 (C)	C/A (%)
농림어업	33,220	1.8	143	0.4	20.6	5,180	6.9	392.6
광공업 및 제조업	508,586	26.7	9,864	24.8	92.7	23,727	31.5	117.7
기타서비스업	1,360,722	71.5	29,798	74.9	104.7	46,518	61.7	86.2
전체산업 소계	1,902,528	100	39,805	100	1	75,425	100	1

자료: 통계청, 「시도별 경제활동별 지역 내총생산」, 2018.

표 2-3-3은 광주·전남의 지역 내 산업 비중을 나타낸 것이다. 2018년 광주·전남 지역 내 총생산액을 기준으로 산업의 비중을 보면, 광주는 농업과 공업기반이 취약하고 서비스업 위주의 3차 산업이 상대적인 강세를 보이고 있다. 전국평균과 비교해 보아도 광주시는 1차 산업인 농림어업이나 광공업 분야에서는 전국평균보다 낮은 비중을 차지하지만 제조업은 전국 평균을 하회한 92.7% 수준이고 서비스업은 전국평균을 약간 상회한 104.7% 수준이다. 이러한 수치를 통해 광

6) 광주전남연구원 지역정보조사센터의 '광주전남연구개발 역량' 인포그래픽에 따르면 호남권의 국가연구개발 예산이 수도권, 영남권, 충청권에 비해 낮은 수준이며, 지역별 국가 연구개발 예산의 경우도 2019년 기준 광주 558,439억원(전국 예산 2.4%), 전남 3199억원(전국 예산 중 1.6%)이다.

주시는 호남권의 중심도시라는 역할에 비해 도시의 기능이 생산보다는 소비에 치우쳐 있다는 점을 나타낸다고 할 수 있다.

그러나 최근 들어 광주는 1차 산업 비중이 점차 하락하고 있으며 제조업 부문 및 서비스업 부문의 성장이 두드러지고 있는 것으로 나타나고 있다. 이로써 광주는 호남권의 행정과 경제중심지로서 행정, 금융, 상권이 활성화된 서비스형 산업구조로 변모해가고 있음을 다시 한 번 확인하였다. 아울러, 광주는 최근 인공지능산업 및 에너지 융합산업을 집중 육성함으로써 기술집약형 산업의 성장으로 제조업이 점점 활기를 띠고 있으며, 특히 기존의 제조업의 중요한 위치를 차지하면서 지역경제를 이끌었던 자동차 산업과 인공지능, 에너지 융합 등 AI와 IT분야의 첨단산업으로 확대되면서 제조업 부문의 산업구조가 점차 다양화되어가고 있다. 또한 서비스업 분야는 전통적인 재래시장의 기능이 쇠퇴하고 있어 시설 현대화를 통해 전통시장을 활성화하고 있으며 대형 매장을 갖춘 백화점 등의 변화와 지역 외 기업들의 진출이 두드러지고 있다.[7]

반면, 전남은 1차 산업인 농림어업이나 광업 뿐 만 아니라 2차 산업인 제조업 분야에서도 전국평균보다 2~3배 높은 비중을 차지하지만 서비스업은 전국평균보다도 낮은 61.7% 수준에 머무르고 있다. 이러한 점은 전남의 산업구조가 소비보다는 생산기능의 역할을 담당하고 있어 광주·전남의 생산과 소비구조에 있어서 조화를 이루고 있다고 볼 수 있다. 그러나 전남은 점차 1차 산업의 비중이 줄어들고 제조업과 서비스업의 비중이 증가하고 있는 추세에 있다. 특히 2차 산업인 제조업은 제철과 석유화학, 조선업이 주를 이루며 국가산업단지

7) 2016년 전통시장 활성화 프로젝트로 재단장한 1913송정역시장, 전통시장 활성화를 위한 시범점포 구축을 한 대인시장, 시설 현대화 사업을 하는 양동시장 등 광주의 전통시장을 활성화하고 있다.

4개소, 일반 산업단지 26개소를 조성하여 에너지 신산업, 생물의약, e-모빌리티, 드론 등 지역의 미래 혁신성장을 견인할 신성장 동력산업을 중점적으로 육성하고 있다.

표 2-3-4는 2018년 통계를 기준으로 광주·전남 지역 내 산업별 종사자수를 나타낸 것이다. 지역 내 산업별 종사자수를 기준으로 볼 때 광주는 1차 산업인 농림어업의 종사자는 0.1%에 불과하지만 서비스업 종사자는 529천명으로 86.0%를 차지하고 있는 것으로 나타났다. 전남의 경우도 1차 산업인 농림어업의 종사자는 1%대로 매우 낮으며, 서비스업 종사자는 605천명으로 82.5%를 차지하고 있음을 확인할 수 있다. 여기서 광주의 광공업 및 제조업 종사자의 구성비는 14.0%인데 반해 생산액 비중은 24.8%를 차지하고 있다.

표 2-3-4. 광주·전남 지역 내 산업별 종사자수

(종사자수 단위: 천명)

구분	광주		전남	
	종사자수	구성비(%)	종사자수	구성비(%)
농림어업	0.4	0.1	7.6	1.04
광공업 및 제조업	86.2	14.0	120.8	16.5
기타 서비스업	529.7	86.0	605.5	82.5
전체산업 소계	616.3	100.0	733.9	100

자료: 통계청 홈페이지, 시도별 산업·종사자규모별 사업체수, 종사자수, 2018.

표 2-3-5는 표 2-3-3과 표 2-3-4를 기초로 광주·전남 종사자 1인당 생산액의 비중을 표시한 것이다. 광주의 경우 1차산업인 농림어업의 종사자 1인당 생산액은 35,750천만원, 광공업 및 제조업의 종사자 1인당 생산액이 11,443천만원으로 서비스업의 5,625천만원보다 훨씬 높다. 전남의 경우도 마찬가지로 1차 산업인 농림어업의 종사자 1인

당 생산액은 68,158천만원, 광공업 및 제조업은 19,642천만으로 서비스업의 경우는 7,682천만원보다 높은 것으로 나타났다.

표 2-3-5. 광주·전남 종사자 1인당 생산액 비중

구분	광주	전남
농림어업	35,750	68,158
광공업 및 제조업	11,443	19,642
기타 서비스업	5,625	7,682
전체산업 소계	6,459	10,277

자료: 표 2-3-3과 표 2-3-4의 광주·전남 생산액과 종사자수를 기준으로 가공하여 정리함.

이하에서는 제조업만을 중심으로 광주·전남의 비중을 구체적으로 살펴보기로 한다. 제조업은 산업형태별 표준산업분류에 따라 기초소재형, 가공조립형, 생활관리형으로 구분할 수 있다.[8] 표 2-3-6에 보는 바와 같이 2018년 생산액을 기준으로 광주의 제조업은 전국대비 80% 이상이 가공조립형에 치중된 반면, 전남의 제조업은 전국대비 200% 이상 기초소재형에 치중되어 있어 광주와 전남의 제조업 비중이 광주는 기초소재형에 전남은 가공조립형에 특화되어 있음을 알 수 있다.

표 2-3-7은 2018년 통계청 자료를 기준으로 광주·전남의 지역 내 제조업 현황을 사업별로 구체적으로 나타낸 것이다.

8) 광업·제조업동향조사상의 산업형태별 표준산업분류 구분에 따르면 기초소재형은 섬유제품, 목재 및 나무제품, 펄프 및 종이, 석유정제, 화학제품, 의약품, 고무 및 플라스틱, 비금속광물, 1차금속이며, 가공조립형은 금속가공, 전자부품/컴퓨터/영상/음향, 의료정밀, 전기장비, 기계장비, 자동차, 기타 운송장비임. 생활관리형은 식료품, 음료, 담배, 의복 및 모피, 가죽 및 신발, 인쇄 및 기록매체, 가구, 기타 제조업의 산업분류로 나누어진다.

표 2-3-6. 광주·전남 제조업의 비중

(생산액 단위: 십억원)

제조업 구분	전국		광주			전남		
	생산액	비중 (A)	생산액	비중 (B)	B/A	생산액	비중 (C)	C/A
기초소재형	616,096	39.1	4,746	14.02	35.9	102,202	90.71	232.1
가공조립형	822,402	52.2	27,314	80.71	154.7	9,857	8.75	16.8
생활관련형	134,505	8.5	1,615	4.77	55.9	288	0.26	3.0
소계	1,575,999	100*	33,841	100*	1	112,665	100*	1

주: *로 표시된 광주의 경우 기초소재형의 코크스, 연찬 및 석유정제품 제조업과, 가공조립형의 기타 운송장비 제조업, 생활관련형의 담배제조업과 가죽, 가방 빛 신발제조업의 생산액, 전남의 경우 생활관리형의 담배제조업, 가죽, 가방 및 신발제조업, 인쇄 및 기록매체 복제업의 생산액에 대한 데이터는 비밀보장으로 소계에서 제외되었으며 이를 포함하면 비중은 100임.
자료: 통계청 홈페이지(2018),광업·제조업조사: 산업분류별 출하액 생산액 부가가치 및 주요생산비 (10인 이상)임.

표 2-3-7. 광주·전남 제조업의 현황

(생산액 단위: 억원)

구분	광주			전남		
	사업체수	종사자수	생산액	사업체수	종사자수	생산액
식료품 및 음료	76	2,864	15,107	420	11,375	37,685
섬유,의복,가죽	38	1,807	4,161	35	1,007	1,780
목재, 나무	14	230	471	24	424	985
펄프, 종이	14	611	1,721	25	631	2,530
인쇄, 복제	17	377	546	3	-	-
석유정제, 화학품, 의약품	22	564	1,148	142	17,518	752,057
고무/플라스틱	150	8,221	27,569	106	5,028	23,264
비금속광물	23	524	1,578	183	5,017	21,752
금속산업	68	1,788	10,935	106	12,318	202,669
금속가공	190	5,278	14,955	193	6,034	17,398
전자부품	62	7,318	25,353	11	517	872

구분	광주			전남		
	사업체수	종사자수	생산액	사업체수	종사자수	생산액
의료, 정밀광학기기	49	1,635	1,927	28	550	1,844
전기장비	122	6,303	29,725	64	2,127	5,613
기타 기계 및 장비	245	11,443	49,083	99	2,703	8,279
자동차/트레일러/기타 운송장비	160	16,244	152,101	269	22,388	45,876
가구	7	123	280	8	249	544
기타	5	138	95	13	219	312
산업용기계 및 장비수리업	-	-	-	45	2,715	3,149
소 계	1,261	65,468	336,755	1,774	90,820	1,126,609

주1: 광주·전남 담배제조업의 경우 자료가 없거나 비밀보호를 위해 자료를 제공하지 않아 소계에서 제외됨. 전남의 경우 인쇄, 복제 제조업의 종사자수와 생산액, 광주의 산업용기계 및 장비수리업 역시 자료가 제공되지 않거나 비밀보호인 경우로 소계에서 제외되었음.
주2: 사업체수는 10인 이상인 사업체만 선정함.
주3: 통계청 홈페이지, 2018.

광주의 경우 사업체수로 보면 기타 기계 및 장비, 금속가공, 자동차/트레일러/기타 운송장비, 고무/플라스틱, 전기장비의 순이며, 이들 업종의 사업체수는 전체 사업자 수의 56.0%를 차지하고 있다. 또한 종사자수를 보면 자동차/트레일러/기타 운송장비, 기타 기계 및 장비, 고무 플라스틱, 전자부품, 전기장비 순으로 이들 업종의 종사자수는 전체 종사자수의 75.7%를 차지하고 있다. 마지막으로 생산액을 보면, 자동차/트레일러/기타 운송장비, 기타 기계 및 장비, 전기장비, 고무 플라스틱, 전자부품 순으로 종사자수와 유사한 순이었으며 이들 업종의 생산액은 전체 광주 제조업 생산액의 84.3%를 차지하고 있다.

전남의 경우는 사업체수로 보면 식료품 및 음료, 자동차/트레일러/기타 운송장비, 금속가공, 비금속광물, 석유정제/화학품/의약품의 순이며, 이들 업종의 사업체수는 전체 사업체수의 68.0%를 차지하고 있다. 또한 종사자수를 보면, 자동차/트레일러/기타 운송장비, 석유정제, 금속산업, 식료품 및 음료, 금속가공의 순으로 이들 업종의 종사자수는 전체 종사자수의 76.7%를 차지하고 있다. 마지막으로 생산액을 보면 석유정제/화학품/의약품, 금속산업, 자동차/트레일러/기타 운송장비, 식료품 및 음료, 고무 플라스틱 순으로 이들 업종의 생산액은 전체 전남 제조업 생산액의 94.2%를 차지하고 있다.

표 2-3-8은 최근 10년간 광주·전남 제조업의 지역내총생산의 증감률의 추이 변화를 나타낸 것이다. 2018년 기준 광주의 제조업 GRDP는 9조9천억원으로 2008년 5조6천억원에 비해 77.3% 증가한 4조3천억원이었고 전국 증가율인 70.2% 보다도 높은 반면, 전남은 2008년 18조천억원에서 2018년 34조3천억원으로 10년 전에 비해 34.3% 증가하는데 그쳤으며 이는 전국평균 증감률의 절반 수준이었다.

표 2-3-8. 최근 10년간 광주·전남 제조업 GRDP 추이 변화

(단위: 백억원, %)

구분	2008		2018		비고	
	GRDP (A)	구성비 (%)	GRDP (B)	구성비 (%)	증감 (B−A)	증감률 (B−A)/A
전국	29,680	100	50,517	100	20,837	70.2
광주	559	1.9	991	2.0	432	77.3
전남	1,811	6.1	3,432	4.8	621	34.3

자료: 최근 10년간 광주광역시 제조업 변화분석 및 2020년 호남지방통계청 경제조사과 자료 인용

한편, 광주·전남의 서비스업은 2018년 생산액을 기준으로 하여 표 2-3-9에 제시되어 있다. 먼저 광주는 서비스업 생산액을 기준으로 사업 서비스(13.02%), 예술 서비스(12.39%), 공공 서비스(11.47%), 보건

서비스(10.41%), 도소매 서비스(10.06%) 순으로 나타났으며 지역 내 비중이 높았다. 이 가운데 사업 서비스(13.0%), 예술 서비스(12.4), 보건 서비스(10.4%) 분야 등은 전국 평균에 비해서도 그 비중이 높은 반면 운수업 서비스(3.9%), 정보통신 서비스(3.6%) 분야의 비중은 전국 평균에 비해 낮은 편이었다.

표 2-3-9. 광주·전남 서비스업의 비중

(생산액 단위: 십억원)

서비스업 구분	전국		광주		전남	
	생산액	비중 (%)	생산액	비중 (%)	생산액	비중 (C)
전기가스	23,586	2.0	288	1.1	2,080	5.6
건설	103,017	8.6	1,866	7.0	4,812	13.0
도소매	137,970	11.5	2,706	10.1	2,412	6.5
운수업	55,864	4.7	1,042	3.9	2,580	7.0
숙박음식	44,013	3.7	1,012	3.8	1,275	3.4
정보통신	81,749	6.8	956	3.6	1,131	3.1
금융보험	104,121	8.7	2,415	9.0	2,224	6.0
사업	138,201	11.5	3,501	13.0	2,544	6.9
공공	168,808	14.1	3,084	11.5	2,454	6.6
교육	115,604	9.7	2,455	9.1	7,294	19.7
보건	90,653	7.6	2,801	10.4	3,502	9.5
예술	81,747	6.8	3,332	12.4	2,996	8.1
기타	53,156	4.4	1,435	5.3	1,767	4.8
소계	1,198,489	100.0	26,893	100.0	37,071	100.0

자료: 통계청 홈페이지, 2018

다음으로 전남의 경우 교육 서비스(19.68%), 건설 서비스(12.98%), 보건 서비스(9.45), 예술 서비스(8.08%) 분야 순으로 지역 내 비중이 높았다. 이 가운데 전기가스 서비스(5.6%), 건설 서비스(13.0%), 운수업 서비스(7.0%), 보건 서비스(9.5%) 및 예술 서비스(8.1%) 분야는 전국 평균에 비해 높은 편인 반면, 도소매 서비스(6.5%), 정보통신 서비스(3.1%), 금융보험 서비스(6.0%), 사업 서비스(6.9%) 분야의 비중은 전국 평균에 비해 다소 낮은 편에 속한 것을 확인할 수 있었다.

마지막으로 표 2-3-10은 2018년 12월 기준 광주·전남 국가산업단지 조업현황이다. 산업단지는 서비스업 중심인 지역 내 산업구조의 취약성을 완화시키고 지역경쟁력을 강화시키기 위하여 국내외 제조업체를 유치시키기 위한 투자환경을 조성하고자 만들었다.

표 2-3-10. 광주·전남의 국가산업단지 조성현황

구분		가동률 (%)	가동업체 수 (개사)	생산액 (억원)	수출 (천달러)	고용인원 (명)
광주	광주첨단산단	72.3	691	62,000	4,138,699	17,091
	평동산단	99.6	507	49,198	744,766	16,114
전남	광양산단	88.5	138	152,498	6,879,215	11,979
	대불산단	87.4	371	12,839	150,546	4,651
	대불(외국인)	89.7	262	1,731	787	1,365
	여수산단	89.0	266	836,571	31,080,390	23,363

주: 광주와 전남에 (신규)조성중인 산업단지인 빛그린 산단의 자료는 미포함
자료: 한국산업단지공단, 2018년 4분기 전국산업단지 현황

광주에는 광주첨단과학산업단지와 평동산업단지가 있으며 생산과 수출이 주를 이루고 있다. 광주첨단산단의 경우 691개의 입주업체 가동률은 72.3%이며 평동산업단지 507개 가동업체는 99.6%의 가동률을 보이고 있다. 이외에 광주 광산구와 전남 함평에 조성중인 빛그린 산업단지는 4,071천㎡(광주 1,847천㎡, 전남 2,224천㎡)의 면적으로

1997년 외환위기와 2008년 글로벌 금융위기 이후 산업구조의 전환과 국가균형발전의 필요성이 제기되면서 서남권 국토의 경쟁력 강화를 위한 첨단산업거점으로 선택되어 조성중에 있다. 한편, 전남에는 여수산업단지, 광양산업단지, 대불산업단지 그리고 대불외국인 산업단지가 조성되어 있다. 이 중 여수산업단지가 생산액 836,571억원이고 수출액은 310억 달러, 그리고 입주업체 가동률도 89.0%로 높은 편이다. 현재 광주·전남의 국가산업단지에서 고용하고 있는 총인원은 7만 8천여 명에 달한다.

2-4 광주·전남의 신성장 산업정책

1. 광주 AI 산업융합 집적단지 조성사업

1) 추진 배경

광주는 지역경제·산업혁신을 위해 지역의 주력산업으로 융합을 통한 데이터 중심의 최첨단 인공지능 산업융합 집적단지를 조성하여 인공지능 기술개발 및 산업육성에 필요한 데이터, 기술, 인력 등의 자원과 데이터센터, 실증기반시설 등의 인프라를 한 곳에 집약한 AI 생태계를 조성하고 있다. 주로 자동차, 에너지, 헬스 케어 등의 지역 주력산업을 AI 데이터 기반 미래 신산업으로 육성함으로써 국내 산업과 경제 및 일자리의 구조적 변화를 촉발하는 계기를 마련하고자 한다.

전세계적으로 인공지능 관련 산업이 지속적으로 성장하고 있기 때문에 우리나라 역시 인공지능분야 관련 산업의 육성을 위해 노력하고 있다. 왜냐하면 인공지능이 현재 성장률 2%를 밑도는 국가 경제성장률을 극복할 수 있는 신성장동력이기 때문이다. 이는 광주·전남 지역 산업의 발전과 성장에 있어서도 예외는 아니다. 광주·전남은 서비스업을 발전시켜 지역경제를 안정적으로 성장시키기 위해 제조업과 연계된 고부가가치 서비스업을 육성할 필요가 있다. 뿐만 아니라 수요 증대가 예상되는 4차 산업혁명 연관 서비스업에 대한 발굴을 통해 지역여건에 특화된 업종의 경쟁력을 제고할 필요가 있다. 즉, 서비스업의 생산성 향상, 고용의 질제고, 수익성 개선을 추구하여 서비스업을 새로운 성장동력으로 육성함으로써 지역 내 양질의 일자리를 창출해야 한다. 특히, 4차 산업혁명 연관 서비스업은 서비스업 내에서도 급여 수준과 고용 안정성이 양호하고 미래에도 관련 인력에 대한 수요가 꾸준히 증가할 것으로 예상된다.

광주·전남 지역은 AI 산업융합 집적단지 조성을 통해 4차 산업혁명 시대 도래에 따른 관련 서비스업을 선도적으로 발굴하고 발전시킴으로써 지역경제의 새로운 도약을 준비하고 있다. 광주는 2020년 6월 정부 예비타당성 면제심사를 통해 AI 중심 산업융합 집적단지 사업자로 선정되었고 앞으로 10년간 1조원의 정부 투자를 받을 예정이다. 이 단지에는 글로벌 10위권 컴퓨팅 파워를 제공하는 규제자유 AI 특화 데이터 센터와 같은 인프라를 구축할 예정이며, AI 실증 테스트베드, AI 산업 융합형 연구개발(R&D), AI 기반 창업 보육 지원 및 투자 매칭, 대학 등 AI 역량 강화 교육 등을 갖출 예정으로 세계 4위 AI 강국의 견인차가 되는 것이 목표이다. 특히, 지역주력산업인 친환경 자동차, 스마트 에너지 및 지능형 공기산업, AI 헬스 케어, 문화콘텐츠 등 4대 사업과의 융합에 치중하여 추진할 계획이다.[9)]

이처럼 광주 AI 산업융합 집적단지 조성사업은 세계적인 인공지능 기업을 육성하여 AI 4대 강국으로 도약한다는 비전아래 신혁신동력 확보를 위한 AI 산업융합 생태계를 조성하는데 목표를 두고 있다. 목표를 달성하기 위해 우선 AI 산업융합 인프라 조성, AI 특화 창업 및 기업 성장지원, 그리고 AI 융합인재 양성이 주요 전략이다. 데이터 중심의 개방형 인프라 조성을 위한 추진과제로 공간건축, AI 특화 데이

9) 이 사업은 지역균형 발전 목적으로 추진되며 2020년부터 2024년까지 광주광역시 첨단3지구에 총사업비 4,116억원의 규모로 추진중에 있다.

터센터 구축, 자동차, 에너지, 헬스케어 등 3대 분야에 대한 실증장비 구축을 한다. 다음으로 맞춤형 일자리 창출형 AI 창업지원을 위해 스탠드업 수요연계 예비 창업지원, 투자 연계형 AI 창업지원, 판로 개척형 AI 기업에 대한 성장을 지원한다. 마지막으로 AI+X 융합 캠퍼스와 AI 두드림을 통하여 산업융합형 AI 인재양성을 추진한다.[10]

광주는 구체적으로 AI 생태계 조성이라는 목표달성을 위해 4대 추진전략과 20대 중점과제를 제시하였다. 4대 추진전략으로 AI 클러스터 조성, 광주형 AI비즈니스 생태계 조성, AI인재 양성 사다리 구축, 시민 참여형 AI 도시 만들기를 제시하였고, 이를 실행하기 위한 20대 중점 과제도 마련하였다. 광주 AI 클러스터는 2020년부터 2024년까지 5년간 약 4,000억원을 투입해 첨단3지구 4만6200㎡ 부지에 조성하며 세계 최고 수준의 GPU 기반 데이터 센터를 구축하고 기업이 자유롭게 제품을 개발·시험할 수 있는 실증 테스트베드와 AI 연구기능도 갖출 예정이다. 뿐만 아니라 10년간 20대 중점과제를 통해 개방형 데이터 센터, 슈퍼 컴퓨팅 파워 등 세계 최고 수준 AI 인프라를 조성할 예정이다. 이를 통해 AI 창업 1000개, 일자리 창출 7000명, 산업분야별 융·복합 AI 인재 5,150명 양성 효과를 기대하고 있다.

2) 주요 사업내용

광주의 AI기반 과학기술 창업단지 구축을 통한 혁신성장비전은 다음과 같은 몇 가지 요소를 통해 시작된다. 첫째, 인공지능 기반 창업

10) 데이터는 인공지능의 핵심요소 중의 하나이다. 인공지능을 학습시키는 가장 기본적인 인프라로 데이터가 축적될수록 인공지능은 고도화되는데. 2020년 초 데이터3법(개인정보보호, 신용정보, 정보통신망) 개정안이 국회 본회의를 통과하여 광주시가 추진중인 인공지능 집적단지 조성사업은 탄력을 받을 것으로 기대된다.

단지 조성을 통하여 4차 산업혁명 핵심기술 제고 및 지역 R&D역량 강화를 통한 세계 No. 1 인공지능 창업도시 조성한다. 이를 위해서는 시장과 수요자의 니즈를 반영한 맞춤형 플랫폼으로써 인공지능 기반 국립 과학기술 창업단지를 조성을 통해 연구성과 – 사업화 – 창업 – 인재양성의 선순환 체계를 만드는 자생적 솔루션 시스템을 마련하게 될 것이다.

둘째, 인공지능 산업지원 역량 강화를 위하여 산업적 확대 가치가 높은 AI분야를 중심으로 과제 발굴 및 공동개발 추진, 지역 AI기업의 수요에 입각한 R&D지원체계를 마련한다. 이를 위해 4차 산업혁명 선도 기술의 현황 분석과 지역 AI기술역량 비교우위 분석을 통해 유망분야 선정, 지속적인 기술역량 강화를 위한 노력해야 한다.

셋째, 지역 대학, 연구소, 기업지원 기관 등에 분산된 창업지원을 체계적으로 연계할 수 있는 지원체계를 구축한다. 대학은 AI 고급인력을 양성하고, 인공지능연구원은 기술을 지원하며 창업·기업지원기관은 창업 및 기업고도화를 위한 지원을 한다. AI 기술사업화 창업/기존 기업은 AI융합 고도화제품 개발을 할 수 있는 유기적인 지원체계가 구축되어야 한다. 또한, AI 기술 분야 예비창업자들의 제품개발 기간과 상품화 경쟁력 제고를 위한 오픈소스 HW/SW 플랫폼 구축 및 활용할 수 있도록 지원해야 한다. 뿐만 아니라 AI제품·서비스의 글로벌 밸류업(Value up) 지원을 통한 글로벌 AI 전문 기업을 육성하고 광주시 「AI기업 특별금융지원사업」 등으로 벤처 창업생태계를 활성화하여 창업기업이 지속적으로 성장할 수 있는 후속지원체계를 마련해야 한다.

넷째, 글로벌 AI 인력양성을 위해 '인공지능 캠퍼스 조성사업'을 추진하여 AI분야 교육 – 취업 – 고용의 원스톱(One-stop) 지원 플랫폼을 구축 한다. 이는 지역대학 간 연계협력을 위한 네트워크를 구축하고

대학별 AI 커리큘럼 개설 및 공유 및 공동 연구랩 운영지원을 통해 달성할 수 있다.

다섯째, 투자확대 및 해외진출기술과 인력 공유가 용이한 비즈니스 생태계 혁신 및 투자확대 벤처창업·AI기업 투자활성화를 위한 펀드 조성 및 투자포럼운영, AI기업을 위한 글로벌펀드 조성, 연구개발 특구펀드 등 지역 내 투자펀드 연계를 통한 후방지원 추진한다. 구체적으로 글로벌 스타기업 육성을 위한 AI 전문마케팅 지원단의 구성을 통한 글로벌 마케팅 경쟁력 레벨업 지원, 해외 전시회 공동 브랜드관 운영 및 비즈니스 협력 프로그램 등을 개발하여 지원한다. 2020년에 착수하여 2021~2022년까지 국내기반을 확충하고 2023~2024년까지 글로벌 경쟁력 강화의 단계별 목표하에 3단계 발전전략으로 구성 로드맵을 세분화하여 수행할 계획이다.

인공지능 기술은 1940년대부터 연구되던 기술이었지만 빛을 보지 못하고 있다가 반도체 기술의 발전에 따른 컴퓨팅 파워의 증가와 인터넷 망의 확산을 통한 데이터의 축적으로 최근 들어 급속하게 발전한 기술이다. 이와 관련된 기술에는 기계학습, 탐색기술, 규칙기반 시스템 등 다양한 방법들이 있으며, 영상·음성인식, 자연어 처리를 비롯한 다양한 분야에서 활발하게 적용되고 있다.

표 2-4-1. 국내 인공지능 시장규모 및 전망

(단위: 억원, %)

구분	2016	2017	2018	2019	2020	2021	CAGR
시장규모	5,400	6,400	7,500	9,100	11,100	13,293	19.8

자료: 과학기술정보통신부 자료 인용, 2021년은 추정치임.

인공지능 기술은 제조업, 서비스업 등 모든 분야에서 적용하고자

노력하고 있다. 인공지능 기술은 장벽없이 다양한 분야에 접목되어 발전하고 있고 관련 스타트업들이 지속적으로 증가하고 있다. 이로 인해 시장은 빠르게 성장하고 있으며 인공지능 기반의 스마트머신 시장은 2019년에 152억 7,900만 달러에 이르렀다. 우리나라의 인공지능 산업도 2017년 6.4조 원에서 2020년에는 11.1조원에 이르는 등 지속적으로 성장하고 있다(표 2-4-1 참조). 하지만 우리나라 정부가 주도적으로 추진하고 있는 인공지능 관련 사업의 투자규모는 주요 선진국 대비 미흡한 수준이다. 인공지능 산업의 성장을 위해 미국, 유럽, 일본, 중국 등은 대규모로 정책적 투자를 하고 있다.[11] 우리나라도 인공지능 산업 육성정책을 수립하고 있으나 착수시점이 늦고 투자규모도 주요국 대비 매우 낮은 수준이다. 따라서 주요 선진국과의 이러한 차이를 극복하기 위해서는 관련 인력들의 연구노력과 더불어 정부의 집중적 투자가 필요하다.

광주·전남지역은 2-3절의 산업구조에서 살펴본 바와 같이 서비스 중심의 산업형태를 가지고 있다. 광주는 전체 사업체 중 86.0%가 서비스업에 종사중이며 전남은 82.5%가 서비스업에 종사중이다. 근로자수만을 보더라도 광주는 53만명, 전남은 60.6만 명이 서비스업에 종사하고 있다. 그러나 광주와 전남의 서비스업에 대한 노동생산성은 타 광역시·도를 하회하며 광주는 광역시 중 가장 낮은 생산성을 보이고 있다. 인공지능은 이러한 광주·전남지역 산업을 성장시킬 수 있는

---

11) 일본정부는 강점인 로봇, 제조업 등과 융합을 고려한 차세대 인공지능 R&D를 추진하고 있으며, 자율주행차, 스마트 공장, 소형 범용 로봇 등의 신기술 도입을 통한 고부가가치 창출을 위해 2020년까지 30조엔 달성을 목표로 제시하였다. 중국은 중국의 인공지능 관련 산업 규모를 1조 위안 이상으로 확대하여 중국의 인공지능 산업을 세계시장의 경쟁자와 동일한 수준으로 끌어올리고, 2030년까지 10조 위안 규모로 인공지능 혁신을 위한 중심센터를 육성한다는 계획을 수립하였다.

신성장동력이 될 수 있을 것이다. 이를 위해 광주·전남지역에서는 인재양성, 인공지능 활용기반의 구축, 그리고 창업지원을 위한 노력을 하고 있다. 미래 산업의 육성을 위해서는 광주지역 내에 생태계 형태의 인공지능 기반 과학기술 창업단지의 구축해야 한다. 생태계 형태의 인공지능 기반 과학기술 창업단지는 창업기업이 성장하여 시장으로 진출할 수 있는 환경이며, 그 환경에서 발생한 다양한 데이터나 자금은 다시 기반으로 돌아가 새로운 창업을 불러일으키는 선순환구조를 갖고 있는 것을 말한다.

이처럼 광주·전남지역이 시장과 수요자의 니즈를 반영한 '연구 성과-사업화-창업-인재양성'의 선순환 체계를 만드는 솔루션 시스템(Total Solution System)의 구축을 목표로 하여, 인공지능 R&D 역량강화, 글로벌 AI 창업 기업육성을 위한 전주기적 지원체계의 구축, 인공지능 전문 인력양성을 위한 인공지능 캠퍼스의 조성 및 투자확대와 해외진출시스템을 갖춘다면 선순환이 가능한 창업생태계의 조성이 가능해질 것이다.

인공지능 기반 과학기술 창업생태계는 실증중심의 연구 및 기업지원 중심의 인프라 구축을 통해 기존 창업생태계의 구축과 차별성을 가지게 된다. 사업화의 걸림돌이 되고 있는 기업과 연구자의 미충족 니즈(Unmet Needs)를 채워줄 수 있는 실증중심의 다양한 인프라와 기업이 개발한 제품이 시장에 진출하기 위해 반드시 거쳐야 하는 안전성 인증을 위한 시험평가체계, 개발된 다양한 제품과 데이터 등의 표준화가 가능한 인프라의 구축은 기존 창업생태계의 가장 큰 차별성이 될 것이다. 특히, 광주 GIST 인근 광주연구개발특구 첨단3지구에 추진 중인 'AI 기반 과학기술 창업단지 구축'사업은 광주·전남지역에 이러한 창업 생태계를 구축하기 위한 초석이 될 것이다.

2. 광주형 일자리 사업

1) 추진 배경

최근 고용 없는 성장 현상이 심화되고 있으며 이를 해결하기 위해서 양질의 일자리를 제공하고 개개인이 지역에서 근로활동을 할 수 있게 되면 실업이 감소하고 국민소득이 향상되고 있다. 광주형 일자리 사업은 광주시와 현대자동차가 합작법인을 설립해 광주에 생산공장을 짓고 2021년부터 연간 10만대 규모의 차량을 생산하면서 근로자 평균 초임 연봉은 주 44시간 기준 3,500만원 수준으로 하는 대신에 정부와 자치단체가 주거·문화·복지 등 지원을 통해 저임금을 보전해 주는 사업이다.

광주형 일자리 사업은 사회적 대타협을 기반으로 한 노사상생의 사회통합형 일자리 모델로 기업과 지방정부가 일자리를 마련하기 때문에 국가균형발전 뿐만 아니라 새로운 일자리 정책이 될 수 있으며 지방정부가 국내외 기업유치를 위해 주거와 교육, 복지 등 사회보장제도를 강화할 수 있는 방안을 마련하는 사업이라고 할 수 있다.[12] 다시 말해서 사회적 합의를 통해 기업은 상대적으로 낮은 임금으로 근로자를 고용하여 그에 상응하는 일자리의 숫자를 늘리고, 낮은 임금

12) 광주형 일자리는 독일 완성차업체 폭스바겐의 'AUTO(아우토) 5000' 프로젝트를 벤치마킹하였다. 아우토 5000은 폭스바겐의 경영진의 요구로 출발하였는데 독일내에 새 공장을 짓고 실업자 고용과 생산성 연동 임금제를 도입하고 워크쉐어링(일자리 나누리)을 확대 시행하는 프로젝트이다. 1990년대부터 급격한 인건비 상승을 이유로 많은 완성차 공장이 해외로 빠져나가는 상황에 직면하면서 2001년 독일은 경기침체로 자동차 생산량이 급격히 감소하였다. 이에 대한 대응책으로 독일의 자동차 회사인 폭스바겐은 노동자 측의 임금 양보를 통한 일자리 창출을 제안하였고, 폭스바겐은 자회사 형태로 자본을 투자하여 자동차 생산직의 80% 수준인 월급 5,000마르크(약 300만원)로 5,000명의 정규직 일자리를 만들었다. 아우토 5000은 노조의 동의하에 독립적인 자회사 형태로 설립되었고, 위기가 지나간 2009년 1월 폭스바겐 그룹에 통합되었다.

에 대한 소득부족분은 정부와 지방자치단체가 주거, 주거·문화·복지·보육시설 등 후생 복지비용으로 지원하는 방식이다. 광주는 현대차의 투자의향과 현대차와의 투자합의로 광주형 일자리 사업에 대한 물질화의 기반은 닦은 상태이다.

광주는 다른 지역과 마찬가지로 양질의 일자리가 부족하여 지속적으로 고급인력이 지역 외로 유출되어 왔다. 광주는 이러한 일자리 문제를 해결하기 위해 2014년에 6월 당시 광주시장 후보의 '사회통합을 통한 광주형 좋은 일자리 1만개 창출'을 공약하면서 시작되었다. 광주의 높은 실업률 해소를 위해 고용유발효과가 큰 완성차 공장을 유치하겠다는 정책을 제안한 것이다. 완성차 공장을 광주에 유치하는 것은 당시 실현가능성이 거의 없어 보였다. 왜냐하면 국내의 자동차 생산은 이미 포화 상태였고, 완성차 회사들이 국내 자동차 생산 비중을 갈수록 줄이는 상황에서 현대기아자동차가 광주에 공장을 건설하지 않을 것이기 때문이었다.

그러나 광주는 노동시장의 이중구조에 주목하였고, 완성차 업체가 1996년 아산공장 준공을 마지막으로 국내에 완성차 공장 건설을 중단한 이유는 높은 임금과 대립적인 노사관계에 있다고 판단하였다. 광주가 이를 해소할 수 있는 대책이 있다면 완성차 공장을 광주에 유치할 수 있다고 판단한 것이다. 완성차 공장을 유치하기 위해서는 기업의 요구를 일정 부분 수용하는 한편, 노동자간 격차 해소를 위해 노동조합들의 양보도 있어야 한다. 개인의 노력과 능력보다는 어느 회사에 취업하느냐에 따라 급여가 결정되고, 그 격차도 사회적으로 인정되지 않는 현재 시스템을 바뀌어야 한다.

광주가 제안한 완성차공장 유치방안으로 신설 공장의 임금을 현재 완성차 공장 노동자들의 임금보다 20~30% 낮게 하되 취업 노동자들에게는 낮은 임금을 보상할 수 있는 주택, 의료, 교통 문제를 지방정

부가 해결하는 방법을 제시하였다.[13)]

이처럼 광주의 일자리위원회가 합의한 광주 완성차 공장의 주요 내용은 다음과 같은 네 가지를 들 수 있다. 첫째, 광주의 노동자들이 정규직으로 적정 노동시간만큼 일하고 적정 임금을 받는 새로운 완성차업체를 설립한다. 둘째, 이 완성차업체는 하청업체에 대해서도 적정한 하청 대금을 지급해야 한다. 셋째, 노동자들은 경영에 참여하고 권리만큼 경영의 책임을 나눈다. 넷째, 이를 통해 노사가 함께 공존하고 노동자 간·기업 간 임금격차를 해소하는 일자리를 만들겠다는 계획이다.

이후 광주형 일자리 사업의 본격적인 실현의 발판이 된 것은 2017년 문재인정부가 시작될 때 대통령 공약으로 내세운 상생형 일자리 모델 추진 이후 부터이다. 광주형 일자리는 광주시와 현대자동차가 2019년 1월 31일 완성차 합작법인 설립 사업 추진에 전격 합의하여 투자협약을 체결하게 되면서 이와 같은 상생형 일자리 모델의 사업이 시작된 것이다. 특히, 신설법인은 기존의 대립적이고 소모적인 노사관계에서 탈피하면서 지역의 다양한 주체들이 참여하는 사회적 대화 기구인 노사민정협의회에 적극적 역할을 부여해 노사가 상생할 수 있는 지속가능한 모델을 만들었다.

광주형 일자리는 한국경제의 고비용 구조와 대립적 노사관계를 혁신적으로 극복하기 위한 대안으로, 기업하기 좋고 일하기 좋은 사회를 구현해 기업은 경쟁력을 높일 수 있으며 근로자는 고용안정과 삶의 질을 향상시킬 수 있는 노사 상생의 사회통합형 일자리 사업이다.

---

13) 광주시의 완성차 공장 유치에 대한 세부 방안은 광주 노사민정이 참여한 사회적 대화 기구인 '더 나은 일자리위원회'에서 논의되었다. 일자리위원회에는 광주시와 지역노동계, 시민사회단체 등 22개 단체가 참여하였고 1년여의 논의 끝에 일자리위원회는 2017년 6월, 4대 의제인 '적정 임금, 적정 노동시간, 원하청 관계 개혁, 노사 책임 경영'에 합의하였다.

뿐만 아니라 광주형 일자리 모델은 적정임금, 상생적 노사관계뿐만 아니라 적정 노동시간, 원하청 관계개선 등의 협력사간 공동 발전 등을 주요 내용으로 하고 있어 직·간접적 고용창출 효과를 유발하며 한국경제가 직면해 있는 고비용 저효율의 구조적 문제를 개선해 저성장, 양극화, 저출산 등 사회 전반의 문제를 근본적으로 해결할 수 있는 새로운 대안으로 될 수 있을 것으로 기대하고 있다.

2) 주요 사업내용

광주형 일자리 모델의 실현을 위해 모두 5단계가 요구된다. 먼저, 1단계에는 광주형 일자리에 대한 문제의식을 전문가들의 의견을 수렴하여 논의를 전개하는 단계이다. 이 시기는 2014년 중반 민선 6기가 출범한 이후 더 나은 일자리 위원회 출범(2016.6) 이전까지로 광주시는 연구용역 등을 통해 광주형 일자리 정책에 대한 아이디어를 정립하였고 공공부문을 중심으로 비정규직의 정규직화 등의 정책을 추진하면서 노정협의를 심화시켰으며, 2014년 9월 정책전담조직으로'광주시 사회통합추진단'을 신설하였다.

2단계는 광주형 일자리의 취지를 공유하기 위해 광주시와 2차 이해당사자들이 일자리 개혁의 주요한 방안을 정립하는 시기로 공공부문을 중심으로 광주형 일자리 원리의 실현방안을 실천하는 단계라 할 수 있다. 민선6기 후반부터 비로소 더 나은 일자리 위원회를 중심으로 한 사회적 대화를 전개하기 시작하였고, 2017년 6월에 '포괄협약'을 체결, 4대 의제를 정립하고 빛그린 산업단지를 그것의 실현을 위한 선도모델로 규정한 것이 핵심적 성과였다.[14] 친환경 자동차산업의 토대가 될 빛그린 산업단지는 광주시 광산구와 전라남도 함평군에 총

14) 문재인정부는 2017년 7월에 발표한 100대 국정과제에 광주형 일자리 모델을 포함하였다.

사업비 6059억을 투입하여 자동차 전용산업단지를 조성할 예정이며 2단계에 걸쳐 추진될 예정이다. 1단계는 2019년 12월까지 부지조성이 완공되었고 2단계는 2022년까지 추가적으로 부지가 조성될 예정으로 자동차 이외에 신소재, 디지털 정보가전, 첨단부품, 광산업 공장 등이 조성되어 친환경자동차 부품 클러스터 조성사업의 핵심 기지 기능을 하게 된다. 뿐만 아니라 2025년까지 1000억원을 투입해 자동차전용 산단이 빛그린 산업단지에 74㎡에 수소융복합산업 특화단지를 조성하여 친환경차 부품 클러스터, 친환경 부품 인증센터와도 연계할 계획이다.

3단계는 연대와 혁신의 원리를 실현내기 위한 별도의 신설법인으로 투자를 유치하고 빛그린 산업단지의 개혁적 조성을 위한 협약체제를 구축을 결정하는 단계이다. 이를 위해 2018년 3월에 지역노사민정협의회에서 투자유치를 촉구하는 합의를 했고, 2018년 가을에 원탁회의와 투자유치추진단 회의를 통해 본격적인 투자협상을 전개하여, 2019년 1월에 합의를 도출해 냈다. 향후 4단계는 앞에서의 성과를 이어 받아 투자의향을 밝힌 현대차와 광주시가 새롭게 합자법인을 설립하여 3단계까지의 합의에 부합하도록 구체적인 여건들을 마련해 가면서, 산단 협약체제의 원리를 물질화해 가는 단계라고 할 수 있다.

4단계는 사회적 대화의 관건을 두 가지 측면에서 볼 수 있다. 첫 번째 측면은 지역노사민정협의회가 산단의 협약체제를 구현해 나갈 수 있도록 구축한 실질적인 논의의 틀인 노정협의회를 활성화시키는 것이다. 이를 통해 산단의 독특한 노동거버넌스 방식을 확립해야 한다. 2019년 1월 광주시 노사민정협의회는 지역 노동계와 상생협의회 결정사항의 유효기간을 비롯해 지역경제 활성화 및 일자리 지속창출을 위한 노사생상발전협정서(안)를 만장일치로 합의하였다. 두 번째 측면은 산단거버넌스 체제의 실현에 맞추어 현대차와 광주시가 여타의 투자주체들과 함께 신설법인을 주도적으로 이끌면서 그 안에 광주형 일자리가 제대로 구현되도록 하는 것이며 신설법인의 지배구조를 다양한 주주 및 이해당사자들의 이해를 고려한 조화가 중요하다. 이 두 가지 측면 모두 광주시와 지역노동계의 역할이 중요하다.

마지막 5단계는 새로운 공장 건설과 신규직원을 채용하는 시기이다. 공장이 가동되기 시작하는 시점부터 신설법인과 더불어 산업단지의 노동체제를 지속가능하도록 이끌어 가는 시기이다. 우선 2019년 12월, 제1차 경력직 직원 공개채용을 통해 23명을 채용하였다. 이때 358명이 지원하여 16대 1의 경쟁률을 보였다. 2021년에는 완성차 양산을 목표로 2021년 상반기부터 생산직 인력 1천명을 채용할 예정이다.

광주형 일자리의 핵심은 연대와 혁신에 기반을 둔 일자리 모델을 만들어내는 것이고 이를 위해 사회적 대화를 활성화하는 것이다. 혁신을 위해서는 경직을 탈피하고 유연의 길을 개척해야 한다. 그리고 연대와 포용을 위해서 그러한 유연적 혁신의 기반이 되어 주어야 한다. 혁신과 연대는 분리된 것이 아니라 상호 유기적으로 결합되었을 때 시너지 효과를 낼 수 있다.[15] 또한 사회적 대화는 실질적이어야 한다. 이해당사자와 노사의 이해를 대표하는 이들이 참여하고 지자체가 이를 적극 지원하고 협력하는 소통이 이루어져야 하며 노사의 간극을 좁히고 청년들의 합주행동으로 나가가는 것이 진정한 혁신이다. 일종의 사회혁신이라 볼 수 있다. 광주형 일자리는 산업혁신, 고용혁신, 노사관계 혁신을 모두 아우르는 사회혁신을 얼마나 이루었는지로 평가될 수 있다.

광주형 일자리 사업은 적정임금. 적정 노동시간, 동반성장, 소통·투명경영 등 광주형 일자리 4대 원칙을 바탕으로 설립중인 자동차 공

15) 기존의 한국의 유연화는 노동체제의 수량적 유연성 증대에 치중했으며, 이는 연대와 포용을 전제로 하지 않고 배제와 차별화를 동반하는 것이었다.

장에 정부지원을 받게 됨에 따라 노사민정 대타협의 새로운 일자리를 만드는 광주형 일자리 모델이 될 것이다.[16] 특히, 광주 상생형 지역일자리는 사회적 대화 기반의 노사민정 대타협을 바탕으로 기존의 대립적 노사관계를 탈피하여 협력적 노사관계를 구현하는 새로운 사회 통합형·연대형 일자리 모델이다. 한국경제가 직면한 고비용·저효율 구조와 대립적 노사 관계를 극복할 수 있는 대안으로서, 상생형 지역일자리 전국 확산을 통해 한국경제 재도약의 계기를 마련할 것이다.

광주형 일자리 자동차 공장사업은 빛그린 국가산업단지 약 18.3만평에 약 5,754억원을 투자하여 SUV 등 약 10만대의 자동차를 생산할 계획이며 적정임금과 안정적 노사관계를 바탕으로 경쟁력을 확보한 완성차 공장을 설립함으로써 지역 자동차 산업 재도약의 모멘텀을 마련하고 지역경제 활성화 및 청년 일자리 창출에 기여할 것이다.

3. 광주·전남의 사회적경제 사업

1) 추진배경

2007년 사회적기업육성법이 제정된 이후 우리나라의 인증사회적기업은 광주·전남뿐만 아니라 전국적으로 사업체수가 지속적으로 증가하고 있다. 정부는 당시 사회적기업육성법 제정을 통해 인증제도와 지원제도를 결합하여 사회적기업의 성장의 기틀을 마련하였다. 그러나 최근 인증요건이 엄격하고 다양한 목적의 기업을 포괄하지 못한다

16) 산업통상자원부는 최근 상생형 지역일자리 심의위원회를 열어 '광주형 일자리 자동차 공장 설립 사업'을 국내 첫 상생형 지역일자리로 선정했다. 이로써 2021년 하반기부터 차량생산 예정인 공장에서 정규직 노동자 1000명을 고용할 예정이며 노동자는 주 40시간 노동에 평균 연봉 3500만원을 받게 된다. 다른 자동차공장에 비해 임금은 낮지만 주거, 공동어린이집, 의료지원 등 사회적 임금을 제공한다.

는 지적에 따라 등록제로의 개편하기로 하였다.[17)]

표 2-4-2는 한국사회적기업진흥원에서 발표하는 인증사회적기업 수에 대한 지역별 현황을 나타낸 것이다. 2019년 12월말 기준 전국 지역별 인증사회적기업의 수는 2,435개이며, 고용노동부 인증 사회적 기업의 전국 분포를 살펴보면 서울, 경기 등 수도권 지역의 비중이 10% 이상을 차지하고 있으며 그 다음으로 인천, 전북, 경북 순으로 나타났다.

표 2-4-2. 전국 지역별 인증사회적기업 현황

(단위: 개, %)

지역	서울	부산	광주	대구	대전	울산	경기	인천	전남
기업수	461	115	113	84	68	85	411	148	132
비율	18.9	4.7	4.6	3.4	2.8	3.5	16.9	6.1	5.4
지역	**전북**	**제주**	**충북**	**충남**	**경남**	**경북**	**강원**	**세종**	**비고**
기업수	144	55	102	99	117	155	133	130	
비율	5.9	2.3	4.2	4.1	4.8	6.4	5.5	0.5	

자료: 한국사회적기업진흥원, 2019년 12월 기준

이처럼 인증 사회적기업은 전국적으로 2007년 55개에서 2019년 말 기준 2,435개로 대폭적으로 증가하였다. 이는 지역별로 일자리 창출, 사회서비스 제공 등을 목적으로 사회적기업을 지속적으로 발굴 육성 한데 기인한 것이다. 서울은 인증사회적기업 수가 461개로 18.9%를 차지하면서 가장 큰 비중을 차지하고 있으며, 그 다음은 경기도로

17) 정부는 다양한 사회적 가치를 추구하는 혁신기업들이 사회적기업으로 활동할 수 있도록 진입장벽을 완화하기 위해 사회적기업 인증제를 등록제로 전환하기로 하였다. 2019년 8월 사회적기업 육성법 개정안에 따라 국무회의에서 심의·의결되어 법률안이 국회에 제출됨에 따라 현행 인증요건에서 일부 절차를 간소화하여 일정요건만 갖추면 사회적기업으로 등록할 수 있게 된다.

411개의 인증 사회적기업이 16.9%를 차지하고 있다. 서울과 경기만 인증 사회적기업이 10% 이상을 차지하고 있다. 광주는 113개(4.6%), 전남은 132개(5.4%)의 인증 사회적기업이 운영 중에 있고 대전, 세종, 제주를 제외하면 인증사회적기업의 수는 전국적으로 4~6%를 차지하고 있다는 것을 확인할 수 있다.

광주·전남지역은 사회적경제 분야에 대한 지역민의 관심을 바탕으로 다양한 분야의 사회적기업에 대한 육성을 추진하고 있으며, 사회적경제 및 마을만들기 등 연대와 협력에 기초하여 정책을 추진하고 있다. 뿐만 아니라 광주·전남지역은 정부의 사회적경제 육성 정책의 흐름에 맞춰 사회적경제기업 육성 정책을 확대·강화하고 있으며, 다양한 형태의 지원을 통해 사회적기업의 양적·질적 성장을 지원하고 있다.

최근에는 사회적경제기업의 자생력 확보를 위해 보조금 중심의 지원정책에서 벗어나 관련 생태계를 조성하려는 노력을 강화하고 있으며, 중간지원조직의 역량 강화, 교육, 창업, 컨설팅, 판로 종합지원 인프라 확충, 성장단계별 맞춤형 지원을 확대하고 있다.

한편, 광주·전남 지역의 사회적경제를 활성화하기 위해서는 사회적경제 분야를 둘러싼 제반 여건변화에 대응하고 사회적기업의 지속적인 성장 및 질적 성장을 지원하기 위한 새로운 정책에 대한 수요를 반영할 필요가 있다. 뿐만 아니라 제3차 사회적기업 육성기본계획에 따라 정부지원의 의존도를 줄이고 사회적기업이 스스로 성장할 수 있는 생태계를 조성하는 방식으로 정책방향을 전환해야 한다. 또한 정부는 다양한 분야에서 사회적 가치를 추구하는 혁신적 기업들이 사회적 기업으로 활동할 수 있도록 요건을 대폭 완화한 등록제 전환을 발표하였다. 2019년 8월, 사회적기업육성법 개정안이 국무회의에서 심의 의결되었다는 것은 사회적기업 우대 정책 등에 따른 창업, 진입 수요 증가에 따른 진입장벽완화에 대한 필요성이 반영된 것으로 볼 수 있다. 지난 10여 년간 엄격한 심사를 통해 사회적기업으로 인증 받아야 재정지원, 세제지원, 공공구매 참여가 가능했지만 이제 사회적 기업에 대한 진입장벽이 대폭 완화되었기 때문에 관련 분야에서 큰 변화가 발생할 것으로 전망된다. 이는 인증 요건 완화로 다양한 유형의 기업들이 진입하여 양적 확대와 함께 사회적경제 생태계 구축이 활성화 될 것으로 예상되나 위장, 부실기업 진입, 행정수요 증가, 기존 기업들과의 갈등 문제도 주목할 필요가 있다.

2) 주요 사업내용

광주는 기존의 사회적기업 육성정책을 통해 사회적 기업 성장기반에는 상당한 성과를 달성하였으나, 다양한 분야로의 확대, 사회적 기업 생태계 조성에는 한계를 보이고 있다. 개별 사회적기업 육성, 취약계층의 고용에 초점을 맞춘 정책으로 지난 10년간 사회적기업 수는 약 40배 이상 증가하여 양적으로 확대되었으며, 다양한 분야의 지역문제 해결과 취약계층의 고용 안정성을 확보하는데 기여하였다. 그러나 다양한 형태의 지원정책을 통해 단기간 사회적기업을 육성하기는 하였으나, 창업단계 지원에 집중하고, 개별기업 육성에 주력하여 다양한 분야로의 확대 및 사회적기업 생태계 조성에는 한계가 드러난 것이 사실이다. 뿐만 아니라 다양한 사회적기업 지원정책이 수행되고 있으나, 여전히 일자리 창출, 창업지원에 집중되어 있어 자생적 성장단계로의 진입에 애로를 겪는 기업이 상당수 존재한다.

광주의 사회적경제의 추진과정을 살펴보면 2009년 광주광역시 사회적기업 육성에 관한 조례가 제정되면서 사회적 경제에 대한 정책이 변화하기 시작하였고 2013년 광주광역시 협동조합 지원 조례 제정, 광주 사회적경제연대포럼 설립, 그리고 광주광역시 사회적경제활동 지원조례가 제정되었으며 여기에 2016년 광주 사회적경제지원센터가 설립되면서 본격화되기 시작하였다. 이후 2018년 제2차 사회적 사회적경제 활성화 계획을 수립하여 기본 전략과 6대 전략을 사회적경제의 수요와 정책변화의 실천사업으로 지속적으로 추진해오고 있다.

광주의 사회적경제에 대한 주요 사업내용을 살펴보면 2018년 사회적경제 활성화 계획에 따라 사회적경제 민간거버번스 협의체 운영과 네트워크 사업, 협업사업을 위한 체계 구축과 사업개발, 지역자원 연계활성화, 선도기업 지원, 협동조합 스타트 기업지원, 전문인력 양성 및 활성화 교육, 판로지원단 운영 등을 추진하였다. 2019년에는 민간거버넌스 협의체 운영 및 활성화 사업, 광주형 사회적경제 선도기업 지원, 우수 사회적경제 기업가 선정 지표개발 등 다수의 사회적경제 지원사업을 수행하였다.

다음으로 전남의 사회적경제에 대한 주요 내용을 살펴보자. 전남은 사회적기업 육성을 위해 2010년부터 사회적기업 육성 5개년 계획을 수립하였으며 2014년 국비 81억을 포함하여 115억을 투자하여 선도형 사회적 기업을 공모하여 사업개발과 시설장비 구입에 필요한 비용을 지원하였고, 2014년 '전라남도 사회적경제 육성과 지원에 관한 조례'를 제정하여 사회적경제와 관련된 정책을 활발하게 추진할 수 있는 여건 조성을 시작하였다. 이 조례의 제정을 통해 사회적 기업, 마을기업, 협동조합의 육성과 지원에 관한 규정들을 통합하였으며 2015년 전남 사회적경제통합지원센터가 설립되었다.[18] 2018년 12월 기준 전남에서 운영되는 인증 사회적기업의 수는 132개로 전남은 재정상황이 취약한 사회적경제 기업의 운영 및 시설자금 지원을 위해 전국

---

18) 전남은 전라남도 사회적경제 육성과 지원에 관한 조례를 제정을 위해 기존의 '전라남도 사회적기업 육성지원에 관한 조례', '전라남도 마을기업 육성과 지원 등에 관한 조례', '전라남도 협동조합 육성에 관한 조례'를 폐지함으로써 사회적경제 관련 체계를 정비하였다.

광역자치단체로는 처음으로 사회적경제 기업 전용 신용보증상품을 출시하여 기업을 지원하였다.[19] 2016년에는 사회적기업 활성화를 위해 취약계층의 고용 인건비, 사업개발비, 시설장비 구입비 등에 100억원을 지원하고 공공구매 공시제를 확대하여 사회적 기업의 제품에 대한 판로를 확대하고 있다.

이상에서 사회적경제 육성정책에 사회적 목적을 어느 정도 달성하고 있는지를 평가해야 하는 것은 인정하지만, 성과를 평가할 때 일자리 창출 등 경제적 목적을 강조하고 있어 광주와 전남 모두 아직까지 사회적 성과 측면은 저조한 상황이다. 이는 사회적경제에 대한 성과를 평가할 때 사회적 가치에 대한 평가기준이 명확하지 않고, 공공조달 등 최저가격 중심으로 이루어지고 있어 사회적 가치에 대한 고려가 아직까지 미흡한 것이 원인이라고 할 수 있다. 뿐만 아니라 아직까지 사회적경제 활성화를 위한 물적, 인적 인프라 또한 매우 부족하다. 사회적경제 기업의 창업공간이나 인적 물적 네트워킹을 위한 복합공간이 부족하고, 사회적경제 전문인력 양성 및 사회적경제에 대한 인식 개선을 위한 교육 인프라 또한 부족하다. 사회적경제 영역은 노동집약적인 산업이 많고 저임금 구조 기반 산업이 많기 때문에 사회적경제 생태계의 성장 동력이 될 자생력이 매우 취약한 편이다. 따라서 양적 성장을 통해 사회적경제 전반의 질적 성장을 견인할 수 있도록 지속가능한 자립화 정책이 필요하다.

19) 사회적경제 전용 신용보증상품은 전라남도에서 3억원을 전남신용보증재단에 출연하고, 신용보증재단에서 출연금의 10배에 해당하는 30억을 보증해주는 제도로 기업당 최대 2억원까지 저금리로 이용할 수 있는 상품이다.

2-5 결론 및 정책적 제언

본 장에서는 세계 경제구조의 변화요인과 산업정책의 변화방향을 살펴보고 이를 바탕으로 광주·전남 산업구조의 현황과 특성을 살펴보았다. 또한, 향후 21세기 미래 신성장 동력산업을 중심으로 광주·전남 산업정책을 검토하였다.

미래의 산업은 모든 분야에서 4차 산업혁명의 기술혁신과 빅데이터 및 인공지능기술과의 융복합 현상을 통해 스마트 디지털 산업사회로 변화되어 가고 있다. 신성장 산업을 육성하고 생산성을 증대시켜 지역 내 소득성장을 도모하기 위한 적극적인 신산업 중심의 산업고도화 정책을 추진하는 일은 정책적 리스크를 안고 있으나 디지털 기술이 일상이 되는 포스트코로나 시대를 선점하고 이에 대응한 지역의 산업구조를 모색하는 일로서 매우 중요하다고 할 수 있다.

이를 성공적으로 수행하기 위해서는 다양한 산업주체 간 정보공유와 협업, 그리고 혁신의 협력적 기반이 광주·전남지역의 지속적인 성장을 위해 필요하다. 특히, 본 장에서 제시하고 있듯이 광주·전남의 지역경제를 이끌고 있는 주력산업으로서 AI 데이터 집적단지의 조성, 자동차와 관련한 광주형 일자리 사업 및 빛그린 산단의 개발, 그리고 사회적경제체제를 향한 주요사업 등을 중심으로 지역산업정책의 발전방향을 심도 있게 검토해 보아야 한다.

이하에서는 디지털 산업사회를 대비하는 정책방향에 대한 일반론적 관점에서 정책적 제언을 제시하고자 한다. 먼저, 디지털 기술은 기술중립적이지만 사회경제적으로 격차를 완화하거나 심화할 수 있는 분야가 다르게 나타날 수밖에 없다. 따라서 신성장산업을 중심으로 한 기술혁신정책에 대한 일관성을 유지하고 추진하되 정책실현의 속도 조정에 있어서 파생되는 디지털 격차에 의한 사업격차를 해소하고 사회적 부작용을 최소화하는 정책이 동반되어야 한다. 특히, 디지털 격차가 실업을 양산하게 되는 분야에 있어서는 위기관리와 고용이라는 두 마리 토끼를 잡기 위해 기존의 전통적인 산업의 일자리 공유와 사회적경제사업 등을 활성화하고 사회적 안전망을 제공할 수 있는 정책적 배려가 필요하다. 또한, 저출산·고령화의 가속화가 이루어지고 있는 광주·전남의 경우 디지털 기술이 이에 대한 대응서비스로 발전할 수 있도록 빅데이터와 인공지능 기술을 적극 활용하여 발생가능한 문제점을 흡수하고 보완할 수 있는 정책개발이 필요하다.

디지털 산업사회에서 지방정부가 산업정책을 실시하는데 있어서 신성장 산업의 고도화와 함께 고려해야 할 또 다른 산업정책은 공정경쟁을 활성화하는 것이다. 특히, 디지털 플랫폼을 중심으로 국가 간 장벽이 없는 디지털 독과점이 글로벌 관점에서 확산됨에 따라 소수에 의한 디지털 독점을 공적기능을 통해 제어하고 조율할 수 있는 제도적 장치가 보완되어야 한다. 이를 위해서는 공유서비스나 공동사용에 대한 다양한 제도적 보완책이 시급히 제시되어야 한다.

또한, 포스트코로나 이후의 저성장과 리쇼어링에 적극 대응하여 지역 내 전통산업이 안정적인 생산과 소비가 가능하도록 지역성장의 내생적 발전경로를 확보하고 기존의 수출 지향적 정책에서 수출과 내수 간의 성장을 균형적으로 도모할 필요가 있다. 특히, 수출의 경우 다변화된 글로벌 공급망을 확보하여 코로나 리스크를 줄이고 국내외에서 안전하고 튼실한 공급체계가 구축될 수 있도록 지방정부는 활로개척을 선도해야 할 것이다. 이를 위해서는 지역 소득의 재분배 방식을 개선하는 동시에 소득 창출의 원천을 신성장 동력에서 찾아내는 지혜가 필요하다. 또한, 신성장산업을 적극 지원하기 위한 규제완화와 규제개편방안을 파악해야 할 것이다.

결국 광주·전남지역의 미래발전방향은 국내외적인 글로벌 변화의 흐름을 적극 반영하여 사회적 가치에 기반을 둔 가치지향적이며 미래 신성장에 기반한 전략적인 비전을 제시할 수 있어야 한다. 이를 위해서는 광주·전남 시민의 공감대 형성과 민관의 창의적, 협력적 실천방법으로 구성된 방향과 전략이 필요하다. 향후 광주·전남의 미래지향적이며 가치지향적인 지역역량과 대외환경에 토대를 둔 비전과 전략을 바탕으로 이제는 광주·전남지역의 산업구조와 발전방향에 대한 정책구상이 구체적으로 그리고 적극 강구되어야 할 시점이다.

참고문헌

강수연·문제철, "4차 산업혁명과 광주전남지역으로의 리쇼어링", 한국은행 지역경제보고서, 2018.3.

광주광역시청, 광주의 미래 지도를 바꿀 6대 핵심사업, 2020.

김계욱·박웅희, "광주형 일자리 정책의 인식 제고 전략," 『광주전남연구』, 제14호, 광주전남연구원, 2019, pp.21-42.

김광모, "전라남도 사회적경제 육성과 지원에 관한 조례-사회적경제로 함께 잘사는 지역만들기", 『월간 공공정책』 126, 2016, pp.85-86.

문화체육관광부, 문재인 정부 일자리 공약 핵심 '공공부문 81만개 창출', 대한민국 정책브리핑, 2017.5.15.

박영준, "상생형 지역일자리로서 광주형일자리", 『광주전남연구』, 제14호, 광주전남연구원, 2019, pp.81-102.

오병기, "다가오는 4차 산업혁명 시대를 대비한 광주전남의 대응", 『광주리더스』, 광주전남연구원, 2016.

임재관·김대영·정순은·공득조, "광주전남 혁신성장을 위한 AI기반 과학기술 창업생태계 구축방안", 『광주전남연구』, 제11호, 광주전남연구원, 2018, pp.84-108.

중소기업청, 인공지능 플랫폼산업 로드맵 2018-20.

중소벤처기업부, 중소기업전략기술로드맵 2019-2021 인공지능 보고서.

한경록, "빛가람 에너지밸리의 성공적 조성을 위한 상생협력 추진전략", 『포커스광주』, 광주전남연구원, 2015.

황성웅, 광주전남연구개발 역량 인포그래픽, 광주전남연구원 지역정보조사센터, 2020.

과학기술정보통신부: https://www.msit.go.kr

통계청 홈페이지: http://kosis.kr

특허청 홈페이지: https://www.kipo.go.kr

제3장

지방재정과 지역경제

김일태(전남대학교 경제학부)
김봉진(광주전남연구원)

일반적으로 정부 재정정책의 경제적 효과를 논할 때 자원배분기능, 소득재분배기능, 경제성장 및 경제안정화기능을 주요한 요소로 판단한다. 그러나 지방재정으로 인한 경제적 효과는 자원배분이나 소득분배기능 보다는 지역경제의 성장, 지역경제 활성화 기능에 더 중요한 초점을 두고 있는 것이 보편적이라고 할 수 있다. 본 장에서는 광주·전남의 지방재정 구조 및 세입·세출 측면에서 다양한 특성을 분석하고 지방재정운용의 효율성 측면에서 시사점을 제공한다. 또한 지방재정지출로 인한 지역경제에 미치는 효과를 검토하여 광주·전남의 재정상황을 고려한 정책적 시사점을 제공한다.

3-1 서론

일반적으로 정부의 재정정책은 자원배분기능, 소득재분배기능, 경제성장 및 경제안정화기능을 수행하는 것으로 알려져 있다. 이러한 기능을 수행하기 위한 기본적인 전제조건은 조세수입을 기반으로 하는 세입과 세출이라고 할 수 있다. 지방정부에서도 마찬가지로 지방세 수입을 전제로 재정지출을 집행함으로써 세 가지 기능을 원활하게 수행할 수 있다. 따라서 충분한 재정수입이 보장되지 않는 한 지방정부의 재정정책이 효과적으로 작동하기 어렵다고 할 것이다.

이러한 관점에서 현실적으로 세입측면의 징수기반이 취약한 지방재정은 매우 경직적인 예산제약에 직면할 수밖에 없다. 더불어 지방자치 실시로 지방행정, 교육 등의 부문에서 지방정부 간의 경쟁과 주민선호를 반영하는 지방분권제도가 어느 정도 정착되고는 있지만 재정측면에서는 지역 간 재정력의 차이로 인하여 수직적 및 수평적 불균등 문제가 상존하고 있다. 수직적 불균등은 중앙정부와 지방정부, 광역자치단체와 기초자치단체 간의 불균형을 의미하며, 수평적 불균등은 동종자치단체 간의 불균형을 의미한다.

재정격차는 각 자치단체의 규모, 인구, 경제력 등 징수기반이 크기에 따라 결정된다고 할 수 있다. 지방정부의 징수기반을 측정하는 대표적인 지표로 재정자립도 지표가 사용되는데, 해당 자치단체 예산규모 대비 해당 자치단체에서 징수하는 지방세 및 세외수입의 비중을 의미하며 재정자립도가 높을수록 징수기반이 커서 재정력이 높다는 것을 의미한다.

이때 재정자립도가 높다는 의미는 세출측면에서 해당 지방자치단체가 독립적으로 세출결정력을 갖는다고 해석될 수 있는데, 재정자립도가 높을수록 중앙정부 또는 상급자치단체의 재원 의존도가 낮기 때문에 해당 자치단체의 특성 및 목적에 따라 세출 분야를 자유롭게 결정할 권한이 더욱 커지는 것을 의미한다. 만약 어느 자치단체가 정책목적에 따라 특정분야의 지역 활성화를 도모하고자 할 때 재정자립도가 높고 재정력이 우수한 자치단체라면 자체 예산으로 실행할 수 있기 때문에 사업을 자율적으로 집행할 수 있으나, 재정자립도가 낮고 재정력이 취약한 자치단체라면 중앙정부 또는 상급단체의 이전재원에 의존해야하기 때문에 정책사업의 동력이 약화될 가능성이 높아 재정력이 차이에 의해 사업집행 속도의 차이가 발생되며 이는 지역 간 격차를 초래할 것이 분명하다.

본 연구는 광주와 전남의 재정력을 판단할 수 있는 세입 특성, 세출 특성, 재정자립도 등 지방재정 구조를 분석하고 시사점을 제시하고자 한다. 광주와 전남의 지방재정 지출이 지역의 경제성장 측면에서 어떠한 역할을 수행하는지 분석해보고자 한다. 경제적 효과에 대한 분석은 재정지출에 따라 전체 산업측면에서의 생산이 어느 증가하였는지를 평가할 수 있는 지역산업연관분석 모형을 이용하여 재정지출의 경제적 파급효과를 추정하고 정책적 시사점을 제공하고자 한다.

3-2 광주·전남 재정구조 및 특성

1. 광주·전남 지방재정구조

1) 광주·전남 지방재정 규모

2019년도 광주광역시의 예산(총계) 규모는 7조 4,040억원으로 일반회계 6조 4,055억원(96.5%), 기타특별회계 7,187억원(9.7%), 공기업특별회계 2,797억원(3.8%)로 구성된 것으로 조사되었다. 총액 기준으로 동종자치단체인 광역시 중에서 부산, 인천, 대구에 이어 4번째 규모로 조사되었다.

한편 2019년도 전라남도의 예산(총계) 규모는 19조 5,962억원으로 일반회계 17조 4,256억원(88.9%), 기타특별회계 1조 6,139억원(8.2%), 공기업특별회계 5,566억원(2.8%)로 구성된 것으로 조사되었다. 총액 기준으로 동종자치단체 중에서 경기, 경북, 경남에 이어 4번째 규모로 조사되었다.

전국 17개 광역자치단체의 재정규모는 경기, 서울, 경북, 경남 등의 순으로 광주는 13번째이며 전국 지방재정 합계 313조 569억원 대비 약 2.4%로 상대적으로 재정 규모가 작은 것으로 평가할 수 있다. 반면에 전남의 재정규모는 17개 광역자치단체 중에서 5번째이며 전국 지방재정 합계액 대비 약 6.3%로 서울 및 경기를 제외하면 상대적으로 재정 규모가 큰 것으로 평가할 수 있다.

표 3-2-1. 광주·전남 지방재정 규모

(단위: 백만원)

단체별	합계 (A+B)	일반+기타특별회계			공기업 특별회계(B)
		소계(A)	일반	기타	
합계	313,056,956	296,057,295	261,587,935	34,469,360	16,999,661
서울	51,497,258	49,650,474	39,239,710	10,410,764	1,846,784
광역시계	67,770,857	63,953,370	56,158,823	7,794,548	3,817,487
부산	17,435,425	16,680,557	14,319,547	2,361,010	754,869
대구	12,492,622	11,745,922	10,335,842	1,410,080	746,700
인천	15,781,219	14,579,412	12,548,071	2,031,341	1,201,807
광주	7,404,038	7,124,274	6,405,502	718,772	279,764
대전	7,156,214	6,848,122	6,191,422	656,700	308,092
울산	5,949,726	5,618,391	5,203,439	414,952	331,335
세종	1,551,613	1,356,693	1,155,000	201,693	194,920
도계	193,788,842	182,453,451	166,189,403	16,264,048	11,335,391
경기	62,361,716	56,744,747	50,406,941	6,337,806	5,616,970
강원	14,641,842	13,924,243	12,967,613	956,629	717,600
충북	11,896,587	11,341,071	10,460,451	880,620	555,516
충남	16,617,525	15,685,656	14,578,450	1,107,206	931,869
전북	16,333,596	15,762,176	14,824,879	937,297	571,419
전남	19,596,257	19,039,657	17,425,686	1,613,971	556,600
경북	24,047,855	23,039,021	20,977,368	2,061,654	1,008,834
경남	23,008,352	22,025,689	20,054,459	1,971,230	982,663
제주	5,285,111	4,891,192	4,493,557	397,635	393,920

주: 2019년도 총계예산 총규모 기준임
자료: 지방재정365(lofin.mois.go.kr) 지방자치단체 예산현황 인용

최근 발표된 2018년도 세입세출결산 자료로 본 광주광역시(본청)의 재정규모는 세입측면에서 약 5조 2,740억원의 수입이 발생하였고, 세출측면에서 약 4조 5,692억을 지출한 것으로 조사되었다. 회계별로는

일반회계 비중이 높은 편으로 세입 비중이 약 80.3%, 세출 비중의 약 82.9%를 차지하는 것으로 조사되었다.

광주광역시(본청)의 재정규모 지난 5년간 꾸준히 증가하는 추세를 보이고 있다. 세입측면에서는 연평균 4.9%, 세출측면에서는 연평균 4.6% 성장률을 기록하고 있다.

표 3-2-2. 광주광역시(본청) 2018년도 세입세출결산

(단위: 백만원)

구분		세입(A)	세출(B)	잉여금(A−B)			
				소계	이월금	보조금 집행잔액	순세계 잉여금
계		5,274,010	4,569,277	704,733	379,815	1,870	323,048
일반회계		4,240,229	3,790,743	449,486	271,006	1,836	176,644
특별회계	공기업	344,313	223,584	120,729	55,063	0	65,666
	기타	689,468	554,950	134,518	53,746	34	80,738

주: 회계별 총계금액 기준임
자료: 광주광역시(2019) pp.11 인용

표 3-2-3. 광주광역시(본청) 세입세출결산 현황

(단위: 백만원)

구분		2014	2015	2016	2017	2018	평균 증가율
세입(A)		4,360,144	4,718,515	4,777,142	4,800,342	5,274,010	4.9
세출(B)		3,821,307	4,225,301	4,253,790	4,279,016	4,569,277	4.6
잉여금(A−B)	소계	538,837	493,214	523,352	521,326	704,733	6.9
	이월금	257,416	245,374	164,317	255,760	379,815	10.2
	보조금 집행잔액	4,142	2,678	9,353	5,249	1,870	△18.0
	순세계 잉여금	277,279	245,162	349,682	260,317	323,048	3.9

주: 회계별 총계금액 기준임
자료: 광주광역시(2019) pp.11 인용

2018년도 세입세출결산 자료로 본 전라남도(본청)의 재정규모는 세입측면에서 약 7조 5,820억원의 수입이 발생하였고, 세출측면에서 약 7조 1,094억을 지출한 것으로 조사되었다. 회계별로는 일반회계 비중이 높은 편으로 세입 비중이 약 90.2%, 세출 비중의 약 90.0%를 차지하는 것으로 조사되었다.

전라남도(본청)의 재정규모 지난 5년간 꾸준히 증가하는 추세를 보이고 있다. 세입측면에서는 연평균 4.2%, 세출측면에서는 연평균 4.9% 성장률을 기록하고 있다.

표 3-2-4. 전라남도(본청) 2018년도 세입세출결산

(단위: 백만원)

구분	세입(A)	세출(B)	잉여금(A-B)			
			소계	이월금	보조금 집행잔액	순세계 잉여금
계	7,582,062	7,109,427	472,635	176,373	12,608	283,653
일반회계	6,842,063	6,401,182	440,881	172,467	12,596	255,818
기타 특별회계	739,999	708,245	31,754	3,906	12	27,835

주: 회계별 총계금액 기준임

자료: 전라남도(2019) pp.3 인용

표 3-2-5. 전라남도(본청) 세입세출결산 현황

(단위: 백만원)

구분		2014	2015	2016	2017	2018	평균 증가율
세입(A)		6,440,327	6,815,339	7,586,089	7,221,461	7,582,062	4.2
세출(B)		5,878,594	6,186,559	6,877,397	6,715,648	7,109,427	4.9
잉여금 (A-B)	소계	561,733	628,780	708,692	505,813	472,635	△4.2
	이월금	173,710	181,539	123,257	168,915	176,373	0.4
	보조금 집행잔액	897	2,370	1,638	1,171	12,608	93.6
	순세계 잉여금	387,126	444,871	583,797	335,727	283,653	△7.5

주: 회계별 총계금액 기준임

자료: 전라남도(2019) pp.4 인용

2) 광주·전남 지방재정 세입구조

광주광역시(본청) 2018년 세입을 재원별로 구분해보면, 총 세입 중에서 자체수입은 1조 9,922억원 규모로 약 37.7% 비중으로 조사되었고, 이전수입 2조 3,256억원(44.0%), 지방채 및 보전수입 등 9,561억원(18.1%)으로 조사되어 광주광역시의 재정수입은 지방교부세, 보조금 등 이전재원의 비중이 높은 것으로 분석되었다.

표 3-2-6. 광주광역시(본청) 세입결산 현황

(단위: 백만원)

구분		2016	2017	전년대비 (%)	2018	전년대비 (%)
계		4,777,142	4,800,342	100.49	5,274,010	109.87
자체수입		1,887,808	1,856,344	98.33	1,992,227	107.32
	지방세	1,443,459	1,466,156	101.57	1,580,270	107.78
	세외수입	444,349	390,188	87.81	411,957	105.58
이전수입		1,844,426	2,030,076	110.07	2,325,626	114.56
	지방교부세	634,648	761,582	120	924,591	121.4
	보조금	1,209,778	1,268,494	104.85	1,401,035	110.45
지방채 및 보전수입 등		1,044,908	913,922	87.46	956,157	104.62

주: 회계별 총계금액 기준임
자료: 광주광역시(2019) pp.12 인용

한편, 전라남도(본청) 2018년 세입을 재원별로 구분해보면, 총 세입 중에서 자체수입은 1조 3,202억원 규모로 약 17.4% 비중으로 조사되었고, 이전수입 5조 2,679억원(69.5%), 지방채 및 보전수입 등 9,938억원(1.31%)으로 조사되어 전라남도의 재정수입은 지방교부세, 보조금 등 이전재원의 비중이 높은 것으로 분석되었다.

표 3-2-7. 전라남도(본청) 세입결산 현황

(단위: 백만원)

구분		2016	2017	전년대비 (%)	2018	전년대비 (%)
계		7,586,089	7,221,461	△4.8	7,582,062	5
자체수입		1,292,522	1,308,202	1.2	1,320,277	0.9
	지방세	1,112,401	1,127,972	1.4	1,165,073	3.3
	세외수입	180,121	180,230	0.1	155,204	△13.9
이전수입		4,682,238	4,820,710	3	5,267,967	9.3
	지방교부세	853,176	982,080	15.1	1,111,814	13.2
	보조금	3,829,062	3,838,630	0.2	4,156,153	8.3
지방채 및 보전수입 등		1,611,329	1,092,549	△32.2	993,818	△9.0

주: 회계별 총계금액 기준임
자료: 전라남도(2019) pp.5 인용

3) 광주·전남 지방재정 세출구조

광주광역시(본청) 2018년 세출을 회계별·기능별로 구분해보면, 총 세출 중에서 일반회계 세출 비중이 86.8%로 대부분의 지출이 일반회계 부문에서 발생되는 것을 알 수 있다. 기능별로는 1조 4,327억원(일반회계 세출액의 37.7%)이 사회복지 부문에서 지출되어 가장 큰 비중을 차지하고 있고, 일반공공행정 부문, 수송 및 교통 부문, 교육 부문 등의 순으로 지출되는 것으로 조사되었다. 특히 최근 3년간의 사회복지 부문의 재정지출액이 지속적으로 증가하고 있고, 향후에도 증가될 것으로 전망되어 광주광역시(본청)의 세출측면에서의 재정 재량성이 약화될 것으로 판단된다.

표 3-2-8. 광주광역시(본청) 세출결산 현황

(단위: 백만원)

구분	2016	2017	전년대비 (%)	2018	전년대비 (%)
계	4,253,790	4,279,016	100.59	4,569,277	106.78
일반회계	3,360,039	3,557,310	105.87	3,790,743	106.56
일반공공행정	392,454	433,646	110.5	611,635	141.04
공공질서및안전	137,551	150,497	109.41	36,520	24.27
교육	321,947	375,151	116.53	333,552	88.91
문화및관광	195,251	237,829	121.81	256,222	107.73
환경보호	72,118	83,442	115.7	70,474	84.46
사회복지	1,258,529	1,291,030	102.58	1,432,709	110.97
보건	61,463	76,516	124.49	79,601	104.03
농림해양수산	59,467	50,020	84.11	52,205	104.37
산업·중소기업	118,476	143,429	121.06	171,385	119.49
수송및교통	431,766	372,589	86.29	404,531	108.57
국토및지역개발	112,257	143,911	128.2	136,736	95.01
과학기술	8,889	14,666	164.98	8,847	60.33
기타	189,870	184,584	97.22	196,326	106.36
특별회계	893,750	721,706	80.75	778,534	107.87
공기업특별회계	428,529	212,743	49.64	223,584	105.1
기타특별회계	465,222	508,963	109.4	554,950	109.04

주: 회계별 총계금액 기준임
자료: 광주광역시(2019) pp.13 인용

다음으로, 전라남도(본청) 2018년 세출을 회계별·기능별로 구분해 보면, 총 세출 중에서 일반회계 세출 비중이 90.0%로 대부분의 지출이 일반회계 부문에서 발생되는 것을 알 수 있다. 기능별로는 1조 8,611억원(일반회계 세출액의 29.0%)이 사회복지 부문에서 지출되어 가장 큰 비중을 차지하고 있고, 농림해양수산 부문, 일반공공행정 부문, 환경보호 부문 등의 순으로 지출되는 것으로 조사되었다. 특히 최근 3년간의 사회복지 부문의 재정지출액이 지속적으로 증가하고 있고, 향후에도 증가될 것으로 전망되어 전라남도(본청)의 세출측면에서의 재정 재량성이 약화될 것으로 판단된다.

표 3-2-9. 전라남도(본청) 세출결산 현황

(단위: 백만원)

구분		2016	2017	전년대비(%)	2018	전년대비(%)
계		6,877,397	6,715,648	△2.4	7,109,427	5.9
일반회계		6,140,249	6,026,022	△1.9	6,401,182	6.2
	일반공공행정	574,124	555,126	△3.3	573,068	3.2
	공공질서및안전	309,952	377,636	21.8	435,220	15.2
	교육	206,733	237,102	14.7	243,781	2.8
	문화및관광	378,451	373,057	△1.4	328,851	△11.8
	환경보호	481,286	467,096	△2.9	452,339	△3.2
	사회복지	1,664,984	1,725,356	3.6	1,861,154	7.9
	보건	116,293	110,489	△5.0	95,521	△13.5
	농림해양수산	1,176,070	1,094,815	△6.9	1,206,842	10.2
	산업·중소기업	196,355	229,370	16.8	274,364	19.6
	수송및교통	326,761	312,967	△4.2	302,147	△3.5
	국토및지역개발	344,906	308,827	△10.5	381,205	23.4
	과학기술	7,836	8,288	5.8	5,935	△28.4
	기타	356,498	225,893	△36.6	240,756	6.6
특별회계		737,148	689,626	△6.4	708,245	2.7
	공기업특별회계	311,075	0	△100.0	0	-
	기타특별회계	426,073	689,626	61.9	708,245	2.7

주: 회계별 총계금액 기준임

자료: 광주광역시(2019) pp.13 인용

2. 광주·전남 지방재정 특성

1) 광주·전남 지방재정 세입 특성

재정자립도는 지방자치단체가 지역에 필요한 공공재를 공급하기 위해 필요한 재원을 해당 지역에서 자체적으로 충당할 수 있는 능력을 나타내는 세입측면의 측정지표이다. 재정자립도는 재정지출액 중에서 지방세와 세외수입 등 자체재원으로 충당할 수 있는 비율을 의미하며, 일반적으로 재정자립도 비율이 높을수록 세입징수기반이 좋다고 표현할 수 있다.[1)]

표 3-2-10. 전국 단체별 재정자립도 최고·최저(2019)

(단위: %)

구분	특별시	광역시	도	시	군	자치구
평균	78.4	46.4	33.0	31.0	11.6	23.8
최고 (단체명)	78.4 서울본청	62.1 세종본청	52.8 경기본청	68.9 경기화성	38.7 울산울주	54.9 서울중구
최저 (단체명)		36.9 광주본청	15.5 전남본청	7.7 전북남원	4.0 경북영양	9.0 인천동구

주: 2019년도 일반회계 당초예산 기준임
자료: 지방재정365(lofin.mois.go.kr) 지방자치단체 재정지표 인용

2019년 기준 광역시 평균 재정자립도는 46.4%이며 동종자치단체 중에서 재정자립도가 가장 높은 단체는 62.1%로 세종본청이며, 광주

1) 재정자립도의 산출방식은 '(지방세+세외수입)/자치단체 예산규모×100'을 적용한다. 이때 산출식의 분자에 해당되는 지방세는 '보통세+목적세(지방교육세 제외)+과년도 수입'을 말하며, 세외수입은 잉여금, 이월금, 예탁·예수금 등을 제외한 '경상적 세외수입+임시적 세외수입'을 말한다. 또한 산출식의 분모에 해당되는 자치단체 예산규모는 '지방세(지방교육세 제외)+세외수입+지방교부세+조정교부금 및 재정보전금+보조금+지방채+보전수입 및 내부거래 등'을 의미한다.

광역시는 36.9%로 동종단체 중 재정자립도가 가장 낮은 것으로 조사되었다. 마찬가지로 전라남도는 광역자치단체인 전국 '도본청' 평균 33.0%에 미치지 못하는 15.5%로 동종자치단체 중에서 가장 낮은 재정자립도를 보여 광주본청 및 전남본청의 자체 징수기반이 상대적으로 낮은 것으로 평가되었다.

표 3-2-11. 광주광역시 재정자립도 현황(2019년)

(단위: %, 백만원)

구분	재정자립도	소계 (A+B)	지방세 (A)	세외수입 (B)	일반회계 예산
광주계	40.8	1,806,324	1,639,819	166,504	4,428,807
광주 본청	36.9	1,477,709	1,389,525	88,184	4,004,078
광주구계	16.1	363,822	250,294	113,527	2,266,209
동구	11.7	29,940	20,190	9,750	255,327
서구	20.1	85,116	60,345	24,771	422,831
남구	11.9	40,933	27,751	13,182	343,950
북구	13.8	90,609	62,491	28,118	657,940
광산구	20.0	117,223	79,517	37,706	586,161

주: 2019년도 일반회계 당초예산 기준임
자료: 지방재정365(lofin.mois.go.kr) 지방자치단체 재정지표 인용

또한 광주와 전남의 기초자치단체 단위의 재정자립도는 더욱 열악하다고 할 수 있다. 전국의 자치구 평균 재정자립도 23.8%에 비해 광주광역시계에 해당되는 5개 자치구의 재정자립도는 11~20% 수준으로 상대적으로 낮은 편으로 조사되었다. 특히 동구, 남구, 북구의 재정자립도가 전국 평균 대비 격차가 매우 큰 것으로 조사되었다. 마찬가지로 전국의 시 평균 재정자립도 31.0%, 군 평균 재정자립도 11.6% 대비 전남시계 23.7%, 전남 군계 8.5%로 전남 시·군의 자체수입 징수기반이 상대적으로 매우 열악한 것으로 평가되었다.

표 3-2-12. 전라남도 재정자립도 현황(2019년)

(단위: %, 백만원)

구분	재정자립도	소계 (A+B)	지방세 (A)	세외수입 (B)	일반회계 예산
전남계	19.1	2,494,468	2,092,223	402,245	13,079,409
전남 본청	15.5	991,316	934,800	56,516	6,401,876
전남시계	23.7	950,663	788,686	161,976	4,007,146
목포시	18.7	122,429	104,150	18,279	655,468
여수시	33.8	355,507	316,064	39,443	1,051,575
순천시	18.9	185,773	131,000	54,773	981,840
나주시	18.4	111,764	89,302	22,462	605,936
광양시	24.6	175,190	148,170	27,020	712,327
전남군계	8.5	584,994	368,737	216,257	6,861,464
담양군	12.3	42,381	25,400	16,981	343,945
곡성군	7.1	24,309	13,098	11,211	343,106
구례군	6.4	17,804	9,854	7,950	279,800
고흥군	6.2	34,961	19,970	14,991	568,000
보성군	5.3	23,383	13,222	10,160	440,263
화순군	18.1	81,118	61,906	19,212	447,312
장흥군	6.7	24,788	12,400	12,388	368,696
강진군	5.9	19,307	10,300	9,007	328,448
해남군	6.2	40,003	23,700	16,303	648,673
영암군	12.4	47,676	38,140	9,536	384,395
무안군	11.9	55,652	38,000	17,652	466,101
함평군	6.8	21,595	10,360	11,235	318,281
영광군	10.2	39,380	30,735	8,645	387,957
장성군	9.4	36,679	24,064	12,615	390,238
완도군	6.5	26,811	15,837	10,974	411,594
진도군	7.4	22,848	9,540	13,308	309,309
신안군	6.2	26,298	12,210	14,088	425,346

주: 2019년도 일반회계 당초예산 기준임

자료: 지방재정365(lofin.mois.go.kr) 지방자치단체 재정지표 인용

다음으로 지방재정의 세입특성을 파악할 수 있는 또 다른 지표로서 재정자립도와 더불어 해당 지역의 재정력 및 징수기반능력을 측정할 수 있는 주민1인당자체수입액 현황을 보면 다음과 같다.[2)]

순계규모로 측정한 2019년도 전국 광역자치단체 주민1인당자체수입액 평균 1,757천원 대비 광주광역시는 1,330천원, 전라남도는 1,407천원으로 조사되어 전국 동종단체 평균 대비 상대적으로 재정력 및 징수기반이 열악한 것으로 분석되었다.

총계규모로 측정한 광주광역시 본청 및 자치구의 주민1인당자체수입액은 동종단체 평균액 1,562천원 및 369천원 보다 낮은 1,105천원 및 249천원으로 조사되었으며 특히 자치구의 재정여력이 타 특별·광역시의 자치구 대비 상대적으로 매우 낮은 것으로 분석되었다.

마찬가지로 총계규모로 측정한 전라남도 본청의 주민1인당자체수입액은 609천원으로 동종단체 평균인 857천원 보다 상대적으로 낮은 것으로 조사되었다. 전남의 경우 시 지역 보다는 군 지역의 재정력이 더욱 취약한 것으로 분석되었는데, 전남의 시지역의 주민1인당자체수입액은 892천원으로 동종단체 평균 869천원 보다 높은 반면 군지역의 주민1인당자체수입액은 716천원으로 동종단체 평균 871천원 보다 매우 낮을 뿐만 아니라 타 광역자치단체의 동종 군지역 주민1인당자체수입 대비 가장 낮은 수준을 보이는 것으로 조사되었다.

---

2) 주민1인당자체수입액의 산출방식은 '자체수입(지방세+세외수입)/주민등록인구수(전년도 12.31기준) × 100'을 적용한다. 이때 지방세는 '보통세+목적세(지방교육세 제외)+과년도 수입'을 말하며, 세외수입은 '경상적 세외수입+임시적 세외수입'을 말한다.

표 3-2-13. 지방자치단체 주민1인당자체수입액(2019년)

(단위: 천원)

구분	시도별평균 (순계)	특·광역시 (총계)	도 (총계)	시 (총계)	군 (총계)	자치구 (총계)
단체평균	1,757	1,562	857	869	871	369
서울	2,232	1,973	-	-	-	434
부산	1,548	1,233	-	-	854	312
대구	1,443	1,115	-	-	781	299
인천	1,815	1,448	-	-	935	384
광주	1,330	1,105	-	-	-	249
대전	1,321	1,075	-	-	-	267
울산	1,881	1,302	-	-	1,539	360
세종	2,347	2,347	-	-	-	-
경기	1,798	-	921	924	988	-
강원	1,634	-	779	738	1,067	-
충북	1,495	-	709	755	939	-
충남	1,772	-	908	915	775	-
전북	1,289	-	599	658	895	-
전남	1,407	-	609	892	716	-
경북	1,560	-	726	856	777	-
경남	1,556	-	768	804	763	-
제주	2,352	-	2,352	-	-	-

주: 2019년도 일반회계 당초예산 기준임

자료: 지방재정365(lofin.mois.go.kr) 지방자치단체 재정지표 인용

2) 광주·전남 지방재정 세출 특성

앞 절에서 광주와 전남의 지방재정 세출 총액은 타 광역시도 대비 상대적으로 낮은 수준인 것으로 파악된 바 있다. 이는 타 광역시도 대비 광주와 전남지역의 공공서비스의 총 규모가 상대적으로 취약한 것을 의미한다. 반면 자치단체 예산규모를 주민등록 인구수로 나누어

계산하는 주민1인당 세출액은 타 광역시도 대비 높은 수준으로 조사되었다. 이는 자치단체에서 공급하는 공공서비스 수요 관점에서 주민1인당 공급 가능성 또는 주민1인당 수요할 수 있는 지방공공서비스의 형평성 측면에서 총액 규모에서 파악할 수 없는 지방재정의 지출 특성을 파악할 수 있다.

표 3-2-14. 지방자치단체 주민1인당세출액(2019년)

(단위: 천원)

구분	시도별평균 (순계)	특·광역시 (총계)	도 (총계)	시 (총계)	군 (총계)	자치구 (총계)
단체평균	5,047	2,539	2,343	2,802	7,485	1,550
서울	4,018	2,475	-	-	-	1,543
부산	4,161	2,564	-	-	2,664	1,543
대구	4,199	2,536	-	-	2,834	1,530
인천	4,247	2,429	-	-	8,556	1,606
광주	4,389	2,836	-	-	-	1,553
대전	4,155	2,581	-	-	-	1,574
울산	4,503	2,549	-	-	3,973	1,474
세종	3,677	3,677	-	-	-	-
경기	3,855	-	1,613	2,182	5,643	-
강원	8,404	-	3,102	3,765	9,422	-
충북	6,541	-	2,531	2,954	7,018	-
충남	6,856	-	2,700	3,440	6,811	-
전북	8,071	-	3,065	3,825	10,228	-
전남	9,254	-	3,482	3,761	8,393	-
경북	7,837	-	2,832	4,184	8,228	-
경남	5,944	-	2,228	2,849	8,856	-
제주	6,735	-	6,735	-	-	-

주: 2019년도 일반회계 당초예산 기준임

자료: 지방재정365(lofin.mois.go.kr) 지방자치단체 재정지표 인용

세입측면에서 측정한 광주와 전남의 재정력 및 징수기반이 타 광역시도 대비 취약한 것으로 파악된 반면 세출측면에서 측정한 광주와 전남의 재정여건은 타 광역시도 대비 낮은 수준이 아닌 것으로 분석되었으며 특히 인구1인당 지표에서는 타 광역시도 대비 높은 수준인 것으로 조사되었다.

순계규모로 측정한 2019년도 전국 광역자치단체 주민1인당세출액 평균 5,047천원 대비 광주광역시는 4,389천원으로 상대적으로 낮은 수준으로 조사되었다. 이는 광역자치단체인 도지역의 순계규모 세출액이 높아 전체적인 평균값이 높게 측정되는 원인으로 보이며, 동종단체인 특별·광역시 간의 비교로는 순계규모 및 총계규모 모두 상대적으로 높은 수준으로 조사되었다. 특별·광역시 단체평균 주민1인당 세출액은 2,539천원 대비 광주광역시(본청)의 주민1인당세출액은 2,836천원으로 상대적으로 높은 편이며 특별자치시인 세종본청을 제외하며 특별·광역시 중에서 가장 높은 것으로 조사되어 주민1인당 지방공공서비스의 공급량이 가장 많은 것으로 평가할 수 있다. 특히 재정 세입측면에서 타 특별·광역시의 자치구에 비해 재정여력이 최하위 수준을 보인 광주광역시 자치구의 경우에도 총계규모로 조사한 주민1인당세출액은 동종단체 평균 1,550천원 보다 높은 1,553천원으로 동종단체 대비 주민1인당 공공서비스의 공급량이 타 특별·광역시의 자치구 보다 상대적으로 높은 수준인 것을 알 수 있다.

또한 순계규모로 측정한 전남의 주민1인당세출액은 9,254천원으로 전국 광역자치단체 중에서 가장 높은 수준인 것으로 조사되었다. 총계규모로 측정한 전라남도(본청)의 주민1인당세출액은 3,482천원으로 동종단체 평균인 2,343천원 보다 높고 시·군 계정이 없는 특별자치도인 제주도를 제외하면 동종단체 중에서 가장 높은 것으로 조사되었다. 뿐만 아니라 총계규모로 측정한 전남의 시·군 지역의 주민1인당

세출액 또한 동종단체 평균 보다 높을 뿐만 아니라 타 광역자치단체 시·군 지역 대비 상대적으로 높은 수준을 보이고 있어 광주와 마찬가지로 전남의 주민1인당 공공서비스의 공급수준이 상대적으로 높은 것으로 평가할 수 있다.

한편, 세출액의 총규모 및 주민1인당세출액 등 정량적인 지표도 중요하나 지방재정은 중앙재정과는 달리 지역경제 활성화를 재정지출의 주요한 목적으로 삼고 있다는 점에서 세출의 기능적 항복 및 분야에 대한 검토가 필요하며 더불어 세출분야를 지방자치단체가 자체적으로 결정할 수 있는지의 여부도 중요하다고 할 수 있다. 즉 지방재정 지출의 효과성 및 효율성 측면에서 해당 자치단체가 해당 지역에 필요한 사업 분야를 발굴하고 집행할 수 있는가의 여부는 매우 중요하다고 할 수 있다.

이를 분석해 보기 위해 우선 자치단체 전체 세출예산 중에서 필수경비라고 할 수 있는 행정운영비용 및 재무활동비용을 제외하고 해당 지역에 필요한 사업추진을 위해 직접 또는 간접적으로 소요되는 예산을 의미하는 정책사업비를 검토할 필요가 있으며, 다음으로 정책사업비 중에서 보조금 등 이전재원으로 소요되는 예산을 제외하고 자체예산으로 충당할 수 있는 비율이 어느 정도 인지를 검토할 필요가 있다. 이는 해당 지역에 필요한 사업을 수행하는 정책사업을 집행함과 동시에 해당 사업이 지역의 요구를 기반으로 하는 자체사업인가의 여부가 지역의 특화발전에 중요한 요소이기 때문이다.

2019년도 예산 기준 광주광역시의 정책사업 비중은 82.2%로 전국 광역시도 평균 82.7% 수준과 유사한 것으로 조사되었다. 특히 광주(본청)의 정책사업 비중은 85.7%로 동종단체 평균 82.0% 보다 높을 뿐만 아니라 대전(본청)과 함께 특별·광역시 중에서 가장 높은 수준으로 조사되었다. 또한 전라남도의 정책사업 비중은 82.8%로 전국 광역시도 평균 82.7% 수준과 유사한 것으로 조사되었다. 특히 전남(본청)의 정책사업 비중은 89.3%로 동종단체 평균 88.9% 보다 높은 수준으로 조사되었다.

표 3-2-15. 정책사업 및 자체사업 비중(2019년)

(단위: %)

구분	정책사업			자체사업		
	시도평균	특·광역시	도	시도평균	특·광역시	도
단체평균	82.7	82.0	88.9	38.0	45.0	32.6
서울	81.6	81.6	-	43.6	50.6	-
부산	78.8	79.9	-	35.1	36.2	-
대구	82.1	81.9	-	35.6	39.7	-
인천	82.6	81.6	-	40.5	45.6	-
광주	82.2	85.7	-	34.9	40.9	-
대전	82.7	86.0	-	33.7	43.4	-
울산	82.2	82.6	-	39.1	43.9	-
세종	86.5	80.3	-	45.3	42.1	-
경기	85.7	-	91.3	45.9	-	47.3
강원	80.0	-	86.2	35.8	-	28.6
충북	82.1	-	87.1	35.2	-	24.9
충남	82.0	-	88.8	31.7	-	26.1
전북	82.2	-	88.7	29.3	-	22.1
전남	82.8	-	89.3	32.8	-	19.3
경북	82.8	-	88.3	33.2	-	24.0
경남	82.6	-	91.3	33.7	-	27.3
제주	82.1	-	79.1	40.2	-	38.7

주: 2019년도 일반회계 당초예산 기준임

자료: 지방재정365(lofin.mois.go.kr) 지방자치단체 재정지표 인용

정책사업 중에서 지역개발 등 해당지역의 지방공공재 수요를 더욱 잘 반영하기 위해 해당 지방자치단체가 자율적으로 추진하는 사업의 예산 비중을 의미하는 자체사업의 예산 비중을 보면 2019년도 예산 기준 광주광역시의 자체사업 비중은 34.9%로 전국 광역시도 평균 38.0% 보다 다소 낮은 것으로 조사되었으며, 광주(본청)의 자체사업 비중 또한 동종 자치단체인 특별·광역시 평균 45.0% 보다 다소 낮은 40.9% 비중을 보이고 있어 광주광역시에서 추진하는 정책사업의 경우 동종단체인 타 특별·광역시에 비해 중앙정부의 정책결정에 의해 추진되는 사업의 비중이 높은 것으로 평가할 수 있다. 더불어 전라남도의 자체사업 비중은 32.8%로 전국 광역시도 평균 38.0% 보다 현저하게 낮으며, 전남(본청)의 자체사업 비중 또한 동종단체 평균 32.6% 보다 현저히 낮은 19.3% 비중을 보이고 있어 전라남도 또한 광주광역시와 마찬가지로 정책사업 중에서 자체적으로 발굴하여 집행하는 자체사업 보다는 중앙정부의 정책결정에 의해 집행되는 비중이 높다는 것을 알 수 있다.

광주광역시와 전라남도의 전체 예산에서 차지하는 자체사업 예산 비중이 낮은 원인으로는 두 지방자치단체의 재정력과도 상관관계가 높다고 할 수 있는데 재정자립도가 낮고 지역의 지방세 및 세외수입 징수기반이 취약하기 때문에 지역발전 사업을 추진하기 위한 재원의 한계를 노정하는 것으로 이해할 수 있으며, 따라서 지역발전 정책사업을 추진할 시 교부세, 보조금 등 이전재원에 대한 의존도가 높을 수 밖에 없고, 정책 결정 시 중앙정부의 의사결정을 반영할 여지가 크다고 유추할 수 있다.

3-3 지방재정지출의 경제적 효과

1. 재정지출의 경제성장효과

재정지출로 인하여 양(+)의 경제성장효과가 있다는 것이 일반적인 판단이라고 할 수 있으며, 재정지출을 통한 경제성장효과 또는 경제활성화 효과에 대해서는 다양한 선행연구를 통해 증명된 바 있다. 또한 대다수의 선행연구는 재정지출이 경제성장을 견인하는 것으로 실증하고 있다.

이와 관련하여 대표적인 재정지출 분야라고 할 수 있는 사회간접자본에 대한 투자가 경제성장을 촉진한 것을 실증하고 있는 연구로 김일태·김봉진(2008)은 1989년부터 2006년까지 전국 15개 광역시·도를 대상을 사회간접자본과 지역경제성장 간의 관계를 분석한 결과 양(+)의 상관관계가 존재하여 사회간접자본의 투자에 의한 지역경제성장효과가 있다는 것을 증명하였다. 또한 이들 연구에서는 지역의 발전 정도가 더딘 낙후지역에서는 사회간접자본이 생산의 직접적인 투입요소로서 작동하기도 하지만 발전 정도가 높은 지역에서는 생산의 직접적인 투입요소로서 경제성장효과 보다는 사회간접자본이 경제순환과정에서의 물리적·기술적 비효율성을 감소시켜 결과적으로 경제의 총산출을 증가시키는 역할을 하는 것으로 증명하였다. 이와 유사하게 다양한 연구에서 공공지출이 사회적 비용을 감소시킴으로서 투자환경의 양적·질적 개선을 도모하여 결과적으로 민간자본의 투자효율성을 증가시킴으로서 생산효율성을 제고한다는 것을 증명하고 있다.

이와 유사하게 재정지출과 경제성장 간의 관계에 대한 연구로 김성태·임병인(2009)은 1970년부터 2007년까지 정부의 재정지출이 경제성장(GDP)에 통계적으로 유의하게 양(+)의 영향을 미쳐 경제성장효과가 있는 것으로 증명하였다. 또한 이들 연구에서는 경제성장의 시기에 따라 재정지출로 인한 효과가 차이를 보인 것으로 분석하고 있는데 한국경제의 고도성장기에는 재정지출로 인한 경제성장 효과가 크게 나타난 반면 경제성장 안정기에는 재정지출로 인한 경제성장효과가 낮게 나타나는 것으로 분석하였다. 또한 일반행정, 국방치안, 교육, 사회복지, 경제개발, 문화로 구분하여 재정지출의 분야별 재정지출 승수를 추정한 결과 통계적으로 유의하게 양(+)의 영향을 보이는 것으로 분석되었으며 이 역시도 고도성장기와 안정기에 따라 차등적인 영향을 보이는 것으로 증명하고 있다.

한편 지방재정지출의 지역경제성장효과는 해당지역의 발전 정도에 따라 다르게 나타날 수 있다. 이와 관련하여 송명화·김일태·김봉진 외(2010)의 연구는 대구와 경북지역 재정지출과 지역총생산 간의 인과관계 분석 결과, 재정 총지출과 지역총생산 간의 양방향 인과관계가 존재하지 않아 재정지출의 경제성장효과를 입증하지 못하였으나, 대구는 세입 재원 중에서 자체재원의 경우에만 지역총생산의 증가에 양(+)의 성장효과가 있는 것으로 분석되었고, 경북에서는 인과관계가 없는 것으로 분석되어 발전 정도에 따라 재원의 성격별로 성장효과가 차등적으로 나타나는 것으로 증명되었다.

위의 연구결과에 비추어 광주와 전남지역에서의 재정지출에 따른 경제성장효과는 세입재원의 성격, 세출 분야, 지역발전의 정도, 재정투입 기간 등에 따라 차등적으로 나타날 것으로 유추할 수 있다. 따라서 재정지출의 결정 시 이와 같은 요인들에 대한 과학적·합리적 분석이 선행되어야 재정지출의 효율성을 제고할 수 있을 것이다.

2. 재정지출의 경제적 파급효과

1) 분석모형 및 분석자료

광주·전남의 지방재정 지출로 인하여 지역경제에 미치는 영향을 분석하기 위해서는 지역산업연관분석을 통하여 경제적 파급효과를 추정하는 것이 일반적이다.[3)]

지역산업연관분석은 투입산출분석이라고도 하는데, 일정 기간 동안 지역에서 생산되는 모든 재화와 서비스에 대해 투입단계에서 산출단계에 이르기까지 산업간 거래되는 관계를 일정한 원칙에 따라 기록한 지역산업연관표를 활용하여 서로간의 상호연관관계를 수량적으로 파악하는 방법이다.[4)]

본 연구에서는 한국은행(2015)에서 작성·발표한 2013년 지역산업연관표(30개 부문 산업대분류)를 활용하였으며,[5)] 분석의 편의를 위해

---

3) "지방자치제 도입 이후 지역경제 개발을 위한 정책 수립과 성과 분석을 위해 지역 내 산업간 또는 다른 지역가의 상호의존관계를 파악하는 것이 매우 주요하게 되었다. 지역산업연관표는 각 지역의 경제구조와 지역간·산업간 상호연관관계를 일정한 기준에 따라 수량적으로 나타내기 때문에 지역 단위의 산업구조 분석과 지역경제정책 수립 및 효과분석 등 다양한 분석에 유용한 분석도구로 활용되고 있다." 한국은행(2015) p.3 발췌인용

4) "지역산업연관분석은 지역경제를 구성하고 있는 산업의 단계에서 산업부문간의 기술적인 상호의존관계 또는 중간거래관계를 포착하고, 최종수요를 외생변수로 하여 그것이 지역경제에 미치는 각종 효과를 분석하는 방법이다." 이춘근(2006) p.14 발췌인용

5) 001농림수산품 002광산품 003음식료품 004섬유 및 가죽제품 005목재 및 종이,

광주와 전남의 재정지출(세출)이 외생변수로서 산업연관관계에 의해 최종수요를 변화시킨다고 가정하였고, 이러한 최종수요의 변화로 인한 지역경제의 직·간접적인 생산유발효과와 취업유발효과를 추정하였다.[6)]

투입측면 재정지출 자료는 본 연구의 앞 장에서 제시한 바와 같이 총계금액 기준 2018년 광주광역시(본청) 일반회계 세출결산 자료 및 총계금액 기준 2018년 전라남도(본청) 일반회계 세출결산 자료를 이용하였다.

2) 파급효과 분석결과

광주·전남의 지방재정 지출로 인한 경제적 파급효과는 지역산업의 원자재 및 중간재의 지역간·산업간 거래관계에 따라 광주와 전남지역 내뿐만 아니라 해당지역 외에서도 발생된다.

광주광역시(본청)의 2018년 일반회계 세출 3조 7,907억원을 지출에

인쇄 006석탄 및 석유제품 007화학제품 008비금속광물제품 0091차 금속제품 010금속제품 011기계 및 장비 012전기 및 전자기기 013정밀기기 014운송장비 015기타 제조업 제품 및 임가공 016전력, 가스 및 증기 017수도, 폐기물 및 재활용서비스 018건설 019도소매서비스 020운송서비스 021음식점 및 숙박서비스 022정보통신 및 방송 서비스 023금융 및 보험 서비스 024부동산 및 임대 025전문, 과학 및 기술 서비스 026사업지원서비스 027공공행정 및 국방 028교육서비스 029보건 및 사회복지서비스 030문화 및 기타 서비스.

6) 생산유발효과는 재정지출에 따라 산업 부문에서 창출되는 최종수요의 증가에 대응하여 신규로 생산되는 산출액을 의미하며, 더불어 신규 증가되는 생산을 위해 추가로 투입되는 노동의 수량을 취업유발효과라고 한다. 10억원의 산출액을 생산하기 위해 투입되는 노동량을 취업유발계수라고 하는데 해당 산업부문이 노동집약적인가 또는 기술집약적인가에 따라 10억원을 산출하기 위해 투입되는 노동량은 차이를 보이며, 일반적으로 농림수산품, 운송서비스, 음식점 및 숙박서비스, 도소매서비스, 문화 및 기타서비스의 부문에서 취업유발계수가 크고, 전기 및 전자기기, 전력·가스 및 증기, 화학제품, 운송장비 등의 부문에서 취업유발계수가 작은 특징을 보인다.

따른 경제적 파급효과 추정결과는 다음과 같다.

먼저, 광주광역시(본청)의 재정지출에 따른 생산유발효과는 약6조 5,774억원으로 추정되었다. 이중에서 66.4%에 해당되는 4조 3,703억원은 광주지역 내 산업에서 유발된 것으로 추정되었고, 나머지 2조 2,071억원은 지역외부로부터 유입되는 원자재 및 중간재의 거래관계에 따라서 광주 이외의 타 지역에서의 생산을 유발하는 것으로 추정되었다.

산업부문별로는 '029보건 및 사회복지' 부문에서 재정지출에 따른 생산유발효과가 가장 큰 것으로 추정되었고, 다음으로 '027공공행정 및 국방', '020운송서비스', '007화학제품', '028교육서비스', '030문화 및 기타서비스', '019도소매서비스' 등의 순으로 추정되었다.

광주지역 내 잔류효과에 따른 산업부문별로는 '029보건 및 사회복지' 부문의 생산유발효과 가장 큰 것으로 추정되었고, 이어서 '027공공행정 및 국방', '020운송서비스', '028교육서비스', '030문화 및 기타서비스', '018건설', '014운송장비', '023금융 및 보험서비스' 부문 등의 순으로 추정되었다.

한편, 광주지역 외에서의 생산유발효과가 큰 '007화학제품', '019도소매서비스', '016전력, 가스 및 증기', '006석탄 및 석유제품', '009제1차금속제품', '003음식료품' 등의 부문은 광주지역 내에서 해당 산업부문의 원재료 및 중간재의 생산여건이 상대적으로 취약하여 역외의존도가 높은 것에 기인하는 것으로 유추할 수 있다.

다음으로, 광주광역시(본청)의 재정지출에 따른 취업유발효과는 77,366명의 취업자가 유발되었으며 이중에서 84.3%에 해당되는 65,190명이 광주지역 내 산업에서 유발된 것으로 추정되었고, 마찬가지로 나머지 12,176명은 지역간·산업간 거래관계에 따라서 광주 이외의 타 지역에서 취업을 유발시키는 것으로 추정되었다.

산업부문별로는 '029보건 및 사회복지' 부문에서 재정지출에 따른 취업유발효과가 가장 큰 것으로 추정되었고, 다음으로 '020운송서비스', '030문화 및 기타서비스', '028교육서비스', '027공공행정 및 국방' 등의 순으로 추정되었다. 광주지역 내 잔류효과 기준 산업부문별로는 '029보건 및 사회복지' 부문의 취업유발효과 가장 큰 것으로 추정되었고, 이어서 '020운송서비스', '030문화 및 기타서비스', '028교육서비스', '027공공행정 및 국방', '001농림수산품', '018건설', '026사업지원서비스', '019도소매서비스' 부문 등의 순으로 추정되었다.

한편, 광주지역 외에서의 취업유발효과가 큰 '019도소매서비스', '001농림수산품', '021음식점 및 숙박서비스', '020운송서비스', '026사업지원서비스' 등의 부문은 광주지역 내에서 해당 산업부문의 원재료 및 중간재의 생산여건이 상대적으로 취약하여 역외의존도가 높은 것에 기인하는 것으로 유추할 수 있다.

전라남도(본청)의 2018년 일반회계 세출 6조 4,011억원을 지출에 따른 경제적 파급효과 추정결과는 다음과 같다.

먼저, 전라남도(본청)의 재정지출에 따른 생산유발효과는 11조 1,432억원이 유발되었으며 이중에서 69.3%에 해당되는 7조 7,223억원이 전남지역 내 산업에서 유발된 것으로 추정되었고, 나머지 3조 4,209억원은 지역외부로부터 유입되는 원자재 및 중간재의 거래관계에 따라서 전남 이외의 타 지역에서의 생산을 유발하는 것으로 추정되었다.

산업부문별로는 '029보건 및 사회복지서비스' 부문에서 재정지출에 따른 생산유발효과가 가장 큰 것으로 추정되었고, 다음으로 '001농림수산품', '027공공행정 및 국방', '007화학제품', '020운송서비스', '030문화 및 기타서비스', '018건설' 부문 등의 순으로 추정되었다. 전남지역 내 잔류효과에 따른 산업부문별로는 '030보건 및 사회복지서비스'

부문의 생산유발효과 가장 큰 것으로 추정되었고, 이어서 '001농림수산품', '027공공행정 및 국방', '030문화 및 기타서비스', '018건설', '020운송서비스', '028교육서비스', '007화학제품', '009 제1차 금속제품', '006석탄 및 석유제품' 부문 등의 순으로 추정되었다.

한편, 전남지역 외에서의 생산유발효과가 큰 '007화학제품', '019도소매서비스', '003음식료품', '009제1차금속제품', '023금융 및 보험서비스', '012전기 및 전자기기' 등의 부문은 전남지역 내에서 해당 산업부문의 원재료 및 중간재의 생산여건이 상대적으로 취약하여 역외의 존도가 높은 것에 기인하는 것으로 유추할 수 있다.

전라남도(본청)의 재정지출에 따른 취업유발효과는 141,475명의 취업자가 유발되었으며 이중에서 84.8%에 해당되는 119,904명이 전남지역 내 산업에서 유발된 것으로 추정되었다.

산업부문별로는 '029보건 및 사회복지' 부문에서 재정지출에 따른 취업유발효과가 가장 큰 것으로 추정되었고, 다음으로 '001농림수산품', '030문화 및 기타서비스', '027공공행정 및 국방', '019도소매서비스', '020운송서비스', '018건설', '028교육서비스' 부문 등의 순으로 추정되었다. 전남지역 내 잔류효과에 따른 산업부문별로는 '029보건 및 사회복지' 부문의 취업유발효과 가장 큰 것으로 추정되었고, 이어서 '001농림수산품', '030문화 및 기타서비스', '027공공행정 및 국방', '019도소매서비스', '020운송서비스', '028교육서비스', '018건설' 부문 등의 순으로 추정되었다.

한편, 전남지역 외에서의 취업유발효과가 큰 '019도소매서비스', '021음식점 및 숙박서비스', '026사업지원서비스', '025전문·과학 및 기술서비스', '007화학제품' 등의 부문은 전남지역 내에서 해당 산업부문의 원재료 및 중간재의 생산여건이 상대적으로 취약하여 역외의존도가 높은 것에 기인하는 것으로 유추할 수 있다.

표 3-3-1. 재정지출의 경제적 파급효과(광주)

(단위: 억원, 명)

구분 / 산업부문	생산유발효과			취업유발효과		
		광주 (역내)	기타 (역외)		광주 (역내)	기타 (역외)
001	1,088	584	504	3,715	2,380	1,335
002	39	0	39	16	0	16
003	834	35	799	251	11	240
004	592	22	570	264	14	250
005	632	87	546	342	66	277
006	1,714	13	1,701	22	8	14
007	4,218	156	4,062	731	38	693
008	301	41	260	72	12	61
009	1,730	222	1,508	167	33	133
010	1,031	422	609	278	115	163
011	779	375	404	222	92	130
012	1,386	655	731	254	133	120
013	548	181	367	364	211	152
014	1,564	902	663	257	109	147
015	552	67	485	414	59	354
016	1,852	132	1,720	138	17	121
017	524	281	243	189	85	104
018	1,650	1,517	133	1,294	1,185	108
019	2,438	412	2,026	3,505	828	2,677
020	5,422	4,526	896	13,756	12,751	1,005
021	938	302	636	1,754	543	1,211
022	1,072	298	774	635	205	430
023	1,508	743	765	914	494	419
024	1,208	648	560	606	408	198
025	766	251	515	975	396	579
026	633	347	285	1,699	940	758
027	6,910	6,890	21	4,686	4,668	18
028	3,536	3,528	8	5,345	5,333	11
029	16,866	16,808	58	26,137	26,053	85
030	3,443	3,258	185	8,367	8,002	365
총 계	65,774	43,703	22,071	77,366	65,190	12,176

표 3-3-2. 재정지출의 경제적 파급효과(전남)

(단위: 억원, 명)

구분 산업부문	생산유발효과			취업유발효과		
		전남 (역내)	기타 (역외)		전남 (역내)	기타 (역외)
001	14,897	13,717	1,180	41,092	38,023	3,069
002	86	15	71	37	14	23
003	3,651	905	2,746	1,088	364	724
004	918	44	874	412	22	390
005	984	79	905	495	25	471
006	2,858	1,558	1,300	23	8	15
007	6,839	1,683	5,155	1,008	45	964
008	604	339	266	139	73	66
009	3,522	1,625	1,896	235	39	196
010	1,811	662	1,149	464	185	279
011	1,376	475	901	507	218	289
012	2,188	705	1,483	624	367	258
013	871	235	636	570	358	212
014	1,434	501	933	308	104	204
015	1,024	272	751	738	211	527
016	2,492	1,050	1,443	183	91	92
017	792	556	236	356	257	99
018	4,244	4,043	201	3,598	3,438	160
019	3,977	388	3,589	5,930	1,085	4,845
020	4,882	3,451	1,431	5,458	3,751	1,707
021	1,299	305	994	2,391	635	1,757
022	1,473	361	1,112	884	261	623
023	2,739	1,013	1,726	1,917	939	979
024	1,709	266	1,443	760	215	544
025	1,125	238	887	1,373	320	1,053
026	774	292	482	1,915	608	1,308
027	10,581	10,545	36	11,082	11,052	30
028	2,558	2,545	12	3,466	3,448	19
029	25,307	25,193	114	41,760	41,596	164
030	4,419	4,161	259	12,659	12,154	505
총 계	111,432	77,223	34,209	141,475	119,904	21,571

3) 파급효과의 산업별 유형화

지역경제 측면에서는 경제적 파급효과가 전국적으로 크게 파급되는 것도 중요하나 직·간접적인 효과가 지역산업 내에 크게 잔류하여 지역경제에 영향을 미치는 것이 더욱 중요하다고 할 수 있다. 이러한 관점에서 재정지출에 따른 경제적 파급효과의 크기와 범위를 기준으로 각 산업별로 유형화하여 구분할 수 있다. 첫 번째 기준은 파급효과가 전국적으로 얼마나 크게 유발되는가의 기준이며, 두 번째 기준은 유발된 파급효과가 지역 내 경제관계에 얼마나 잔류하는 가의 기준으로 '고파급·고비중형', '고파급·저비중형', '저파급·고비중형', '저파급·저비중형'의 네 가지 유형으로 구분하였다.

지역경제 측면에서 가장 선호되는 유형은 당연히 '고파급·고비중형'이라고 볼 수 있는데 파급효과의 크기도 클 뿐만 아니라 지역 내 산업간 잔류효과도 큰 유형이기 때문에 지역경제 활성화에 있어서 다른 산업부문 보다 상대적으로 중요하다고 할 수 있다. 나머지 유형 중에서 '고파급·저비중형', '저파급·고비중형' 유형은 전국적으로 미치는 파급효과 큰 산업부문과 파급효과의 크기는 크지 않더라도 지역 내 잔류효과 큰 산업부문 중에서 정책 목적에 따른 선택이 요구된다고 할 것이다.

여기에서 유발된 경제적 파급효과의 크기를 서로 비교하기 위해서 산업부문별로 투입규모에 따른 편의를 제거하고자 재정지출 투입금액 10억원당 유발효과를 산출하였다. 더불어 산업 부문 간 파급효과를 상대 비교하기 위해서 표준화지수로 환산하여 산출하였다.[7]

---

7) 표준화 지수는 가장 일반적으로 통용되는 Z-Score를 산출하는 방식을 적용하였다. Z-Score는 해당 산업 부문의 파급효과(원지수)가 각 산업 부문별 파급효과의 평균치에서 얼마나 떨어져 있는지를 측정하는 값으로 평균이 '0'이며, 음(−)이면 평균 이하, 양(+)이면 평균 이상의 크기를 갖는 것으로 판단할 수 있다.

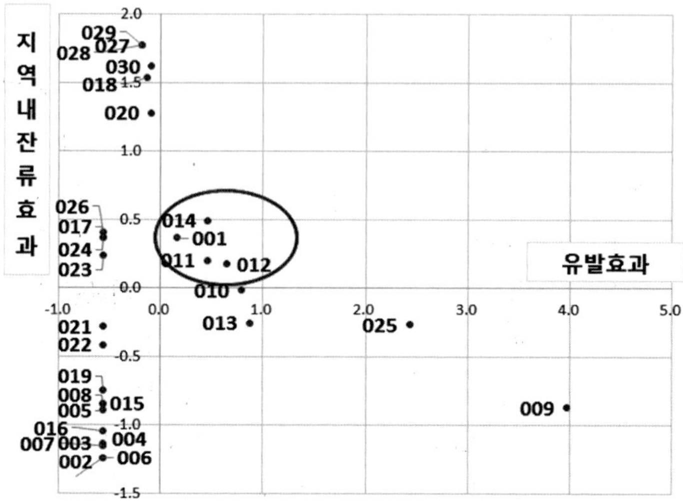

그림 3-3-1. 광주(본청) 재정지출 생산유발효과 산업별 유형

광주광역시(본청) 재정지출에 따른 생산유발효과에 대한 각 산업별 유형을 보면 운송장비, 농림수산품, 기계 및 장비, 전기 및 전자기기 부문이 '고파급·고비중형' 유형에 해당되는 것으로 분석되었다. 즉 이들 산업부문의 경우 재정지출 금액 10억당 전국 산업에 미치는 생산유발효과가 클 뿐만 아니라 광주지역 내 산업에 잔류하는 효과도 크다는 것을 알 수 있다. 따라서 광주광역시가 지역경제 활성화 등의 정책 목적을 실현하기 위해 재정지출을 결정할 때 해당 산업부문에 우선순위를 두는 것이 바람직하다고 할 것이다. 다음으로 생산유발효과는 크지만 역외유출이 발생되어 지역 내 잔류효과가 낮은 '고파급·저비중형' 유형으로는 1차금속제품, 전문·과학 및 기술서비스, 금속제

Z-Score 산출식은 다음과 같다. $z = \dfrac{x-\mu}{\sigma}$ 여기에서 x는 해당 산업 부문의 파급효과(원지수), μ는 전체 산업부문별 파급효과의 평균, σ는 전체 산업부문별 파급효과의 표준편차를 의미한다.

품, 정밀기기 부문 등이 해당되는 것으로 분석되었다. 다음으로 생산유발효과는 크지 않지만 역외유출이 작아 유발된 효과가 지역 내에 잔류하는 효과가 큰 '저파급·고비중형' 유형으로는 교육서비스, 공공행정 및 국방, 보건 및 사회복지서비스, 문화 및 기타서비스, 건설, 운송서비스, 사업지원서비스, 부동산 및 임대서비스, 금융 및 보험서비스 부문 등이 해당되는 것으로 분석되었다.

광주광역시(본청) 재정지출에 따른 취업유발효과에 대한 각 산업별 유형을 보면 농림수산품 부문이 '고파급·고비중형' 유형에 해당되는 것으로 분석되었다. 다음으로 '고파급·저비중형' 유형으로는 전문·과학 및 기술서비스 부문 등이 해당되는 것으로 분석되었다. 다음으로 '저파급·고비중형' 유형으로는 교육서비스, 공공행정 및 국방, 보건 및 사회복지서비스, 문화 및 기타서비스, 건설, 운송서비스, 사업지원서비스, 부동산 및 임대서비스, 금융 및 보험서비스, 정밀기기 부문 등이 해당되는 것으로 분석되었다.

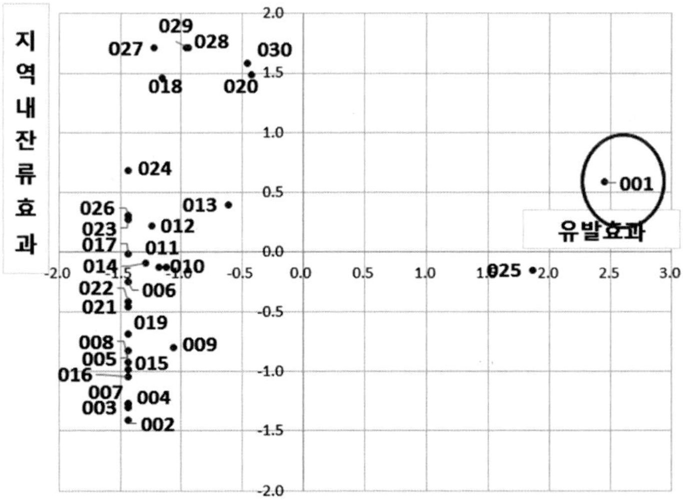

그림 3-3-2. 광주(본청) 재정지출 취업유발효과 산업별 유형

전라남도(본청) 재정지출에 따른 생산유발효과에 대한 각 산업별 유형을 보면 1차금속제품 부문이 '고파급·고비중형' 유형에 해당되는 것으로 분석되었다. 해당 산업부문의 경우 재정지출 금액 10억당 전국 산업에 미치는 생산유발효과가 클 뿐만 아니라 전남지역 내 산업에 잔류하는 효과도 크다는 것을 알 수 있다. 따라서 전라남도가 지역경제 활성화 등의 정책 목적을 실현하기 위해 재정지출을 결정할 때 해당 산업부문에 우선순위를 두는 것이 바람직하다고 할 것이다. 다음으로 생산유발효과는 크지만 역외유출이 발생되어 지역 내 잔류효과가 낮은 '고파급·저비중형' 유형으로는 전문·과학 및 기술서비스, 금속제품, 운송장비, 기계 및 장비, 전기 및 전자기기, 정밀기기, 기타 제조업 및 임가공 부문 등이 해당되는 것으로 분석되었다. 다음으로 생산유발효과는 크지 않지만 역외유출이 작아 유발된 효과가 지역 내에 잔류하는 효과가 큰 '저파급·고비중형' 유형으로는 교육서비스, 공공행정 및 국방, 보건 및 사회복지서비스, 문화 및 기타서비스, 농림

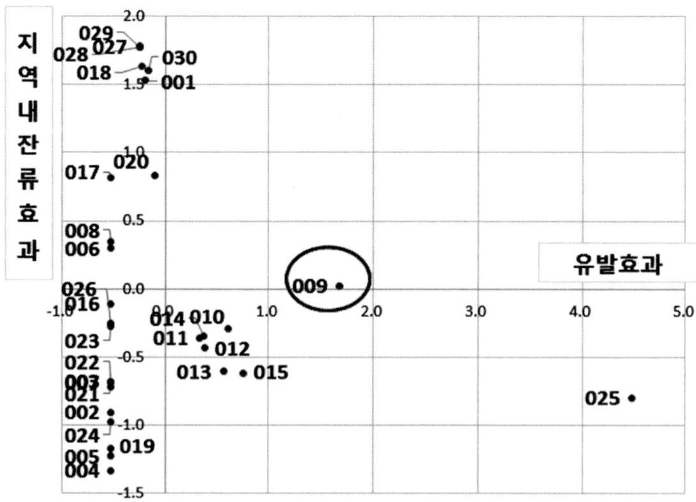

그림 3-3-3. 전남(본청) 재정지출 생산유발효과 산업별 유형

수산품, 운송서비스, 비금속광물제품, 석탄 및 석유제품 부문 등이 해당되는 것으로 분석되었다.

전라남도(본청) 재정지출에 따른 취업유발효과에 대한 각 산업별 유형을 보면 농림수산품 부문이 '고파급·고비중형' 유형에 해당되는 것으로 분석되었다. 다음으로 '고파급·저비중형' 유형으로는 전문·과학 및 기술서비스 부문 등이 해당되는 것으로 분석되었다. 다음으로 '저파급·고비중형' 유형으로는 교육서비스, 공공행정 및 국방, 보건 및 사회복지서비스, 문화 및 기타서비스, 건설, 운송서비스, 전기 및 전자기기, 정밀기기, 비금속광물제품, 금융 및 보험서비스 부문 등이 해당되는 것으로 분석되었다.

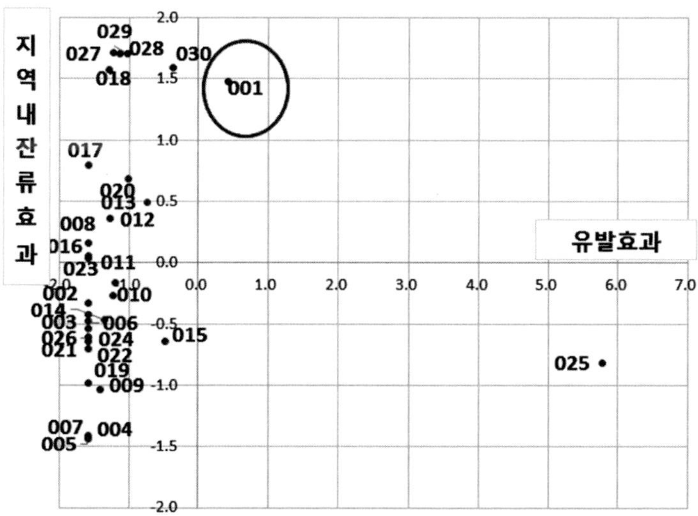

그림 3-3-4. 전남(본청) 재정지출 취업유발효과 산업별 유형

3-4 결론 및 시사점

일반적으로 정부의 재정정책은 자원배분기능, 소득재분배기능, 경제성장 및 경제안정화기능을 수행하는 것으로 알려져 있다. 이러한 측면에서 세입측면의 징수기반이 취약한 지방재정은 현실적으로 어려움에 직면하고 있다. 본 연구는 광주와 전남의 재정력을 판단할 수 있는 세입 특성, 세출 특성, 재정자립도 등 지방재정 구조를 분석하였다. 또한 지역산업연관분석 모형을 이용하여 지방재정지출로 인한 지역산업의 생산적 측면에서 경제적 파급효과를 추정하고 정책적 시사점을 제공하고 있다.

2019년도 광주광역시의 예산(총계) 규모는 7조 4,040억원으로 일반회계 6조 4,055억원(96.5%), 기타특별회계 7,187억원(9.7%), 공기업특별회계 2,797억원(3.8%)로 구성된 것으로 조사되었다. 총액 기준으로 동종자치단체인 광역시 중에서 부산, 인천, 대구에 이어 4번째 규모로 조사되었다. 한편 2019년도 전라남도의 예산(총계) 규모는 19조 5,962억원으로 일반회계 17조 4,256억원(88.9%), 기타특별회계 1조 6,139억원(8.2%), 공기업특별회계 5,566억원(2.8%)로 구성된 것으로 조사되었다. 총액 기준으로 동종자치단체 중에서 경기, 경북, 경남에 이어 4번째 규모로 조사되었다.

2019년 기준 광역시 평균 재정자립도는 46.4%이며 광주광역시는

36.9%로 동종단체 중 재정자립도가 가장 낮은 것으로 조사되었다. 마찬가지로 전라남도는 광역자치단체인 전국 '도본청' 평균 33.0%에 미치지 못하는 15.5%로 동종자치단체 중에서 가장 낮은 재정자립도를 보여 광주(본청) 및 전남(본청)의 자체 징수기반이 상대적으로 열악한 것으로 평가되었다.

광주광역시(본청) 2018년 세출을 회계별·기능별로 구분해보면, 총 세출 중에서 일반회계 세출 비중이 86.8%로 대부분의 지출이 일반회계 부문에서 발생되는 것을 알 수 있다. 기능별로는 1조 4,327억원(일반회계 세출액의 37.7%)이 사회복지 부문에서 지출되어 가장 큰 비중을 차지하고 있고, 일반공공행정 부문, 수송 및 교통 부문, 교육 부문 등의 순으로 지출되는 것으로 조사되었다. 다음으로 전라남도(본청) 2018년 세출을 회계별·기능별로 구분해보면, 총 세출 중에서 일반회계 세출 비중이 90.0%로 대부분의 지출이 일반회계 부문에서 발생되는 것을 알 수 있다. 기능별로는 1조 8,611억원(일반회계 세출액의 29.0%)이 사회복지 부문에서 지출되어 가장 큰 비중을 차지하고 있고, 농림해양수산 부문, 일반공공행정 부문, 환경보호 부문 등의 순으로 지출되는 것으로 조사되었다.

재정지출로 인하여 양(+)의 경제성장효과가 있는 것이 일반적인 판단이라고 할 수 있으며, 재정지출을 통한 경제성장효과 또는 경제활성화 효과에 대해서는 다양한 선행연구를 통해 증명된 바 있다. 또한 대다수의 선행연구는 재정지출이 경제성장을 견인하는 것으로 실증하고 있다. 한편 이와 관련된 다양한 연구결과에 비추어 광주와 전남지역에서의 재정지출에 따른 경제성장효과는 세입재원의 성격, 세출 분야, 지역발전의 정도, 재정투입 기간 등에 따라 차등적으로 나타날 것으로 유추할 수 있다. 따라서 재정지출의 결정 시 이와 같은 요인들에 대한 과학적·합리적 분석이 선행되어야 재정지출의 효율성을 제고할 수 있을 것이다.

광주·전남의 지방재정 지출로 인하여 지역경제에 미치는 영향을 분석하기 위해서는 지역산업연관분석을 통하여 경제적 파급효과를 추정하였다. 광주광역시(본청)의 재정지출에 따른 생산유발효과는 전국적으로 6조 5,774억원이 유발되었으며 이중에서 66.4%에 해당되는 4조 3,703억원이 광주지역 내 산업에서 유발된 것으로 추정되었다. 광주광역시(본청)의 재정지출에 따른 취업유발효과는 전국적으로 77,366명의 취업자가 유발되었으며 이중에서 84.3%에 해당되는 65,190명이 광주지역 내 산업에서 유발된 것으로 추정되었다. 한편, 전라남도(본청)의 재정지출에 따른 생산유발효과는 전국적으로 11조 1,432억원이 유발되었으며 이중에서 69.3%에 해당되는 7조 7,223억원이 전남지역 내 산업에서 유발된 것으로 추정되었다. 전라남도(본청)의 재정지출에 따른 취업유발효과는 전국적으로 141,475명의 취업자가 유발되었으며 이중에서 84.8%에 해당되는 119,904명이 전남지역 내 산업에서 유발된 것으로 추정되었다.

광주와 전남의 지방재정지출에 따른 경제적 파급효과는 전국적으로 얼마나 크게 유발되는가의 기준 및 유발된 파급효과가 얼마나 지역 내 경제관계에 잔류하는가의 기준으로 '고파급·고비중형', '고파급·저비중형', '저파급·고비중형', '저파급·저비중형'의 네 가지 유형으로 구분할 수 있다. 광주광역시(본청) 재정지출에 따른 생산유발효과에 대한 각 산업별 유형을 보면 운송장비, 농림수산품, 기계 및 장비, 전기 및 전자기기 부문이 '고파급·고비중형' 유형에 해당되는 것으로 분석되었다. 즉 이들 산업부문의 경우 재정지출 금액 10억당 전국 산업에 미치는 생산유발효과가 클 뿐만 아니라 광주지역 내 산업에 잔류하는 효과도 크다는 것을 알 수 있다. 따라서 광주광역시가 지역경제 활성화 등의 정책 목적을 실현하기 위해 재정지출을 결정할 때 해당 산업부문에 우선순위를 두는 것이 바람직하다고 할 것이다. 광주광역시(본청) 재정지출에 따른 취업유발효과에 대한 각 산업별 유형을 보면 농림수산품 부문이 '고파급·고비중형' 유형에 해당되는 것으로 분석되었다. 한편, 전라남도(본청) 재정지출에 따른 생산유발효과에 대한 각 산업별 유형을 보면 1차금속제품 부문이 '고파급·고비중형' 유형에 해당되는 것으로 분석되었다. 해당 산업부문의 경우 재정지출 금액 10억당 전국 산업에 미치는 생산유발효과가 클 뿐만 아니라 전남지역 내 산업에 잔류하는 효과도 크다는 것을 알 수 있다. 따라서 전라남도가 지역경제 활성화 등의 정책 목적을 실현하기 위해 재정지출을 결정할 때 해당 산업부문에 우선순위를 두는 것이 바람직하다고 할 것이다. 전라남도(본청) 재정지출에 따른 취업유발효과에 대한 각 산업별 유형을 보면 농림수산품 부문이 '고파급·고비중형' 유형에 해당되는 것으로 분석되었다.

위와 같은 분석결과를 토대로 재정지출로 인한 경제적 효과를 극대화하기 위해서는 지방자치단체의 재정지출 재량성을 보장하는 것이 중요한 요소라는 것을 알 수 있다. 이는 지방자치단체의 정책당국이 한정된 예산을 어느 분야에 투입할 것 인가의 결정권을 갖고 있다면 당연히 정책당국은 재정지출의 경제효과가 큰 분야에 선택적으로 집중할 수 있기 때문이다. 그러나 현실적으로는 광역자치단체의 재정지출 재량성이 그다지 높지 않다. 광주광역시 중기지방재정계획(2020~2024)을 보면 광주광역시의 경우 기초연금, 공적연금 등 복지 분야의 법정지출을 포함하여 의무적으로 지출해야할 의무지출 비중이 2020년 전체 재원 중 약 71.1%에 해당되어 시정당국이 자율적으로 지출의 결정할 수 있는 재량적 지출의 크기가 매우 제한적일 뿐만 아니라 지역개발 등 투자적 경비 지출보다는 경상적 경비 지출이 더욱 큰 것으로 조사되었다. 마찬가지로 전라남도 중기지방재정계획(2020~2024)

을 보면 의무지출 비중이 2020년 전체 재원의 약 50%에 해당되어 재정지출 측면에서 재량이 크지 않은 것으로 조사되었다.

지역경제는 인구구조의 변화(저출생과 고령화), 낮은 경제성장, 기후변화(재난), 코로나19와 같은 감염병 발생과 확산 등의 현상으로 지속적인 성장이 힘든 상황에 직면하고 있다. 이런 상황으로 빈부(소득), 세대, 건강, 디지털 격차는 점점 벌어지고 있다. 특히 2020년 코로나19 팬데믹 현상은 감염 우려와 이동 제한 등으로 글로벌 경제활동이 위축되고 글로벌 공급망의 타격으로 지방의 공장 가동이 멈추는 상황이 발생하여 내수 부진으로 중소기업의 침체가 이어지는 초유의 사태가 발생하였다. 또한 소비 위축으로 지역의 소상공인 및 자영업자의 휴업과 폐업이 속출하여 지역 상권은 황폐화되고 취약계층의 일자리는 감소로 이어져 지역경제의 침체가 가중되고 있다.

이런 경기 침체를 타개하기 위해서 지방정부는 피해 소상공인 및 자영업자 지원 및 재난긴급생계비 지원, 공공의료시스템 구축 등으로 지방재정이 악화되고 지역경제 침체로 세수 감소가 예상된다. 이런 점에서 지방재정 지출을 통한 지역경제효과의 극대화를 위한 방향이 필요하다. 먼저 세출측면에서 취업과 생산유발의 경제적 효과가 큰 분야에 선택적으로 집중할 수 있도록 지방재정지출의 재량성을 높이기 위한 정책대안이 필요할 것이다. 그리고 세입측면에서 일자리 창출과 생산유발효과가 큰 분야의 투자를 통한 징수기반 확충으로 재정력 강화와 재정자립도를 높이기 위한 정책방안이 요구된다.

참고문헌

광주광역시,『2018회계연도 결산서』, 광주광역시청, 2019.

김성태·임병인, "한국의 경제성장과 재정 - 평가와 재도약을 위한 정책과제",『응용경제』, 제11권 제2호, 2009, pp.89-131.

김일태·김봉진, "지역의 사회간접자본과 생산의 효율성" 국토연구원,『국토연구』, 제59권, 2008, pp.103-117.

송명화·김일태·김봉진·김종웅, "지역성장과 지방재정 간 인과관계 : 대구·경북의 사례" 한국경제통상학회,『경제연구』, 제28권 제3호, 2010, pp.97-119.

이춘근,『지역산업연관분석론』, 학문사, 2008.

전라남도,『2018회계연도 결산서』, 전라남도청, 2019.

지방재정365 행정안전부 지방재정통합공개시스템(lofin.mois.go.kr)

한국은행,『2010년 및 2013년 지역산업연관표』, 2015.

제4장

무역현황과 전망

박경석(전남대학교 경제학부)

본 장에서는 광주·전남지역의 무역현황을 수출을 중심으로 살펴본 후 최근에 나타난 기술적, 경제적 및 국제정치적 변화의 관점에서 수출에 대한 향후 전망을 하고, 지역기업들의 수출경쟁력을 높이기 위한 정책방향에 대한 제언을 한다.

4-1 서론

1995년 GATT 체제를 이어 WTO 체제가 출범하면서 세계 경제가 더 개방되고 글로벌화 될 것으로 기대하였다. 상품무역관련 무역장벽이 줄어들었고 서비스 시장이 개방되기 시작하면서 서비스 무역이 증가하였을 뿐 아니라 투자관련 규제가 줄어들면서 해외직접투자의 규모가 크게 증가하였다. 세계 시장을 하나로 통합시키는 이런 움직임들은 국가 간 분업형태를 글로벌 가치사슬(GVC)에 기초한 분업구조로 변경시켜왔다.

최근 4차 산업혁명의 영향 하에 국제무역환경에는 새로운 변화가 나타나고 있다. 인공지능, 사물인터넷, 드론, 3D 프린팅 등이 등장하면서 기업의 경쟁력에 영향을 주고 있으며, 경제의 디지털화, 플랫폼 서비스에 기초한 공유경제의 확산, 제조업의 서비스화 등의 경제적 변화를 가져오고 있다. 또한 3D 프린팅 기술이 보급되고 스마트 팩토리의 이용이 확산될수록 기업들의 생산입지가 저임금에 기초한 생산거점이 아니라 소비지 위주로 재편될 것으로 전망되고 있다(정희철 외, p.59). 이렇게 4차 산업혁명과 연관된 기술적, 경제적 변화는 국가 간 분업구조에 변화를 가져오고, 한 국가 내에서도 지역의 산업 및 무역구조에도 영향을 미칠 것으로 예상된다.

이런 기술적, 경제적 변화에 더해 2008년 금융위기 이후 나타난 보호무역 움직임이 미국 트럼프 대통령의 자국 우선주의에 기초한 보호무역 추진과 미중 무역전쟁으로 강화되기 시작하였고,[1] 코로나 19사태로 장기화 될 것으로 전망된다. 세계 1, 2위 경제대국 간에 발생한 미중 무역전쟁은 두 국가의 문제로 끝나지 않고, 이 두 국가와 경제적으로 연결된 다른 나라들에도 영향을 주고 있다. 두 국가의 무역거래 감소는 글로벌 가치사슬로 직, 간접적으로 연결된 다른 나라의 국제무역도 위축시킬 수밖에 없다. 가장 문제가 되는 것은 이로 인해 커진 불확실성이다. 불확실성이 커질수록 국제금융이나 해외투자의 거래비용이 커지고, 이는 장기적으로 국제무역에 대한 부정적인 영향을 증폭시킬 수 있다.

최근 들어 나타난 이런 기술적, 경제적 및 국제정치적 변화는 속도가 빠를 뿐 아니라 예측하기 어렵다는 점이 문제다. 지역기업들의 무역은 이런 변화들로부터 영향을 받을 수밖에 없다는 점에서 지역기업들과 지자체의 대응이 중요해졌다.

지역 내 무역과 관련된 관심은 수입보다는 수출 쪽에 두어진다. 지역에서 무역과 관련해서 관심을 갖는 것은 무역이 지역 내 고용이나 소득에 미치는 영향 때문이다. 이런 문제들과 직접적으로 관련되는 것은 수입보다는 수출이다. 지역기업들이 생산하는 제품 또는 서비스에 대한 해외수요가 증가하면 지역기업들의 생산 증가와 지역 내 고용 증가로 이어지고 지역소득이 증가하게 된다. 이에 비해 수입측면은 지역기업들이 생산에 이용하는 중간재나 소비자들이 이용하는 최종재가 수입제품에서 지역기업이 생산한 제품으로 대체되는 경우에

1) 2008년 금융위기 직후 선진국들은 경기회복을 위해 자유무역주의를 고수한다는 입장을 선언하였으나 반덤핑 조치 등 비관세 장벽을 이용하여 눈에 띄지 않게 보호무역을 강화하였는데 이런 움직임을 스텔스 보호주의(stealth protectionism)라고 한다.

지역 내 고용 및 소득수준을 올리는데 기여할 수 있다. 그런데 지역의 수입 감소는 이렇게 지역기업들의 경쟁력이 향상된 결과일 수도 있지만 지역의 경기 침체에서 비롯되거나 해외수입품을 국내의 타 지역에서 생산된 제품으로 대체한 결과로 나타날 수 있다. 뿐만 아니라 지역 수출기업들이 해외 원자재나 중간재를 이용하는 경우 수출 증대는 지역 수입의 증가로 이어지므로 수입이 증가하는 것이 고용이나 소득에 반드시 부정적인 영향을 미치는 것은 아니다.

한편 지역기업들의 수출경쟁력에 영향을 주는 중요한 요인 중의 하나는 중앙정부나 지자체의 정책이다. 우리나라는 중앙정부의 정책이 지역경제에 미치는 영향이 크다. 시기별로 집권한 정부가 어떤 경제정책, 어떤 산업정책을 추진하느냐에 따라 지역기업들의 업종선택이나 수출성과에 영향을 주었다. 지자체는 중앙정부의 정책방향을 반영하면서 지역경제상황을 고려해 정책을 수립, 추진한다. 광주광역시와 전라남도의 무역관련 정책들이 국제무역환경 변화의 관점에서 적절했는지에 대한 평가가 필요하다.

4-2 무역현황

1. 수출입 규모

표 4-2-1은 2000년부터 2019년 까지 광주·전남의 수출입 규모의 변화를 보여준다. 우선 수출규모를 보면 2000년 31억 8천 3백만 달러였던 광주의 수출은 2019년 134억 천 5백만 달러로 약 4.2배 증가하였다. 같은 기간 전남의 수출은 각각 58억 5백만 달러와 325억 8천 7백만 달러로 약 5.6배 증가하였다. 그러나 매년 증가한 것은 아니고 기간 별로 변동성이 나타난다. 광주의 수출은 2001년 이후 2007년까지 상승한 후 2008-2009년 기간 하락하다가 이후 다시 증가하여 2014년 162억 5천 8백만 달러로 최대수치를 보인 뒤 최근까지 다시 하락추세에 있다. 전남의 경우에는 2001년 이후 2008년까지는 지속적으로 상승하다가 2009년에 감소한 후 다시 상승해 2012년 419억 6백만 달러로 고점에 도달한 뒤 2016년까지 급격히 하락한다. 이후 회복국면에 있다가 2019년 다시 하락하였다.

수입은 광주의 경우 2000년 18억 4천 4백만 달러에서 2019년 58억 9천 9백만 달러로 약 3.2배 증가하였고, 전남의 경우는 2000년 107억 8천 백만 달러에서 2019년 328억 8백만 달러로 3배 정도 증가하였다. 광주와 전남 모두 2000-2019년 기간 동안 수출증가율에 비해 수입증

표 4-2-1. 광주·전남의 수출, 수입 및 무역수지

(단위: 백만 달러)

수출	2000	2001	2002	2003	2004	2005	2006	2007	2008	2009
전국	172,268	150,439	162,471	193,817	253,845	284,419	325,465	371,489	422,007	363,534
광주	3,183	3,095	3,598	4,035	5,288	7,189	9,142	10,144	9,412	8,883
전남	5,805	5,177	6,426	8,884	12,609	16,253	19,045	21,988	29,037	23,295
	2010	2011	2012	2013	2014	2015	2016	2017	2018	2019
전국	466,384	555,214	547,870	559,632	572,665	526,757	495,426	573,694	604,860	542,233
광주	11,581	13,340	14,133	15,868	16,258	15,305	14,699	14,951	14,664	13,415
전남	30,416	39,992	41,906	41,402	39,112	30,494	27,880	31,054	36,622	32,587
수입	2000	2001	2002	2003	2004	2005	2006	2007	2008	2009
전국	160,481	141,098	152,126	178,827	224,463	261,238	309,383	356,846	435,275	323,085
광주	1,844	1,710	1,741	2,966	3,038	3,680	4,079	4,984	4,877	4,087
전남	10,781	9,777	10,551	12,911	17,341	22,769	27,533	31,453	45,517	27,569
	2010	2011	2012	2013	2014	2015	2016	2017	2018	2019
전국	425,212	524,413	519,584	515,586	525,515	436,499	406,193	478,478	535,202	503,343
광주	5,553	5,223	4,740	4,915	5,167	5,552	5,628	6,388	6,280	5,899
전남	34,912	47,232	48,211	44,655	41,786	26,704	21,800	28,361	35,991	32,808
무역수지	2000	2001	2002	2003	2004	2005	2006	2007	2008	2009
전국	11,787	9,341	10,345	14,990	29,382	23,181	16,082	14,643	-13,268	40,449
광주	1,339	1,385	1,857	1,069	2,250	3,509	5,063	5,160	4,535	4,796
전남	-4,976	-4,600	-4,125	-4,027	-4,732	-6,516	-8,488	-9,465	-16,480	-4,274
	2010	2011	2012	2013	2014	2015	2016	2017	2018	2019
전국	41,172	30,801	28,286	44,046	47,150	90,258	89,233	95,216	69,658	38,890
광주	6,028	8,117	9,393	10,953	11,091	9,753	9,071	8,563	8,384	7,516
전남	-4,496	-7,240	-6,305	-3,253	-2,674	3,790	6,080	2,693	631	-221

주: 무역수지 저자 계산.

자료: 통계청, KOSIS : 수출액(시도), 수입액(시도)

가율이 낮았다. 광주의 경우는 모든 년도에서 수출액이 수입액 보다 많은 무역수지 흑자를 보여준 반면, 전남의 경우에는 2015년 이전에는 매년 적자를 보였다.

표 4-2-2는 2000~2019년 기간 동안 우리나라 각 지역(7개 특·광역시 및 9개 도)의 연평균 수출증가율을 2000~2010년, 2010~2019년 및 2000~2019년 세 기간으로 나누어 보여주고 있다. 우리나라 전체로 볼 때 2000~2010년 기간의 연평균 수출증가율이 2010~2019년 기간의 연평균 수출증가율 보다 약 6배 크다. 두 기간 수출증가율에 이런 차이가 생긴 것은 2008년 금융위기 이후 한동안 이어진 경기침체와 세계적으로 강화된 보호주의에 따른 영향으로 보인다. 개별 지역으로 보았을 때도 충청북도를 제외한 모든 지역에서 2000~2010년 기간의 연평균 수출증가율이 2010~2019년 기간의 연평균 수출증가율을 앞선다. 일부 지역의 경우에는 2010~2019년 기간 동안 연평균 증가율이 음(-)의 값을 보여 준다.

전남은 분석기간 전체의 연평균 증가율은 9.1%로 강원도 다음으로 높은 증가율을 보여주었다. 그러나 2000~2010년 기간과 2010~2019년 기간의 수출증가율은 극명한 차이를 보인다. 2000~2010년 기간 동안에는 연평균 증가율이 16.6%로 다른 모든 지역보다 컸으나 2010~2019년 기간에는 0.8%로 급락하여 전국 평균 증가율에도 못 미쳤다. 광주의 경우에도 전남만큼의 극적인 변화는 아니지만 유사한 변화를 보여주고 있다. 2000~2010년 기간 동안의 연평균 증가율은 12.9%를 나타냈으나 2010~2019년 기간에는 1.6%로 크게 하락하였다. 이렇게 광주와 전남 모두 2010~2019년 기간의 수출증가율이 2000~2010년 기간의 수출증가율에 크게 못 미친 것은 2008년 금융위기 이후의 경기침체와 보호주의 강화의 영향을 비껴가지 못한 것으로 볼 수 있다.

표 4-2-2. 시도별 수출증가율

(단위: %)

	2000~2010	2010~2019	2000~2019
전국	10.0	1.7	6.0
서울특별시	3.5	2.6	3.1
부산광역시	9.4	1.3	5.6
대구광역시	6.0	4.1	5.1
인천광역시	10.3	6.6	8.5
광주광역시	12.9	1.6	7.6
대전광역시	14.4	1.5	8.3
울산광역시	12.7	-0.3	6.6
경기도	8.1	3.4	5.9
강원도	15.0	3.6	9.6
충청북도	7.8	8.4	8.1
충청남도	11.6	4.3	8.2
전라북도	12.9	-5.3	4.3
전라남도	16.6	0.8	9.1
경상북도	10.5	-1.9	4.6
경상남도	12.5	-4.4	4.5
제주특별자치도	9.0	4.7	6.9

주: 연속성장 함수 이용하여 계산.
자료: 통계청, KOSIS: 수출액(시도)

다음으로 표 4-2-3를 통해 지역내총생산(GRDP) 대비 수출비중을 살펴보자. 이 비중의 증가는 지역경제에서 차지하는 수출의 중요도가 커진 것을 나타낸다. 광주의 경우 이 비중이 2019년 38.0%로 2000년도 26.4%에 비해 11.6%p 증가하였다. 그러나 2013년 55.6%로 정점을 찍은 후 2019년까지 지속적으로 그 값이 하락하였다. 전남의 경우도 유사한 추세를 보여주고 있다. 이 비중이 2019년 49.4%로 2000년도 20.9%에 비해 약 2.4배 증가하였다. 그러나 2012년 73.2%로 최대값에 도달 한 후 급격하게 하락하였다.

전국비중과 비교할 때 광주의 경우 2002년 이후에는 지속적으로 더 높은 값을 유지하였으나 2013년 14.9%p의 최대격차를 보인 후 2019년 격차가 5.2%p까지 하락하였다. 전남의 경우는 2004년 이후 전국비중 보다 높은 값을 지속적으로 유지하였다. 그러나 2012년 30.5%p의 최대격차를 보인 후 2019년 격차가 16.6%p로 떨어졌다.

표 4-2-3. 광주·전남의 지역내총생산 대비 수출비중

(단위: %)

	2000	2001	2002	2003	2004	2005	2006	2007	2008	2009
전국	29.7	27.3	25.8	27.4	31.8	30.4	30.7	31.6	40.1	38.4
광주	26.4	26.7	27.1	27.8	32.9	36.6	40.3	40.2	42.8	45.0
전남	20.9	19.9	22.3	27.0	32.7	37.5	40.9	41.3	59.1	56.1
	2010	2011	2012	2013	2014	2015	2016	2017	2018	2019
전국	40.6	44.2	42.7	40.7	38.5	35.9	33.0	35.2	35.0	32.8
광주	48.0	51.6	53.5	55.6	51.8	49.7	46.3	44.8	40.5	38.0
전남	56.9	70.1	73.2	68.2	62.2	50.1	45.2	47.6	53.4	49.4

주: 달러 표시 수출액을 평균환율로 환산하여 원화가치로 전환한 후 계산. 2019년 GRDP는 잠정치.

자료: 통계청, KOSIS: GRDP(시도, 당해년 가격, 백만 원), 수출액(시도. 백만 달러), 환율(대미달러, 평균)

2. 수출입 품목

표 4-2-4는 상품을 가공단계별로 분류했을 때 각 범주에 속한 상품의 광주와 전남의 수출비중을 보여준다. 광주의 경우는 소비재 비중과 중간재 비중이 상대적으로 크다.[2] 2010년부터 2016년 사이는 소비

2) 소비재 비중이 높은 것은 자동차 및 냉장고 수출과 관련되고 중간재 비중이 높은 것은 반도체 및 고무제품 수출과 관련된다. 본 장의 표 4-2-6 참조.

재 비중이 대체로 약간 컸으나 2017년부터 중간재 비중이 조금 더 크게 나타나고 있다. 2016년 광주의 소비재 비중은 전국 지자체 중 1위였다(강내영, 2017, p.4). 자본재 비중은 점차 작아지는 추세를 보이고 있는데 2016년 이후는 10%를 하회하고 있다. 1차 산품의 수출비중은 미미하다.

전남의 경우는 중간재 수출의 비중이 90% 내외를 차지하고 있고, 그 뒤를 자본재가 따른다.[3] 2016년 전남의 중간재 수출비중은 전국 지자체 중 충북 다음으로 높은 비중을 차지하였다(강내영, 2017, p.4). 소비재 수출비중은 1%를 밑도는 년도가 많았다. 지역내총생산에서 차지하는 농립어업의 비중이 광역도 중 제주도에 이어 두 번째로 높은 농도이지만 1차 산품의 수출은 1%에 미치지 못하고 있다. 다만 최근 들어 미약하지만 증가추세가 나타나고 있다.

표 4-2-4. 광주·전남의 가공단계별 상품 수출비중

(단위: %)

광주	1차산품	중간재	자본재	소비재
2010	0.3	40.1	15.0	44.6
2011	0.3	39.2	13.7	46.9
2012	0.1	41.8	14.4	43.6
2013	0.2	44.6	12.6	42.6
2014	0.4	42.3	10.1	47.3
2015	0.2	43.5	10.0	46.3
2016	0.1	44.2	8.8	46.7
2017	0.2	46.3	8.8	44.7
2018	0.1	49.7	8.7	41.5
2019	0.2	47.0	8.7	44.2

3) 중간재 비중이 높은 것은 주요 수출품이 석유화학관련 중간재이기 때문이다. 본 장의 표 4-2-7 참조.

전남	1차산품	중간재	자본재	소비재
2010	0.5	86.3	12.4	0.6
2011	0.4	88.7	10.3	0.6
2012	0.4	88.2	10.8	0.6
2013	0.4	92.5	6.5	0.6
2014	0.4	91.9	7.0	0.7
2015	0.4	88.3	10.5	0.8
2016	0.5	83.1	15.4	1.0
2017	0.5	90.2	8.4	0.9
2018	0.5	91.1	7.5	0.8
2019	0.6	90.7	7.4	1.1

주: 기타 분류 제외. 수출액 자료로부터 계산.
자료: 한국무역협회, K-stat

표 4-2-5는 상품을 가공단계별로 분류했을 때 각 범주에 속한 상품의 광주와 전남의 수입비중을 보여준다. 광주는 중간재 수입비중이 거의 매년 80% 이상으로 압도적으로 크다. 이는 광주 수입품목 중 가장 높은 비중을 차지하는 반도체 수입에 따른 영향이다.[4] 2010년대 초에는 1차 산품 비중이 중간재 다음으로 컸으나 2014년 이후로는 자본재 비중이 두 번째로 큰 비중을 차지한다. 전남의 경우에는 1차산품 비중이 매년 70% 이상으로 가장 높은데 이는 지역 내 정유산업과 관련되어 원유수입, 제철산업과 관련된 철광석 수입 등이 많기 때문이다.

4) 본 장의 표 4-2-9 참조.

표 4-2-5. 광주·전남의 가공단계별 상품 수입비중

(단위: %)

광주	1차산품	중간재	자본재	소비재
2010	7.9	82.8	7.4	1.9
2011	13.8	76.8	6.3	3.0
2012	10.9	80.0	5.5	3.6
2013	6.8	85.5	4.2	3.5
2014	5.1	85.2	6.1	3.6
2015	3.6	88.0	4.9	3.5
2016	2.9	83.4	9.2	4.5
2017	3.1	80.2	12.4	4.1
2018	2.5	81.5	8.4	7.3
2019	2.3	82.6	7.9	7.0
전남	**1차산품**	**중간재**	**자본재**	**소비재**
2010	77.9	20.4	1.4	0.3
2011	80.4	18.5	0.7	0.4
2012	80.0	18.8	0.9	0.4
2013	77.1	21.6	0.8	0.4
2014	77.7	20.5	1.3	0.5
2015	72.6	25.1	1.6	0.8
2016	71.1	25.7	2.1	1.2
2017	74.6	22.7	1.8	0.8
2018	73.9	24.5	0.8	0.8
2019	75.8	22.2	1.3	0.8

주: 기타 분류 제외. 수입액 자료로부터 계산.
자료: 한국무역협회, K-stat

다음은 주요 수출품을 품목별로 알아보자. 표 4-2-6은 광주의 최근 5년 동안의 10대 수출품과 해당 품목이 전체 수출에서 차지하는 비중을 보여준다. 자동차와 반도체가 2대 수출품목이고, 그 뒤로 냉장고, 고무제품, 건전지 및 축전지 등의 비중이 높다. 2000년 대 초(2000~2004년)에는 반도체가 광주의 최대수출품목 이었으나 2005년부터 자동차가 최대수출품목이 되었고, 반도체와 가전제품이 그 뒤를 이었다.[5] 2018년부터 플라스틱제품이 비중은 작지만 6대 수출품목으로 진입한 것은 새로운 변화라고 할 수 있다.

한편 시간이 지나면서 냉장고와 고무제품의 비중은 줄곧 줄어들었다.[6] 2019년 냉장고의 비중은 5.8%로 자동차 비중의 1/6, 반도체의 1/4에도 못 미치고 있다. 고무제품의 비중은 이보다 감소하여 2019년에는 단지 3.8%를 차지하여 건전지 및 축전지에 4위 자리를 내주었다. 이런 변화는 광주의 수출품목이 자동차와 반도체에 대한 집중도가 증가하였다는 것을 의미한다. 표 4-2-8에서 보면 2010년 두 제품의 수출비중의 합이 52.1%였던 것에 비해 2019년 66.8%로 14.7%p 증가하였다.[7] 4대 품목이 수출전체에서 차지하는 비중은 2010년 73.7%에서 2017년 80.1%으로 정점에 도달한 후 약간 감소하였다. 10대 품목이 차지하는 비중은 90%내외로 높은 집중도를 보여주고 있다. 2015~2019년 기간 동안 상위 10대 품목 안에 든 것은 총 12개 품목에 불과하다.

---

5) 김태기(2011), p.143의 〈표 5.4〉 광주·전남지역 주력 수출품목의 비중 변화 참조. 한국무역협회 자료에서 타이어는 고무제품으로 명칭이 변경된 것으로 보이고, 냉장고는 가전제품에서 세분류된 것으로 보인다.

6) 2010년 전체 수출에서 차지하는 비중이 자동차는 31.7%. 반도체는 20.3%, 냉장고는 12.2%, 고무제품은 9.4%였다. 한국무역협회 K-stat 자료 이용 저자 계산.

7) 2010~2019년 기간 동안 자동차 1위 및 반도체 2위는 계속 유지되었다. 4대 품목 및 10대 품목은 연도별로 순위나 종류에서 차이가 난다. 한국무역협회 K-stat 참조.

표 4-2-6. 광주의 10대 수출품 및 비중

(단위: %)

	2015	2016	2017	2018	2019
1	자동차 39.2	자동차 40.2	자동차 39.2	자동차 36.8	자동차 39.4
2	반도체 26.6	반도체 27.3	반도체 29.4	반도체 31.3	반도체 27.4
3	냉장고 8.3	냉장고 7.5	냉장고 7.0	냉장고 5.9	냉장고 5.8
4	고무제품 4.8	고무제품 5.1	고무제품 4.4	고무제품 3.8	건전지 및 축전지 3.9
5	건전지 및 축전지 3.1	건전지 및 축전지 3.1	건전지 및 축전지 3.7	건전지 및 축전지 3.8	고무제품 3.8
6	가정용회전기기 2.5	가정용회전기기 2.0	가정용회전기기 1.7	플라스틱 제품 1.5	플라스틱 제품 2.3
7	자동차부품 1.9	금형 1.7	금형 1.7	자동차부품 1.4	전기부품 1.6
8	공기조절기 및 냉난방기 1.3	자동차부품 1.7	자동차부품 1.5	전기부품 1.4	자동차부품 1.3
9	금형 1.3	전기부품 1.4	전기부품 1.4	금형 1.3	공기조절기 및 냉난방기 1.2
10	전기부품 1.2	공기조절기 및 냉난방기 1.2	공기조절기 및 냉난방기 1.3	공기조절기 및 냉난방기 1.2	원동기 및 펌프 1.2

주: 품목별 수출액 이용하여 계산.
자료: 한국무역협회, K-stat, MTI 3단위 기준

표 4-2-7은 전남의 최근 5년 동안의 10대 수출품과 해당 품목이 전체 수출에서 차지하는 비중을 보여준다. 2019년 상위 4대 수출품은 석유제품, 합성수지, 철강판, 선박해양구조물 및 부품이다. 이 순위는 2010년부터 대체로 유지되고 있다.[8] 2019년 상위 10대 품목에 포함

된 품목 중 철강판과 선박해양구조물 및 부품을 제외하면 모두 석유제품 및 석유화학 관련 제품들로 석유제품 및 석유화학제품이 전남 수출품목에서 차지하는 중요성은 압도적이라고 할 수 있다. 표 4-2-8에서 보듯이 2010~2019년 기간 동안 석유제품과 합성수지 두 품목이 차지하는 비중은 평균 54.6%이고,[9] 4대 품목의 비중은 평균 75.2%였다. 10대 품목의 비중은 10년 동안 최하 93.1%, 최고 95.8%로 압도적으로 높은 집중도를 보이고 있다.

표 4-2-7. 전남의 10대 수출품 및 비중

(단위: %)

	2015	2016	2017	2018	2019
1	석유제품 30.1	석유제품 26.1	석유제품 29.1	석유제품 34.9	석유제품 33.8
2	합성수지 24.2	합성수지 23.8	합성수지 25.1	합성수지 23.3	합성수지 22.9
3	철강판 11.3	선박해양 구조물 및 부품 14.9	철강판 10.9	철강판 9.6	철강판 10.9
4	선박해양 구조물 및 부품 9.8	철강판 11.3	선박해양 구조물 및 부품 8.1	선박해양구조물 및 부품 7.0	선박해양구조물 및 부품 6.9
5	기초유분 5.2	기초유분 4.6	기타석유화학 제품 6.3	기타석유화학 제품 6.8	기타석유화학 제품 4.6
6	기타석유화학 제품 4.2	기타석유화학 제품 4.6	기초유분 5.3	기초유분 3.7	기초유분 4.5

8) 예외는 두 경우로 2016년에 선박해양구조물 및 부품의 비중이 철강판 비중보다 높았고, 2013년에는 기초유분(6.6%)비중이 선박해양구조물 및 부품 비중(6.1%)보다 높아 4위를 차지하였다. 한국무역협회 K-stat 이용 저자 계산.

9) 2010~2019년 동안 석유제품 1위 및 합성수지 2위는 그대로 유지되었다. 한국무역협회 K-stat 참조.

	2015	2016	2017	2018	2019
7	정밀화학원료 2.7	합성고무 2.8	합성고무 3.5	합성고무 3.2	합성고무 3.2
8	합성고무 2.7	정밀화학원료 2.6	정밀화학원료 3.0	정밀화학원료 2.8	석유화학중간 원료 2.7
9	석유화학중간 원료 1.8	석유화학중간 원료 2.2	석유화학중간 원료 2.2	석유화학중간 원료 2.3	정밀화학원료 2.4
10	석유화학합섬 원료 1.1	석유화학합섬 원료 0.8	석유화학합섬 원료 0.8	합금철선철 및 고철 0.8	석유화학합섬 원료 1.2

주: 품목별 수출액 이용하여 계산.
자료: 한국무역협회, K-stat, MTI 3단위 기준

2019년 우리나라 전체 수출의 2대 품목, 4대 품목 및 10대 품목의 집중도가 각각 25.3%, 36.9% 및 56.1%인 것과 비교할 때 광주와 전남 모두 훨씬 높은 품목집중도를 보이고 있다.

표 4-2-8. 광주·전남의 수출품목 비중 추이(2대 품목, 4대 품목 및 10대 품목)

(단위: %)

광주	2대 품목	4대 품목	10대 품목
2010	52.1	73.7	91.4
2011	55.3	75.4	90.5
2012	54.5	73.7	88.3
2013	61.6	77.4	88.9
2014	62.2	78.3	90.1
2015	65.8	79.0	90.2
2016	67.4	80.0	91.2
2017	68.7	80.1	91.3
2018	68.1	77.9	88.5
2019	66.8	76.5	87.8

전남	2대 품목	4대 품목	10대 품목
2010	48.7	73.5	93.9
2011	52.9	75.2	95.1
2012	54.8	76.9	95.8
2013	59.3	76.7	95.4
2014	57.7	75.8	94.6
2015	54.2	75.3	93.1
2016	49.9	76.0	93.7
2017	54.2	73.2	94.4
2018	58.2	74.8	94.4
2019	56.7	74.6	93.2
전국	**2대 품목**	**4대 품목**	**10대 품목**
2019	**25.3**	**36.9**	**56.1**

주: 품목별 수출액 이용하여 계산. 반올림에 따른 라운딩 에러 발생 가능.
자료: 한국무역협회, K-stat, MTI 3단위 기준

표 4-2-9는 2019년 광주와 전남의 10대 수입품과 수입에서 차지하는 비중을 보여준다. 광주의 경우 반도체 수입이 전체 수입의 61.4%를 차지하고 있으며 전남의 경우는 원유, 석탄, 철광석 등 1차산품의 수입비중이 높다.

표 4-2-9. 광주·전남의 10대 수입품 및 비중(2019년)

(단위: %)

	광주		전남	
1	반도체	61.4	원유	53.6
2	기구부품	6.1	석유제품	10.4
3	산업용전기기기	3.4	석탄	9.6
4	가정용회전기기	3.2	철광	8.9
5	공기조절기 및 냉난방기	2.6	정밀화학원료	1.6

	광주		전남	
6	임산부산물	1.8	기타금속광물	1.2
7	자동차부품	1.2	기타석유화학제품	1.0
8	냉장고	1.0	기초유분	0.9
9	합성고무	0.8	석유화학중간원료	0.8
10	계측제어분석기	0.8	식물성물질	0.7

주: 품목별 수입액 이용하여 계산.
자료: 한국무역협회, K-stat, MTI 3단위 기준

3. 수출입 국가

표 4-2-10은 광주의 최근 5년 동안의 10대 수출국과 해당 국가가 전체 수출에서 차지하는 비중을 보여준다. 광주의 경우 최근 5년 간 3대 수출국은 미국, 싱가포르, 중국이다. 미국의 비중이 30% 내외를 유지하는 것은 최대수출품인 자동차의 미국 수출비중이 높기 때문이다. 2016년 광주의 대미 수출비중은 지자체 중 1위를 차지하였다(강내영, 2017, p.3). 표 4-2-12에서 보면 미국과 싱가포르 두 국가가 차지하는 비중의 합이 2015년 43.6%로 최고치에 도달한 후 약간 감소하였다.[10)]4대 수출국이 차지하는 비중은 2010년 46.3%에서 2019년 53.8%로 7.5%p 증가하였다. 10대 수출국이 차지하는 비중도 2010년 65.1%에서 2019년 72.3%까지 상승하였다. 2015-2019년 기간 동안 10대 수출국에 한 번이라도 포함된 국가는 13개국에 불과하다.

10) 2010~2019년 기간 동안 2대 수출국은 2011년(미국과 필리핀)만 제외하면 미국과 싱가포르인 반면, 4대 수출국 및 10대 수출국은 연도별로 순위 또는 국가에서 차이가 난다. 한국무역협회 K-stat 참조.

표 4-2-10. 광주의 10대 수출국 및 비중

(단위: %)

	2015	2016	2017	2018	2019
1	미국 30.6	미국 30.4	미국 27.7	미국 28.4	미국 31.2
2	싱가포르 13.0	싱가포르 10.2	싱가포르 9.0	싱가포르 9.2	싱가포르 9.6
3	중국 9.8	중국 7.1	중국 8.4	중국 8.4	중국 7.6
4	필리핀 3.5	필리핀 5.1	필리핀 5.8	필리핀 5.6	말레이시아 5.5
5	캐나다 2.7	말레이시아 3.9	말레이시아 3.8	말레이시아 4.6	대만 3.7
6	말레이시아 2.6	멕시코 3.6	멕시코 3.8	대만 4.4	캐나다 3.4
7	일본 2.5	캐나다 2.9	대만 3.5	캐나다 2.9	필리핀 3.4
8	홍콩 2.0	일본 2.7	캐나다 3.1	베트남 2.8	호주 2.8
9	독일 2.0	베트남 2.3	베트남 2.6	멕시코 2.6	멕시코 2.7
10	대만 1.8	호주 2.3	호주 2.6	호주 2.6	베트남 2.4

주: 수출국별 수출액 이용하여 계산.
자료: 한국무역협회, K-stat

표 4-2-11을 보면 전남의 경우에는 최근 5년 간 중국, 일본이 2대 수출국이다. 중국의 비중이 약 25% 정도를 차지하고 있다.[11] 표 4-2-12에서 전남의 경우에는 2대 수출국 비중은 2010년대 전반기 보다 후반기에 작은 값을 보여주고 있다.[12] 4대 수출국 비중은 2010년

11) 그렇지만 2016년 전남의 대중국 수출비중은 지자체 중 5위 안에 포함되지 못했다. 2016년 전남의 대일본 수출비중은 지자체 중 4위였다. 강내영, 2017, p.3 참조.

12) 2010~2019년 기간 동안 2대 수출국, 4대 수출국 및 10대 수출국은 연도별로 순위 또는 국가에서 차이가 난다. 한국무역협회 K-stat 참조.

49.7%에서 2016년 41.8%로 8.1%p 떨어졌다가 서서히 상승하여 2019년 47.5%가 되었다. 10대 수출국 비중은 2015년 65.9%까지 하락하였다가 상승추세 속에서 2019년 72.5%까지 올라갔다. 2015~2019년 기간 동안 10대 수출국에 한 번이라도 포함된 국가는 총 15개국이었다.

표 4-2-11. 전남의 10대 수출국 및 비중

(단위: %)

	2015	2016	2017	2018	2019
1	중국 24.2	중국 23.7	중국 26.2	중국 26.1	중국 27.5
2	일본 6.4	일본 6.7	일본 7.5	일본 7.9	일본 7.5
3	호주 6.1	마셜제도 6.2	대만 5.7	대만 7.5	미국 6.9
4	미국 5.4	미국 5.2	미국 4.8	미국 5.3	대만 5.4
5	마셜제도 4.7	호주 4.5	호주 4.7	인도 5.0	베트남 5.3
6	홍콩 4.6	싱가포르 4.3	인도 4.6	베트남 4.8	인도 5.0
7	인도 4.4	인도 4.3	베트남 4.1	필리핀 3.3	싱가포르 4.6
8	싱가포르 4.4	라이베리아 4.2	홍콩 3.4	호주 3.0	홍콩 3.6
9	대만 3.1	대만 4.1	싱가포르 3.3	싱가포르 2.8	필리핀 3.6
10	말레이시아 2.8	베트남 3.3	마셜제도 3.2	태국 2.7	멕시코 2.9

주: 수출국별 수출액 이용하여 계산.
자료: 한국무역협회, K-stat

2019년 우리나라 전체 수출의 2대 수출국, 4대 수출국 및 10대 수출국의 비중이 각각 38.6%, 53.4% 및 70.3%로 광주와 전남의 수출국 집중도와 크게 차이 나지 않는다.

표 4-2-12. 광주·전남의 수출국 비중 추이(2대 수출국, 4대 수출국 및 10대 수출국)

(단위: %)

광주	2대 수출국	4대 수출국	10대 수출국
2010	34.2	46.3	65.1
2011	32.3	43.8	62.3
2012	33.6	45.5	63.2
2013	39.5	51.8	65.9
2014	39.6	50.2	64.4
2015	43.6	56.9	70.5
2016	40.6	52.7	70.5
2017	36.8	51.0	70.3
2018	37.6	51.6	71.5
2019	40.8	53.8	72.3
전남	**2대 수출국**	**4대 수출국**	**10대 수출국**
2010	38.9	49.7	68.7
2011	38.1	50.1	71.5
2012	35.4	50.0	73.6
2013	40.3	53.1	73.2
2014	35.8	48.3	70.5
2015	30.6	42.0	65.9
2016	30.4	41.8	66.5
2017	33.7	44.2	67.5
2018	34.0	46.8	68.3
2019	35.1	47.5	72.5
전국	**2대 수출국**	**4대 수출국**	**10대 수출국**
2019	38.6	53.4	70.3

주: 수출국별 수출액 이용하여 계산. 반올림에 따른 라운딩 에러 발생 가능.
자료: 한국무역협회, K-stat

표 4-2-13은 2019년도 광주와 전남의 10대 수입국과 수입에서 차지하는 비중을 보여준다. 광주의 경우는 대만, 중국, 미국 순으로 수입 비중이 높았으며, 전남의 경우는 원유수입으로 인해 아랍에미레이트 연합, 이라크, 사우디아라비아의 비중이 높다.

표 4-2-13. 광주·전남의 10대 수입국 및 비중(2019년)

(단위: %)

	광주		전남	
1	대만	37.8	아랍에미리트 연합	16.7
2	중국	18.3	미국	12.3
3	미국	8.6	호주	11.0
4	일본	7.1	이라크	10.4
5	말레이시아	6.3	러시아	8.8
6	프랑스	3.9	사우디아라비아	8.4
7	독일	3.7	중국	4.3
8	싱가포르	2.9	카타르	4.2
9	홍콩	2.5	일본	3.0
10	태국	2.1	캐나다	2.6

주: 수입국별 수입액 이용하여 계산.
자료: 한국무역협회, K-stat

4-3 수출전망 및 정책제언

서론에서 최근 4차 산업혁명 및 미중 무역전쟁 등으로 인해 국제무역환경에 많은 변화가 나타났는데 변화를 예측하기 어려울 뿐 아니라 그 속도가 빠르다는 점을 언급하였다. 이런 상황에서 수출경쟁력을 유지하기 위해서는 지역기업들이 이런 변화에 신속하고 효율적으로 대응하는 것이 중요하다. 반대로 지역기업들의 관점에서는 지자체가 이런 변화에 잘 적응할 수 있는 제도와 정책을 수립, 집행하는 것이 중요해졌다.

예를 들어 글로벌 가치 사슬(GVC)의 형성과 발전은 특정한 국가나 기업이 의도적으로 만들어 낸 것이 아니라 정보기술이 획기적으로 발전하고 국가 간의 거래장벽이 줄어들면서 자연스럽게 나타난 현상이었다. GVC가 국제분업구조의 새로운 형태로 형성되기 시작되었을 때 GVC 참여가능성은 각 가치사슬의 특정한 단계에서의 경쟁력을 가진 기업에게 주어졌고, 해당 기업의 경쟁력은 변화에 적응할 수 있는 혁신능력이 결정하였다. 또 다른 중요한 요인은 중앙정부나 지자체의 이런 변화에 대처하는 능력이었다. 외국정부와의 무역협정 등을 통해 거래장벽을 적극적으로 제거하고, 기업들이 자유롭게 활동할 수 있도록 규제를 완화하고, 혁신능력을 고양하는데 도움을 주는 제도를 운영하는 것이 지국기업 또는 지역기업이 이런 변화에 효율적으로 대응하는데 필수적이라고 할 수 있다.

1. 수출전망

위에서 언급한 국제무역환경에 나타난 변화의 관점에서 보았을 때 광주·전남의 중장기적 수출전망은 낙관적이지 않다.

첫 번째 이유는 4-2절에서 보았듯이 광주·전남의 수출품목 및 수출국이 소수의 품목 또는 소수의 국가에 집중되어 있다는 것이다. 이런 구조는 수출대상국의 보호주의정책으로의 전환이나 글로벌 경기침체 등 국제무역환경의 예기치 않은 변화에 취약하다.

박지섭·강수연(2018)에 따르면 광주의 경우 수출품목 집중도가 2000년 이후 광역시 평균보다 줄곧 높았고 2008년 이후 격차가 점차 커지는 추세를 보이고 있을 뿐 아니라,[13] 수출국 집중도도 2007년 이후 광역시 평균보다 높은 상태가 유지되고 있다.[14] 동 보고서에 주장하듯이 자동차, 가전 등 주력 수출품이 주로 선진국에 수출되기 때문에 선진국(특히 미국)의 경기 및 무역정책에 수출이 크게 영향을 받을 수밖에 없다.

전남의 경우에는 수출국 집중도 보다는 수출품목 집중도가 문제가 되었다. 수출품목 집중도는 2000년 이후 광역도 평균보다 지속적으로

13) 상위 10개 수출품목 대상으로 허쉬만-허핀달 지수(HHI)로 계산한 2017년 지수 값이 0.29로 광역시 평균 0.17보다 상당히 높게 나타난다. 박지섭·강수연(2018), p.11의 〈2017년 광역시 수출품목별 HHI〉 및 〈광역시와 광주의 수출품목별 HHI 추이〉 참조.

14) 상위 10개 수출국 대상으로 허쉬만-허핀달 지수로 계산한 2017년 지수 값이 0.10으로 광역시 평균 0.07보다 높게 나타나고 있다. 박지섭·강수연(2018), p.11의 〈2017년 광역시 수출국가별 HHI〉 및 〈광역시와 광주의 수출국가별 HHI 추이〉 참조.

높게 유지되어 왔다.[15] 동보고서에 따르면 전남의 수출변동성이 큰 이유는 전남의 수출제품이 석유화학제품이나 철강 등 중간재이기 때문에 글로벌 경기 및 GVC에 나타난 변화, 유가 등에 영향을 받기 때문이다. 실제로 전남의 경우 2001~2017년 사이 글로벌 교역량과 수출의 상관계수가 0.93으로 다른 광역도는 물론 어떤 광역시보다도 높게 나타났다(박지섭·강수연, 2018, p.9). 이런 수출품목의 특성으로 인해 2008년 금융위기 이후 한동안 이어진 글로벌 경기침체나 미중 무역전쟁의 영향 하에 4.2의 분석에서 보았듯이 전남의 수출증가율이 2000~2010년 기간에 비해 2010~2019년 기간 동안 급락하였다고 볼 수 있다.

양 지역 모두의 수출에서 대기업이 차지하는 비중이 큰 것도 변동성이 높은 것과 연관된다.[16] 2016년 전남은 수출에서 대기업이 차지하는 비중이 80.4%로 17개 지자체 중 울산(87.1%), 충남(86.1%)에 이어 3위였고, 광주는 57.9%로 6위로 두 지역 모두 수출성과의 대기업 의존도가 상대적으로 높았다.[17] 지역 내 입지한 소수의 대기업의 수출성과가 저조하거나 입지를 다른 지역으로 옮기는 경우 지역의 수출성과 저하로 직결될 수밖에 없다.

주요 수출품목이나 주요 수출국 등은 단기간에 변경될 수 없다는 점, 코로나 19로 인한 경기침체가 언제까지 지속될지 불확실 하다는 점, 새롭게 출범하는 미국 바이든 행정부가 대중국 강경책을 예고하고 있어 미중 무역분쟁이 길어질 것으로 예상되는데 광주는 대미 수

15) 박지섭·강수연(2018), p.12의 〈광역도와 전남의 수출품목별 HHI 추이〉 참조.
16) 광주의 경우 주력 수출품목인 자동차는 기아자동차, 가전제품은 삼성전자 및 대유위니아가 대표기업이고, 전남의 경우 석유산업은 LG, 조선업은 현대삼호중공업, 철강은 포스코 광양제철소가 대표기업이다.
17) 강내영(2017), p.2의 〈2016년 기업규모별 지자체 수출 비중(%)〉 참조.

출의존도가 높고 전남은 대중국 수출의존도가 높다는 점 등을 고려한다면 광주·전남 두 지역 모두에서 당분간 수출성과가 극적으로 개선되기는 어려울 것으로 예상된다. 다만 미국 바이든 행정부의 대규모 경기부양책이 효과를 나타내고 코로나 팬데믹이 예상보다 빨리 종식되면 경기반등과 함께 수출호전을 기대해 볼 수 있다.

광주·전남의 수출전망이 낙관적이지 않은 두 번째 이유는 중장기적으로 수출전망이 좋은 품목에 속하는 수출품목이 적다는 것이다. 특히 전남이 문제가 된다. 2016년 8대 신산업 수출비중을 보면 충남이 전체 수출액의 23.2%를 차지하며 1위를 기록하고 있고, 광주는 7.6%로 인천(17.3%), 경기(16.5%), 서울(13.8%)에 이어 17개 지차제중 5위를 차지한 반면, 전남은 14위에 머물고 있다.[18]

표 4-3-1. 2016 기준 8대 신산업 품목별 지자체 수출실적

(단위: 백만 달러)

지자체 / 품목	8대 신산업 품목 수출 순위 상위 5개 지자체									
	1위		2위		3위		4위		5위	
	지자체	수출	지자체	수출	지자체	수출	지자체	수출	지자체	수출
프리미엄 소비재	서울	5,531	경기	4,371	인천	2,278	경남	1,517	부산	1,388
차세대 반도체	인천	5,577	충남	5,383	광주	3,980	경기	2,888	서울	911
차세대 디스플레이어	충남	6,180	경기	612	서울	30	경남	15	경북	6
바이오 헬쓰	인천	1,172	경기	1,046	서울	745	강원	357	충남	241
항공 드론	경남	1,150	부산	392	서울	267	인천	261	경기	35

자료: 강내영(2017), p.8.

18) 강내영(2017), p.6의 〈지자체별 8대 신산업 품목 수출비중〉 참조.

표 4-3-1은 2016년 기준 8대 신산업 품목 중 5대 품목에 대한 지자체별 수출비중을 보여주고 있다.[19] 광주와 전남은 표에 나와 있는 5개 품목 중 5위 이내에 든 것은 광주의 차세대 반도체가 유일하다. 5대 유망소비재의 경우에는 광주·전남 모두 저조한 수출실적을 보여주고 있다. 표 4-3-2에서 보듯이 2016년 기준 광주와 전남은 이 5대 품목 중 5위안에 드는 품목이 하나도 없다. 전남의 경우 앞의 표 4-2-7에 제시된 10대 수출품목 가운데 8대 신산업이나 5대 유망소비재에 속하는 품목이 하나도 없다.

표 4-3-2. 2016 기준 5대 유망소비재 품목별 지자체 수출실적

(단위: 백만 달러)

품목 \ 지자체	5대 유망소비재 품목 수출 순위 상위 5개 지자체									
	1위		2위		3위		4위		5위	
	지자체	수출	지자체	수출	지자체	수출	지자체	수출	지자체	수출
농수산식품	서울	1,388	경기	969	경남	940	부산	814	대전	620
생활유아용품	경기	1,918	서울	1,204	인천	753	경남	446	충남	439
화장품	서울	1,816	경기	1,029	인천	732	부산	104	충남	97
패션의류	서울	1,123	경기	455	인천	276	부산	251	경남	106
의약품	인천	1,136	경기	662	서울	383	전북	136	충남	134

자료: 강내영(2017), p.11.

19) 2016년 산업부장관과 대한상의 회장이 공동의장인 신산업 민관협의회에서 미래산업의 메가트랜드 등을 고려하여 12대 신산업을 선정하였는데(문병기, 2018), 강내영(2017) 보고서에서는 이중 표 4-3-1에 나온 다섯 산업과 에너지 신산업, 첨단신소재, 로봇산업을 8대 신산업으로 분류하였다. 문병기(2018)는 이 분류에서 프리미엄 소비재를 빼고 전기차를 포함시켜 8대 신산업으로 분류하고 있다. 12대 신산업에 포함되는 나머지 품목은 스마트 선박, IoT가전, AR(증강현실)/VR(가상현실)이다.

광주와 전남의 현재 지역주력산업으로 선정되어 있는 산업은 4차 산업혁명 연관 산업으로 대부분이 8대 신산업과 관련된다.[20] 하지만 현재 이들 산업을 육성하기 위한 단계에 있기 때문에 단기간에 수출 경쟁력을 갖추기는 어렵고 수출경쟁력을 갖추게 된다는 보장도 없기 때문에 당분간 이들 8대 신산업 품목에서 가시적 수출성과는 얻기는 어려울 것으로 전망된다.

광주·전남의 수출전망이 낙관적이지 못한 세 번째 이유는 서비스 산업의 경쟁력이 높지 않다는 것이다. 인공지능, 3D 프린팅, 모바일 등의 기술이 발전과 함께 제조업의 서비스화가 진행되면서 서비스 산업이 제조업의 경쟁력에 미치는 영향이 커졌을 뿐 아니라 운송 및 통신혁명, 서비스 관련 규제완화, WTO 서비스 무역자유화 협정 등의 영향으로의 서비스 자체의 무역규모도 빠르게 증가하고 있다.[21] 2010년대만 보더라도 세계전체 상품수출(merchandise export)에 대한 상업적 서비스(commercial service)수출의 % 비율이 2010년 25.4%에서 2019년 31.9%로 6%p 이상 증가했다.[22] 서비스무역의 증가추세와 함께 주목할 만 한 점은 총수출로 인해 유발된 부가가치 중 서비스 부문에 귀착되는 비중이 50.2%로 제조업 비중을 넘어서고 있다는 것이다(정희철 외, 2020, p.62).

---

20) 광주의 경우 2020년 스마트 가전, 복합금형, 생체의료, 광융합 산업이 지역주력산업이고, 전남의 경우 에너지신산업, 첨단운송기기 부품산업, 바이오헬쓰케어 소재산업, 청색청정환경산업 등이 주력산업이다.

21) 제조업의 서비스화는 인공지능, 3D 프린팅, 클라우드 등의 기술들이 제조업에 적용되면서 제조업 제품이 생산되고, 판매되는 과정 뿐 아니라 판매 후 유지보수 등에서 서비스가 부가되거나 제조업 제품과 서비스가 결합된 형태로 판매되는 것을 말한다. 제조업의 서비스화와 관련된 보다 자세한 내용은 심혜정(2020) 참조.

22) WTO Data Portal(https://data.wto.org/)의 Merchandise exports 자료와 Commercial service exports자료에서 저자 계산.

광주와 전남은 모두 서비스 부문의 노동생산성이 낮고, 4차 산업혁명 관련 서비스 업종의 발전이 더딘 상태다. 2016년 기준 광주의 서비스업이 지역내총생산에서 차지하는 비중은 66%로 광역시 평균 60.3% 보다 높지만 2015년 기준 노동생산성은 광역시 중 가장 낮다(박지섭·양대정, 2018, p.4). 4차 산업혁명 관련 사업체(컴퓨터 프로그래밍, 시스템 통합 및 관리업, 정보서비스업) 및 종사자 비중도 2015년 기준 각각 0.23%, 0.37%로 낮은 수준이고, 4차 산업혁명 연관 서비스 업체의 R&D 투자는 업체당 17.6백만원으로 광역시 평균 22.9백만원에 못 미치고 있다(문세미·박지섭, 2017, p.16). 지역서비스업에 대한 해외수요와 관련하여 관광산업 및 MICE산업의 발전도 부진하다.[23] 아시아 문화전당이 개관하고, KTX 및 SRT 고속철이 개통되었음에도 불구하고 외래관광객의 광주 방문비율도 2011년 1.6%에서 2016년 0.5%로 약 1/3로 줄어들었다.[24] MICE 산업도 숙박시설이나 교통편의 등 인프라의 확충이 여전히 필요하고, 개최건수와 참가자수 대비 매출액이 작다는 점 등 고부가가치 서비스산업으로서 기능이 미약한 것으로 평가받고 있다(김진강 외, 2017)

전남지역의 서비스 산업은 2016년 지역내총생산에서 차지하는 비중이 44.3%로 2011년에 비해 6.4% 성장하였으나, 노동생산성과 서비스업 상용근로자 비중은 광역도 평균보다 낮다(박지섭·양대정, 2018, pp.22-23). 4차 산업혁명 연관 서비스업도 부진한데 2015년 기준 관련 사업체 및 종사자 비중이 각각 0.10% 및 0.13%로 광역도 가운데 가장 낮을 뿐 아니라 4차 산업혁명 연관 서비스 업체의 R&D 투자는 업체당 16.8백만원으로 광역도 평균 43.8백만원의 절반 수준에도 못 미

23) 지역수준에서의 서비스 무역과 관련된 세부통계는 아직 제공되지 않고 있어 이와 관련된 상세분석은 현 시점에서 불가능하다.

24) 박지섭·양대정(2018)의 p.5의 〈외래관광객의 광주 방문비율〉 및 p.6 참조.

쳤다(문세미·박지섭, 2017, p.16). 외래관광객의 전남 방문비율은 여수세계박람회가 열린 2012년 2.2%까지 상승하였으나 2016년 0.9%로 낮아졌다.[25] 2012년 여수세계박람회 및 국제농업박람회, 2013년 순천국제정원박람회 등의 유치로 전남의 MICE산업의 발전 잠재력이 확대되었다고 평가되지만(심재희·백형엽, 2012), 아직까지 MICE 산업이 충분한 국제경쟁력을 가지고 있다고 보기 힘들다.

이렇게 볼 때 양 지역 모두에서 4차 산업관련 서비스 부문이 성장하고 서비스 생산성이 향상되어 제조업의 수출경쟁력 증가 및 지역서비스 산업에 대한 해외수요 증가로 이어지는 것은 한동안 어려워 보인다.

단기적으로 지역 내 수출관련 특화산업이나 품목이 4차 산업혁명 관련 유망업종으로 변경되기는 어렵다. 뒤에서 다시 언급하겠지만 지자체가 4차 산업혁명과 관련된 지역전략산업을 육성하는 방식으로 이런 변화를 주도한다고 하더라도 성공한다는 보장이 없고 단기간 내에 성과를 내기가 어려울 뿐 아니라 그러한 방식이 적절한지도 의문이다. 중장기적 관점에서 보면 지역 내 기업들의 변화에 대한 적응의지와 노력이 중요하고, 이는 혁신에 대한 성과로 이어져야 한다. 하지만 이 두 가지 면에서도 현재 긍정적인 평가를 내리기가 어렵다. 이점이 광주·전남의 수출전망을 낙관할 수 없는 네 번째 이유이다.

한경록(2019)은 사물인터넷, 클라우드, 빅데이터, 모바일, 인공지능 및 3D 프린팅 등 4차 산업혁명 관련 6개 신기술분야에서 광주·전남 사업체들의 이런 기술들에 대한 인지도, 이용의향 등과 관련된 설문조사결과를 소개하고 있다. 표 4-3-3을 보면 먼저 인지도 면에서는 광주는 사물인터넷, 클라우드, 빅데이터, 3D 프린팅 4개 분야, 전남은

25) 박지섭·양대정(2018)의 p.23의 〈외래관광객의 전남 방문비율〉 참조.

사물인터넷, 클라우드, 빅데이터, 인공지능 및 3D 프린팅 5개 분야에서 전국평균을 하회하고 있다. 특히 전남은 사물인터넷, 클라우드 및 3D 프린팅 분야에서는 전국 최하위의 인지도를 보여주고 있다. 이용의향 면에서는 광주의 경우 클라우드, 빅데이터, 인공지능, 3D 프린팅에서 전국 평균을 하회하고, 특히 인공지능과 3D 프린팅 이용의향은 최하위권에 위치하고 있다. 전남의 경우는 사물인터넷, 빅데이터, 인공지능, 3D 프린팅에서 전국평균보다 낮은 이용의향을 보여주고 있고, 빅데이터는 전국 최하위권에 속해 있다.[26] 이러한 설문 결과는 광주 및 전남지역 모두에서 지역기업들이 4차 산업혁명과 관련된 기술 변화에 대한 인지 및 적응의지가 부족하다는 것을 보여주는 것이다.

나주몽(2020)은 지역혁신지수로 평가한 광주·전남 지역 혁신활동의 전국대비 성과를 소개하고 있다. 각 지역의 혁신 잠재력 및 지식창출 활동에 대한 투자를 파악하기 위한 지표인 혁신투입지수를 보면 광주는 2017년 0.2214로 전국평균 0.3795에 미치지 못하고 있고, 지역별 순위도 8위에 머물고 있다. 전남의 2017년 혁신투입지수는 0.0896으로 전국평균 값에 크게 미치지 못하고 있고 지역별 순위도 16위로 전국 최하위 권에 위치해 있다. 다음 혁신활용과 지식재산권으로 측정되는 혁신산출지수를 보면 광주는 2017년 0.2555로 전국평균 0.4521 보다 크게 낮고, 지역별 순위는 9위를 차지하였다. 전남의 2017년 혁신산출지수는 0.1028로 전국평균 값보다 훨씬 낮은 값을 보여주었을 뿐 아니라 지역별 순위도 15위로 혁신투입지수처럼 최하위권에 위치해 있다.

---

26) 표에서 보듯이 이런 추세에 대한 예외적인 경우로 모바일 기술에서는 현재 이용하고 있는 사업체 비중과 이용의향 면에서 광주와 전남이 각각 전국 1위와 2위를 차지하고 있다.

표 4-3-3. 정보화통계조사

(단위: %)

지역	사물인터넷		클라우드		빅데이터		모바일		인공지능		3D 프린팅	
	인지	이용 의향	인지	이용 의향	인지	이용 의향	이용	이용 의향	인지	이용 의향	인지	이용 의향
서울	28.0	2.8	29.4	3.2	32.9	2.1	62.6	61.4	39.2	1.7	40.0	1.2
부산	20.6	2.5	29.4	4.2	27.5	9.8	34.1	31.7	38.9	8.0	24.9	22.5
대구	11.6	1.9	13.6	1.7	12.3	0.6	27.6	27.0	21.9	0.3	14.3	0.1
인천	7.4	0.6	17.8	2.0	7.2	1.8	47.4	47.9	5.9	0.8	7.1	3.4
광주	16.4	3.7	14.8	1.3	11.3	3.1	81.6	77.4	36.8	0.2	19.4	0.2
대전	23.6	17.9	32.0	3.0	32.0	13.4	67.4	66.0	46.3	8.5	40.1	0.6
울산	27.5	0.3	25.4	2.5	16.5	2.8	43.9	41.7	34.7	3.8	18.8	6.0
세종	7.1	5.7	13.4	0.0	1.9	2.6	61.1	60.9	9.7	4.2	7.2	0.4
경기	18.9	3.2	20.6	4.8	19.7	2.7	29.5	29.5	25.7	2.0	25.2	1.9
강원	19.0	5.7	19.3	4.0	21.4	11.9	55.9	57.2	36.0	7.2	37.8	1.6
충북	17.2	0.7	16.4	0.0	9.7	1.2	42.7	42.5	18.6	0.0	13.5	0.0
충남	15.4	0.0	13.2	0.2	7.8	0.0	40.2	37.5	23.6	0.0	19.5	0.1
전북	12.9	7.4	9.3	10.3	8.3	1.1	52.8	42.7	31.0	1.1	13.0	0.7
전남	6.8	1.0	5.4	12.3	2.9	0.8	78.6	73.3	29.6	0.6	6.3	0.4
경북	16.1	0.9	16.8	0.4	15.6	1.2	26.8	28.4	31.3	0.3	12.2	1.9
경남	16.7	0.2	38.6	0.3	26.1	4.0	76.0	70.1	40.1	12.2	17.1	7.3
제주	17.6	8.2	29.1	8.6	30.3	4.0	53.5	52.8	48.4	4.0	38.5	10.0
전국	19.0	3.2	22.4	3.2	20.6	3.7	48.4	46.8	31.4	3.4	24.5	3.4

주: 저자 재구성. 모바일 제외 2017년 12월 31일 기준. 모바일은 2016년 12월 31일 기준.
자료: 국가통계포털(2019), 한경록(2019) 〈표 3〉, 〈표 4〉, 〈표 5〉, 〈표 6〉, 〈표 7〉 및 〈표 8〉에서 재인용.

이상에서 기술적, 경제적 및 국제정치적 요인에 의한 변동성이 커지고 그 방향이 점차 예측하기 어려운 상황에서 광주·전남의 중장기적 수출전망이 낙관적이지 않다는 것을 살펴보았다. 광주는 소수의 수출품목이 소수의 국가에 집중되어 있어 해당 수출국의 정책이나 경기변동에 크게 영향을 받게 되는 점, 차세대 반도체를 제외하면 수출 유망품목에 대한 수출성과가 높지 않다는 점, 서비스 생산성이 낮고 4차 산업혁명관련 서비스 업종의 발전도 앞서나가고 있지 못한 점, 4차 산업기술들에 대한 기업인지도 및 이용의향이 대체로 낮은 수준에 머물고 있다는 점, 혁신성과가 전국평균보다 낮은 수준에 머물고 있다는 점 등이 문제점으로 지적되었다.

전남의 수출성과에 대한 전망은 광주보다 더 좋지 않다. 그 이유 중 가장 심각한 것은 혁신성과가 전국 최하위 권에 머물고 있다는 것이다. 거기에 더해 4차 산업기술들에 대한 기업인지도 및 이용의향도 상당히 낮은 수준에 머물고 있고, 4차 산업혁명관련 서비스업의 발전도 낙후되어 있다. 또한 수출특화 품목이 석유화학제품에 집중되어 있어서 수출 유망품목에 대한 수출 성과를 당분간 기대하기가 어렵다는 점 등이 문제점으로 지적되었다.

2. 정책제언

지자체들이 지역기업들의 수출경쟁력을 높이기 위한 정책 중 가장 일반적인 것은 무역 및 투자와 관련된 거래비용을 낮추어 줄 수 있는 물적 인프라나 제도적 인프라를 갖추는 것이다. 부두 및 항만시설을 확충하고 현대화하는 것, 효율적인 수출입 화물관리체제를 마련하는 것 등을 예로 들 수 있다(김태기, 2011, p.157). 거의 모든 지자체 들이 하는 해외시장 개척단 지원, 국내외 전시박람회참가 지원, 해외규격 인증 지원 등은 중소기업들의 재원부족을 고려할 때 필요한 사업이기는 하나 관련 민간단체 들이 주도하도록 하고 지자체는 간접적으로 행정적인 지원을 하는 게 바람직한 방향이다.

한편 기업들의 수출경쟁력 제고라는 측면에서 보면 수출관련정책은 지역산업정책과 연결된다. 지역산업정책의 목적도 지역성장을 견인하고, 고용증대를 위한 것이기 때문에 수출관련정책과 정책목표가 동일하다고 할 수 있다. 우리나라 경제의 높은 개방도를 고려할 때 일정 지역에 특화된 산업의 성과는 국내 판매 뿐 아니라 수출에 의존한다. 따라서 지자체가 산업정책을 추진할 때 해당 산업의 현재 또는 미래의 수출성과를 고려할 수밖에 없다. 여기서는 광주광역시와 전라남도의 산업정책 중 지역전략산업 추진에 대해 비판적으로 검토하고, 경제주체 간 광범위하고 신속한 상호연결이 중요해진 4차 산업혁명에 대비하여 지자체 정책에 대한 제언을 하고자 한다.

서론에서도 언급했지만 우리나라 지자체들의 지역경제와 관련된 산업정책은 중앙정부의 관련 정책의 방향 및 내용에 따라 주기적으로 변경되어 왔다. 대부분의 지차제가 열악한 재정 상태로 인해 중앙정부의 재원에 의존할 수밖에 없는 상황에서 불가피한 선택으로도 볼 수 있지만 정책의 일관성이 결여되면서 효율적으로 집행되지 못했다. 특히 문제가 되는 것은 특정 산업을 전략산업으로 육성하는 정책방향이다.

아이러니한 것은 1960년대와 1970년대에 걸친 개발경제시대의 관주도산업육성을 비판하면서도 이런 기조가 역대 중앙정부는 물론 지방정부에도 그대로 이어지고 있다는 것이다. 앞에서 살펴본 광주와 전남의 수출주력산업들인 자동차, 석유화학, 철강도 기업들이 자발적으로 그 입지를 선택했다고 하기 보다는 중앙정부의 지역발전정책에 따라 중앙정부가 산업입지를 지역적으로 배분하고 기업들이 그곳에 입주하도록 영향력을 행사하는 과정에서 형성된 것이다.

지자체들은 중앙정부의 정책 틀 내에서 지역경제여건을 감안하여 자체적으로 지역특화산업을 정하고(신건수, pp.34-35), 지역 내에 관련 기업들에 대한 각종 지원정책을 사용하여 왔다. 광주의 경우 2020

년 스마트 가전, 복합금형, 생체의료, 광융합 산업이 지역주력산업으로 되어있고, 전남의 경우 에너지신산업, 첨단운송기기 부품산업, 바이오헬쓰케어 소재산업, 청색청정환경산업 등이 주력산업으로 되어있다.

그런데 지자체 주도로 주력산업을 육성하여 수출성과로 이어지기까지는 상당한 시간이 필요할 뿐 아니라 수출시장에서 경쟁력을 확보한다는 보장도 없다. 이런 유치산업호론적 시각이나 전략적 산업정책의 관점들은 경제학자들로부터 비판의 대상이 되어왔다.[27] 주력산업으로 선정되는 사업은 향후 수요가 증가할 것으로 예상되는 산업이나 부가가치가 높은 산업 등이다. 그러나 경제이론에 따르면 단순히 수요증가가 예상되거나 부가가치가 높다는 것만으로 정부의 개입이 정당화 되지는 않는다. 정부의 정책개입이 정당화되기 위해서는 해당산업과 관련된 외부경제문제가 존재해야 한다. 해당산업이 갖는 기술적 특성이 긍정적인 외부효과를 가져오는 경우라고 하더라도 그런 외부효과를 가져오는 활동에 대해서만 지원해야지 해당산업 전체의 활동에 대한 지원이 되어서는 안 된다. 이론적으로는 명확하지만 이를 구분하여 정책을 집행하는 것은 쉽지 않다. 기본적으로는 정책집행자가 어떤 산업이 어느 정도의 기술적 외부효과를 가지고 있는지, 어떤 산업의 수요가 지속적으로 증가할 것인지 등에 대한 정보도 충분히 가지고 있지 못하다는 것이 문제다.

다음으로 주력산업육성과 관련되어 광주·전남 모두 지역주력산업들이 지난 20여 년 동안 5~6번 바뀌었다는 사실자체가 주력산업육성정책의 문제점을 드러낸다. 광주의 경우 지역주력산업의 변천을 보면 2000~2003년은 광산업이었고, 2004~2008년은 광산업과 정보가전산

27) Krugman et al. (2015), Chap. 11 및 Chap. 12 참조.

업으로 변경되었다. 2009~2012년은 광산업, 정보가전산업에 자동차·첨단부품소재산업과 디자인 산업이 추가되었다. 2013~2014년의 주력산업은 스마트가전, 복합금형, 생체의료용 소재부품, 디자인, 지식데이터산업이었고, 2015~2017년 스마트가전, 복합금형, 생체의료용 소재부품, 초정밀생산가공시스템, 디자인(문화콘텐츠)산업으로 변경되었다가 2018년부터 스마트 가전, 복합금형, 디지털생체의료, 광융합 산업이 지역주력산업으로 선정되어 2020년까지 이어지고 있다.[28)]

이렇게 주력산업이 자주 바뀌는 것은 전남도 마찬가지이다. 2003~2007년의 주력산업은 생물산업(건강기능식품소재, 생물의약 및 백신, 식자원생산지원소재), 신소재·조선산업이었고, 2008~2012년의 주력산업도 생물산업과 신소재·조선산업이었는데 다만 신소재 세부산업이 경량금속소재에 더하여 파인세라믹소재, 고분자융복합소재로 확대되었고 조선업도 중형조선과 조선·해양기자재로 세부화되었다. 그러다가 2013년부터 신특화산업으로 개편되었는데 고기능생물소재, 금속소재·가공, 구조·기능세락믹스, 석유화학기반 고분자소재, 해양기자재·부품 산업 등이 해당되었다. 2015~2017년 주력산업은 다시 바이오식품, 금속소재·가공, 석유화학기반 고분자소재, 에너지 설비산업으로 변경되었고, 2018년부터는 에너지신산업, 첨단운송기기부품산업, 바이오헬쓰케어소재산업 청색·청정환경산업이 주력산업으로 선정되었다.[29)]

이런 빈번한 주력산업의 변경자체가 지자체 산업정책의 근본적인 문제점을 보여준다. 일정한 시점에서 선정된 주력산업이 경제적 여건 변화로 수년 내에 더 이상 유망하지 않게 되었다는 것을 의미하기 때문이다. 더욱 문제가 되는 것은 이런 패턴이 주기적으로 반복되고 있

28) 신건수(2018), p.35의 〈그림 2〉 및 p.36의 〈표 1〉 참조.

29) 전라남도(2016) 및 신중일·박동원(2018), p.63의 〈표 1〉 및 p.70의 〈표 5〉 참조.

다는 것이다. 이런 정책이 반복되게 되면 지역 내 기업들은 지자체 사업이 장기적으로 지속되지 않을 것으로 생각하게 되고, 장기적인 시각보다는 단기적인 시각으로 해당사업에 접근하게 된다. 다시 말해, 해당 산업에 장기적인 투자보다는 지자체의 지원정책만을 최대한 이용하려는 전략적 접근을 취할 유인이 커진다.

기술적 변화의 주기가 빨라지고 그 방향을 예측하기 어려운 4차 산업 혁명이 진행되는 상황에서는 특정산업을 선정하여 지원하는 정책은 지양되어야 한다. 그보다는 업종에 상관없이 지역기업들의 혁신투입과 혁신성과 등 혁신활동 자체를 지원하는 정책에 초점을 두고 재원을 집중시켜야 한다. 특히 지역 내 중소기업들의 혁신역량 제고가 어느 때 보다도 요구되고 있다. 자동차산업만 보더라도 친환경 자동차 등 미래형자동차 생산을 위한 부품을 공급할 수 있는 기업들이 지역에 존재하지 않는다는 점이 문제점으로 지적되어 왔다(신건수, 2018, p.46). 중소기업들의 혁신역량이 전반적으로 제고되어야 지역 산업생태계 전반에 걸쳐 혁신활동으로 인한 시너지가 극대화될 것이고, 예기치 않은 변화에 대한 적응능력이 최적화될 수 있다. 혁신활동에 대한 지원정책은 지차제의 장이 바뀌더라도 계속 이어갈 수 있도록 장기적으로 지속가능하도록 구상되어야 하고 분야를 단순화하여 충분하지 않은 재원이 너무 많은 사업에 분산되지 않도록 주의해야 한다.

다음으로 4차 산업혁명의 시기에는 경제주체 간의 광범위하고 신속한 상호연결이 중요해지므로 지자체는 지역기업들과 지역 내 경제주체(소비자, 생산자, 투자자, 지자체 등)들 및 국내 경제주체들 사이는 물론 지역기업들과 외국 경제주체들 사이의 상호연결을 위한 플랫폼을 구축을 하거나 민간 경제주체에 의해 추진되는 플랫폼 구축을 지원해야 한다. 지자체가 주도할 수 있는 플랫폼으로는 해외 지자체들과 협력하여 기업들이 무역이나 투자와 관련된 법규와 정보를 실시간으로 제공받고 관련 행정업무를 신속하게 처리할 수 있는 플랫폼을 생각해 볼 수 있다. 예를 들어 우리나라와 자유무역협정을 맺고 있는 회원국들의 지자체 들 중 지역기업들과 무역이나 투자로 연결되어 있는 지자체들과 플랫폼 구축을 위한 협력을 모색해 볼 수 있다. 외국의 무역장벽을 낮추는 자유무역협정은 중앙정부 수준에서 체결하는 것이지만 지자체가 외국 지자체들과 협약을 통해 양국의 기업들의 거래를 보다 용이하게 해 주도록 하는 것이 필요하다.

4-4 결론

국제무역환경은 기술의 발전, 국제정치적 요인, 경기변동 등의 영향 하에 지속적으로 변화해 왔다. 최근에는 4차 산업혁명으로 명명되는 일련의 기술변화로 제조업의 서비스화, 경제의 디지털화 등 경제의 패러다임 자체가 변화되고 있다. 다른 한편에서는 2008년 금융위기 이후 나타난 보호무역 분위기가 최근 미중 무역분쟁으로 더욱 강화되고 있다. 코로나 팬데믹 사태는 보호주의 추세를 강화하였을 뿐 아니라 비대면 거래를 급격히 증가시켰고 향후 국제거래방식에도 영향을 줄 것으로 예상되고 있다.

광주와 전남 두 지역 모두에서 2008년 금융위기 이후의 경기침제나 보호주의 강화에도 불구하고 2000년대 초에 비해 지역경제에서 차지하는 수출의 비중이 절대적으로나 전국대비 상승하였다. 그렇지만 여전히 소수의 품목에 수출품목이 집중되거나 수출이 소수의 국가에 편중되어 있어서 수출성과가 국제경기변동이나 수출대상국의 정책변화에 크게 영향을 받고 있다. 더욱이 광주의 차세대 반도체를 제외하면 수출유망업종에서 수출성과가 저조하고, 지역 내 서비스 산업의 기반이 약할 뿐 아니라 지역기업들의 혁신능력이 정체되고, 4차 산업혁명과 연관 새로운 기술변화에 대한 관심과 대응이 부족한 점은 향후 광주·전남의 수출성과에 대한 전망을 어둡게 하고 있다.

지자체들의 수출관련정책은 지역산업정책과 연결되는데 광주광역시와 전라남도는 지역주력산업의 육성에 산업정책의 방점을 두고 있다. 지역주력산업이 중앙정부가 바뀔 때 마다 주기적으로 변경되는 것도 문제지만 기본적으로 관주도의 주력산업육성정책은 신속한 변화에 대한 효율적인 대응을 필요로 하는 4차 산업혁명 시대에는 적합하지 않다. 지역 내 기업들이 변화에 효율적으로 대처할 수 있는 혁신역량을 장기적으로 제고할 수 있도록 하는 데 정책의 방점을 두고 이를 위한 제도를 만들어 시행하는데 재원을 집중할 필요가 있다.

참고문헌

강내영, 『우리나라 지자체별 수출 특성과 일자리 창출 효과 분석』, 국제무역연구원, Trade Focus 2017년 43호, 2017. 11.

김진강·최우성·박지섭·문세미, 『광주지역의 MICE산업 경쟁력 강화를 위한 정책과제』 한국은행 광주전남본부, 2017. 11.

김태기, "무역구조의 현황과 특징", 『광주·전남지역의 경제현황과 발전방향』, 전남대학교 지역개발연구소 기획도서 9. 2011. 8.

나주몽, "국가균형발전정책 변천의 특성과 광주·전남지역의 발전방향", 『광주전남연구』, 제17호, 2020, pp.64-88.

문병기, 『8대 신산업 수출의 일자리 창출 및 대중국 수출입 동향 분석』, 국제무역연구원, Trade Focus 2018년 5호, 2018. 2.

문세미·박지섭, 『광주전남지역 서비스업 현황 및 시사점』, 한국은행 광주전남본부, 2017. 9.

박지섭·강수연, 『광주전남지역 수출 현황 및 시사점』, 한국은행 광주전남본부, 2018. 5.

박지섭·양대정, 『광주전남 지역경제 평가 및 도약을 위한 정책과제』, 한국은행 광주전남본부, 2018. 3.

신건수, "광주 주력산업 경쟁력 제고 및 혁신성장 방안", 『광주전남연구』, 제11호, 2018. pp.32-59.

신중일·박동원, "전남 주력산업 혁신성장을 위한 경쟁력 제고 방안", 『광주전남연구』, 제11호, 2018, pp.60-83.

신재희·백형엽, "전남지역의 MICE 산업 구축전략에 관한 연구", 『산업경제연구』 제25권(5), 2012, pp.3317-3343

심혜정, 『한국 제조업의 서비스화 현황과 해외 진출 사례』, Trade Brief, 국제무역연구원, 2020. 4.

전라남도, 『2015년도 지역산업진흥 성과평가보고서』, 2016. 6.

정희철·강내영·김건우(연구총괄), 『글로벌 가치사슬(GVC)의 패러다임 변화와 한국무역의 미래』, 국제무역연구원, 2020. 2.
한경록, “광주·전남 사업체의 스마트 기술 활용성 강화 방안”, 『광주전남연구』, 제15호, 2019, pp.175-201.
Krugman, P. R., Obstfeld, M. and M. J. Melitz, International Eonomics: Theory and Policy, Tenth Edition, Pearson, 2015.

제5장

노동시장 구조 변화 및 정책적 시사점

이찬영(전남대학교 경제학부)

본 장에서는 일차적으로 광주·전남 인구구조 및 노동시장 구조를 파악한다. 이어서 한국고용정보원의 워크넷 자료를 통해 광주·전남의 구인, 구직, 취업현황을 분석함으로써 이 지역의 노동수요와 노동공급상에 나타난 특징을 분석한다. 세부적으로는 광주와 전남을 각각 7대특광역시와 9개도와 비교하여 광주·전남의 상대적인 성과를 파악한다. 최종적으로는 광주·전남의 구직자를 대상으로 실업요인을 분해하여 이 지역의 일자리 미스매치를 해소하기 위한 방안을 제시한다.

5-1 서론

저출산 및 고령화에 따른 지방소멸 우려가 각종 지표로 확인되면서 지자체마다 특단의 대책을 세우고 있다. 국가나 지방정부 차원에서 적극적인 인구감소 대응책이 시행되지 않으면 그 지역의 존재가 불투명한 상황이다. 인구감소는 소비 감소, 노동력 부족, 경제성장 둔화 등 많은 사회경제 문제와 직결된다는 점에서 광주·전남의 인구 문제를 짚어 보는 것은 그 자체로도 의미가 있다. 특히, 2015년에 공공기관 이전으로 지역 차원에서는 인구 흐름의 반전을 기대했는데, 실제 이러한 기대가 어떻게 나타났는지 살펴볼 필요가 있다.

한편, 적정 인구를 유지한다고 하더라도 지역 생산 및 서비스 현장에서의 인력 수급은 별개의 문제다. 노동 수요가 산업 및 지역 환경 변화에 따라 어떻게 변화되었는지를 우선적으로 검토해 보고 이에 부합하는 노동 공급이 이루어지고 있는지도 진단해 볼 것이다. 노동시장 구조는 수요와 공급에 따라 많은 변화가 있을 것으로 예상되지만, 지역에서는 변화의 범위가 다소 제한적이다. 따라서 지역의 노동시장 구조를 현미경적인 시각과 망원경적인 시각으로 동시에 살펴보는 것은 흥미진진한 일이다.

최종적으로는 노동수급의 미스매치 상황을 진단하고 이를 해결하기 위한 방안을 제시해봄으로써 광주·전남의 밝은 앞날을 소망해 본다.

5-2 광주지역 인구 및 노동시장 구조

1. 인구구조

2019년 기준으로 광주의 주민등록인구는 1,456천명이다. 2014년까지 증가세를 나타냈던 주민등록인구는 1,476천명으로 정점에 도달한 뒤 그 이후 감소세를 보이고 있다. 15세 이상 인구는 2010년 이후 지속적으로 증가세를 보이고 있고 2019년에 1,255천명으로 총인구의 86.2%를 차지하고 있다. 연령별로 세분화하여 살펴보면, 2019년 청년인구(15~29세)는 297천명이고 고령인구(65세 이상)는 195천명이다. 지난 10년 동안, 15~29세 인구는 약 27천명이 감소한 반면에 65세 이상 인구는 65천명이 증가하였다. 이로 인해 동 기간 동안 청년인구가 총인구에서 차지하는 비중은 22.3%에서 20.4%로 줄어들었고 고령인구의 비중은 9.0%에서 13.4%로 증가하였다. 주민등록인구가 지난 10년 동안 0.1% 증가한 점과 연령별 인구 구성비의 변화를 감안하면 광주지역의 인구 고령화가 빠르게 진전되고 있음을 알 수 있다.

2019년 여성인구는 전체인구의 약 절반에 해당하는 736천명을 기록하고 있다. 전체 인구의 흐름과 유사하게 2014년까지는 증가세를 보이다 그 이후로 감소세로 전환되었다. 성별인구의 비중은 지난 10년 동안 크게 달라지지 않고 있으며 현재까지는 여성 인구의 비중이

50%를 상회하고 있다.

표 5-2-1. 광주지역 인구구조

(단위: 천명, %)

구분	2010 (A)	2011	2012	2013	2014	2015	2016	2017	2018	2019 (B)	증감률 (B-A) /A
주민 등록 인구	1,455	1,463	1,469	1,473	1,476	1,472	1,469	1,464	1,459	1,456	0.1
15세 이상 인구	1,186 (81.5)	1,202 (82.2)	1,216 (82.8)	1,228 (83.4)	1,239 (83.9)	1,245 (84.6)	1,249 (85.0)	1,250 (85.4)	1,252 (85.8)	1,255 (86.2)	5.9
청년 인구 (15~ 29세)	324 (22.3)	321 (21.9)	317 (21.6)	315 (21.4)	313 (21.2)	312 (21.2)	310 (21.1)	305 (20.9)	301 (20.7)	297 (20.4)	-8.2
고령 인구 (65세 이상)	130 (9.0)	136 (9.3)	145 (9.9)	152 (10.3)	160 (10.8)	166 (11.3)	173 (11.7)	181 (12.4)	187 (12.8)	195 (13.4)	49.8
여성 인구	733 (50.4)	738 (50.4)	741 (50.4)	743 (50.4)	745 (50.4)	743 (50.4)	741 (50.4)	738 (50.5)	737 (50.5)	736 (50.5)	0.4

주1: 반올림하여 표시하여 증감률 계산 시 라운딩에러 발생 가능
주2: ( )는 전체인구 대비 비중
자료: 행정안전부, 「주민등록인구현황」, 각년도

일반적으로 인구 변화는 출생과 사망 그리고 인구이동에 의해 발생한다. 1차적으로는 출생자 수와 사망자 수의 변화에 따른 자연 증감 요인이 작용하며, 다음으로는 인구이동규모(유입인구와 유출인구 규모)가 인구변화를 결정한다. 결국 인구의 증감은 “출생자 수 – 사망자 수 + 인구 순유입”으로 산출된다. 이에 기초하여 출생, 사망, 인구이동이라는 3가지 인구구조의 변동요인을 바탕으로 광주지역의 인구현황을 살펴보면 다음과 같다.

출생아수는 2010년 13,979명에서 2019년 8,377명으로 5,602명이 줄어들었다. 특히, 2016년부터는 거의 매년 1천 명씩 출생아수가 감소하고 있다는 점에서 저출산이 갈수록 심화되고 있음을 짐작할 수 있다. 이에 반해, 사망자 수는 동 기간 동안 6,532명에서 7,646명으로 늘어났고 최근 4년 동안 7천명 중후반대에서 소폭의 등락을 반복하고 있다. 출생아수와 사망자 수의 추이만을 보면 2010년에는 약 7천명의 자연증가가 나타났지만 2019년에는 이 규모가 약 7백 명에 그치고 있다.

표 5-2-2. 광주지역 인구구조: 세부항목별

(단위: 명)

구분	2010 (A)	2011	2012	2013	2014	2015	2016	2017	2018	2019 (B)	B-A
출생아수	13,979	13,916	14,392	12,729	12,729	13,327	12,441	10,120	9,105	8,377	-5,602
사망자 수	6,532	6,593	6,874	6,891	6,935	5,939	7,443	7,560	7,781	7,646	1,114
인구 순이동	3,531	1,279	-1,825	-2,592	-2,977	-9,272	-7,898	-8,118	-6,216	-3,875	-7,406
20~29세	-2,170	-1,980	-2,962	-2,723	-3,493	-4,765	-3,371	-4,098	-3,361	-2,588	-418
30~39세	2,014	1,507	218	262	234	-1,625	-1,453	-1,270	-368	-4	-2,018
40~49세	531	3	-267	-386	-86	-801	-1,035	-1,006	-787	-193	-724
50~59세	-163	-550	-363	-1,027	-678	-1,325	-1,210	-1,374	-1,330	-997	-834
60세 이상	838	826	682	393	350	-31	-65	-220	-373	-283	-1,121

주: 인구순이동은 유입된 인구에서 유출된 인구를 뺀 수
자료: 행정안전부, 「주민등록인구현황」, 각년도

인구이동 측면에서 보면 2012년부터 광주지역에 인구 순유출이 발생하고 있다. 더욱이 순유출되는 규모가 공공기관 이전이 한창 진행 중이던 2015년에는 만 명에 육박하기도 하였다. 그 이후로 순유출되는 규모가 감소세를 보이고 있지만 2019년에도 약 4천명의 순유출이 발생하고 있다. 연령별로 살펴보면, 청년층뿐만 아니라 중고령층에서도 순유출세가 지속되고 있다. 2019년 순유출 규모를 보면, 20~29세(2,588명), 50~59세(997명), 60세 이상(283명) 순으로 순유출 규모가 크다. 더욱이, 2015년부터는 모든 연령층에서 유출되는 인구가 유입되는 인구를 상회하고 있다.

2. 노동시장 구조

경제활동인구조사상의 15세 이상 인구는 2019년 1,265천명으로 2010년(1,195천명)에 비해 약 5.9% 증가하였다. 이 중 경제활동인구는 778천명으로 15세 이상 인구의 61.5%를 차지하고 있다. 경제활동참가율이 점진적으로 상승하고 있는데 최근 3년 동안에는 61% 내외의 수준을 기록하고 있다. 고용률도 비슷한 양상을 보이면서 2017년 이후부터는 59%대를 유지하고 있다. 특히, 2010년 60%대 초반이었던 15~64세 고용률은 2018~2019년에는 65%에 이르고 있다. 비경제활동인구는 2010년대 초반에는 소폭 증가하였지만 그 이후로는 49만명 수준에서 소폭의 등락을 반복하고 있다.

2019년 취업자 수는 750천명으로 2010년도에 비해 70천명 증가하였다(표 5-2-4. 참조). 고용 증가폭 측면에서는 2018년도에 비해 연간 천명이 증가하면서 이전 년도에 비해 축소('17년 +14천명, '18년 5천명)되었다. 전체적으로 보면 임금근로자의 수는 늘어나는 반면에 비임금근로자의 수는 줄어드는 양상을 보이고 있다. 임금근로자 수는

표 5-2-3. 광주지역 고용동향

(단위: 천명, %)

구분	2010 (A)	2011	2012	2013	2014	2015	2016	2017	2018	2019 (B)	증감률 (B-A) /A
15세 이상 인구	1,195	1,213	1,225	1,234	1,244	1,253	1,257	1,260	1,261	1,265	5.9
경제활동 인구	705	709	710	727	753	755	753	766	779	778	10.4
경제활동 참가율	59.0	58.4	57.9	58.9	60.5	60.3	59.9	60.8	61.7	61.5	4.2
- 취업자	680	687	691	706	732	733	730	744	749	750	10.3
고용률	56.9	56.6	56.4	57.2	58.8	58.5	58.1	59.0	59.4	59.3	4.2
15~64세	61.0	60.7	60.8	61.6	63.4	63.2	62.5	63.8	64.6	64.5	5.7
- 실업자	24.9	21.7	19.1	20.7	21.1	22.0	23.2	21.9	29.5	28.9	16.1
실업률	3.5	3.1	2.7	2.8	2.8	2.9	3.1	2.9	3.8	3.7	5.7
비경제 활동인구	490	505	515	508	491	498	504	494	483	486	-0.8

자료: 통계청, 「경제활동인구조사」, 각년도

지난 10년 동안 약 76천명 증가한 반면에 비임금근로자 수는 7천명 감소하였다. 이에 따라, 전체 취업자에서 임금근로자가 차지하는 비중은 2010년 74.4%에서 2019년 77.6%로 증가하였다.

좀 더 세부적으로 살펴보면, 임금근로자내에서는 상용근로자의 비중이 점차 확대되는 특징을 보이고 있는데 고용안정 측면에서는 바람직한 방향으로 변화되고 있음을 보여준다. 비임금근로자의 감소는 고용원이 없는 자영업자와 무급가족종사자의 감소에서 비롯된 것으로 보인다. 2010년에 고용원이 없는 자영업자와 무급가족종사자가 전체 종사자에서 차지하는 비중은 각각 15.1%와 4.1%였는데, 2019년에는 동 비중이 각각 12.9%와 2.9%로 낮아졌다.

표 5-2-4. 광주지역 종사상 지위별 취업자 현황

(단위: 천명, %)

구 분	2010 (A)	2011	2012	2013	2014	2015	2016	2017	2018	2019 (B)	증감률 (B-A) /A
〈전체〉	680	687	691	706	732	733	730	744	749	750	10.3
임금 근로자	506 (74.4)	516 (75.1)	516 (74.7)	515 (72.9)	540 (73.8)	541 (73.8)	538 (73.7)	562 (75.5)	580 (77.4)	582 (77.6)	15.0
- 상용 근로자	293 (43.1)	302 (44.0)	320 (46.3)	345 (48.9)	365 (49.9)	366 (49.9)	362 (49.6)	379 (50.9)	397 (53.0)	412 (54.9)	40.6
- 임시 근로자	162 (23.8)	168 (24.5)	153 (22.1)	132 (18.7)	132 (18.0)	137 (18.7)	143 (19.6)	143 (19.2)	145 (19.4)	138 (18.4)	-14.8
- 일용 근로자	51 (7.5)	45 (6.6)	42 (6.1)	38 (5.4)	44 (6.0)	38 (5.2)	33 (4.5)	41 (5.5)	39 (5.2)	33 (4.4)	-35.3
비임금 근로자	174 (25.6)	171 (24.9)	175 (25.3)	191 (27.1)	191 (26.1)	192 (26.2)	192 (26.3)	182 (24.5)	169 (22.6)	167 (22.3)	-4.0
- 자영 업자	146 (21.5)	143 (20.8)	146 (21.1)	159 (22.5)	159 (21.7)	160 (21.8)	162 (22.2)	155 (20.8)	149 (19.9)	145 (19.3)	-0.7
* 자영 업주	44 (6.5)	46 (6.7)	42 (6.1)	47 (6.7)	49 (6.7)	50 (6.8)	49 (6.7)	43 (5.8)	45 (6.0)	48 (6.4)	9.1
* 자영자	103 (15.1)	97 (14.1)	104 (15.1)	112 (15.9)	110 (15.0)	110 (15.0)	113 (15.5)	112 (15.1)	104 (13.9)	97 (12.9)	-5.8
- 무급 가족 종사자	28 (4.1)	28 (4.1)	29 (4.2)	32 (4.5)	33 (4.5)	32 (4.4)	30 (4.1)	27 (3.6)	20 (2.7)	22 (2.9)	-21.4

주: ( )는 전체취업자 대비 비중
자료: 통계청, 「경제활동인구조사」, 각년도

표 5-2-5와 같이 취업자를 연령별로 살펴보면, 50세 이상의 연령층에서 취업자 증가를 주도하고 있다. 2010년부터 2019년까지 50세~59세 취업자는 54천명 증가하였고 60세 이상 취업자는 51천명 증가하였는데 이는 50세 미만 연령층의 취업자 감소와는 대조되는 대목이다. 광주의 연령별 취업자 수 변동은 전국의 모습과 유사하지만 변동폭은 더 큰 것으로 나타났다. 예를 들어, 고령층의 취업자 증가율은 전국에 비해 높지만, 청년층의 취업자 감소율은 전국보다 더 크다.

표 5-2-5. 광주지역 연령층 및 성별 취업자 현황

(단위: 천명, %)

구분		2010 (A)	2011	2012	2013	2014	2015	2016	2017	2018	2019 (B)	증감률 (B-A) /A
전국	전체	24,033 (58.9)	24,527 (59.3)	24,955 (59.6)	25,299 (59.8)	25,897 (60.5)	26,178 (60.5)	26,409 (60.6)	26,725 (60.8)	26,822 (60.7)	27,123 (60.9)	12.9
	20~29세	3,724 (58.4)	3,679 (58.4)	3,605 (58.2)	3,504 (56.8)	3,556 (57.4)	3,619 (57.9)	3,664 (58.2)	3,660 (57.6)	3,699 (57.9)	3,747 (58.2)	0.6
	30~39세	5,920 (72.0)	5,880 (72.2)	5,883 (72.8)	5,840 (73.3)	5,805 (74.1)	5,729 (74.4)	5,672 (74.7)	5,643 (75.3)	5,582 (75.7)	5,529 (76.0)	-6.6
	40~49세	6,655 (77.9)	6,718 (78.4)	6,748 (78.3)	6,771 (78.4)	6,896 (79.1)	6,892 (79.1)	6,832 (79.3)	6,783 (79.4)	6,666 (79.0)	6,504 (78.4)	-2.3
	50~59세	4,789 (70.9)	5,145 (71.6)	5,416 (72.3)	5,704 (73.2)	5,947 (74.2)	6,068 (74.4)	6,150 (74.3)	6,302 (75.3)	6,346 (75.2)	6,444 (75.4)	34.6
	60세 이상	2,739 (36.2)	2,877 (36.8)	3,071 (37.7)	3,256 (38.4)	3,448 (39.0)	3,625 (39.0)	3,848 (39.5)	4,090 (39.9)	4,324 (40.1)	4,701 (41.5)	71.6
	여성층	9,992 (47.9)	10,193 (48.3)	10,387 (48.6)	10,554 (48.9)	10,840 (49.7)	11,022 (50.1)	11,168 (50.3)	11,356 (50.8)	11,450 (50.9)	11,660 (51.6)	16.7
광주	전체	680 (56.9)	687 (56.6)	691 (56.4)	706 (57.2)	732 (58.8)	733 (58.5)	730 (58.1)	744 (59.0)	749 (59.4)	750 (59.3)	10.3
	20~29세	114 (54.8)	112 (55.2)	105 (52.9)	99 (50.9)	104 (53.4)	100 (51.0)	97 (49.7)	101 (51.4)	108 (54.6)	108 (53.9)	-5.3
	30~39세	175 (70.3)	175 (70.7)	174 (70.8)	174 (71.8)	175 (74.4)	171 (74.6)	165 (74.2)	157 (73.2)	155 (74.2)	152 (75.1)	-13.1
	40~49세	198 (78.8)	198 (77.8)	202 (78.6)	204 (78.6)	207 (78.4)	210 (79.4)	206 (79.3)	207 (80.2)	201 (79.3)	195 (78.5)	-1.5
	50~59세	124 (69.0)	132 (68.7)	137 (68.9)	151 (72.3)	158 (73.6)	160 (72.9)	164 (72.6)	174 (75.2)	177 (75.3)	178 (74.5)	43.5
	60세 이상	60 (31.5)	62 (31.5)	65 (31.4)	72 (33.8)	79 (35.4)	84 (35.9)	92 (37.1)	98 (37.9)	101 (37.2)	111 (38.6)	85.0
	여성층	297 (48.1)	297 (47.4)	291 (46.1)	305 (47.9)	314 (49.0)	311 (48.2)	310 (48.0)	326 (50.3)	330 (51.0)	328 (50.5)	10.4

주: ( )는 고용률

자료: 통계청, 「경제활동인구조사」, 각년도

취업자를 성별로 살펴보면, 여성의 취업자 비중이 50%를 상회하기 시작하였다. 전국과 광주 모두 여성취업자가 2010년 이후 전반적으로 늘어나는 추세를 보이고 있다.

업종별로 보면, 2018년에 비해 2019년 취업자는 농림어업과 사업·개인·공공서비스업 및 기타업종을 제외하고 전 업종에서 감소하였다. 수출과 제조업 고용 부진이 심화된 점이 이를 반영하고 있다.

2013년부터 2019년까지의 변화를 살펴보면, 제조업과 건설업에서는 취업자가 각각 5천 명 정도 증가하였고 사업개인·공공서비스업 및 기타업종에서는 약 53천명 증가하였다. 농림어업과 도소매·숙박음식점업에서의 취업자 감소는 전국의 평균적인 변화를 훨씬 상회하고 있다.

표 5-2-6. 광주지역 산업별 취업자 현황

(단위: 천명, %)

연도별	농업, 임업 및 어업			광업, 제조업			건설업		
	전국	광주	전국 대비 비중(%)	전국	광주	전국 대비 비중(%)	전국	광주	전국 대비 비중(%)
2013 (A)	1,513	23	1.5	4,322	105	2.4	1,780	67	3.8
2014	1,446	22	1.5	4,471	110	2.5	1,829	74	4.0
2015	1,337	18	1.3	4,618	112	2.4	1,854	68	3.7
2016	1,273	15	1.2	4,603	104	2.3	1,869	70	3.7
2017	1,279	13	1.0	4,589	117	2.5	1,988	69	3.5
2018	1,340	10	0.7	4,529	112	2.5	2,034	76	3.7
2019 (B)	1,395	13	0.9	4,444	110	2.5	2,020	72	3.6
증감률 (B-A)/A	-7.8	-43.5		2.8	4.8		13.5	7.5	

연도별	도소매·숙박음식점업			사업·개인·공공서비스 및 기타			전기·운수·통신·금융		
	전국	광주	전국 대비 비중(%)	전국	광주	전국 대비 비중(%)	전국	광주	전국 대비 비중(%)
2013 (A)	5,678	163	2.9	8,929	273	3.1	3,077	75	2.4
2014	5,952	172	2.9	9,131	276	3.0	3,068	79	2.6
2015	6,011	180	3.0	9,278	278	3.0	3,079	78	2.5
2016	6,045	176	2.9	9,532	283	3.0	3,088	82	2.7
2017	6,083	169	2.8	9,734	299	3.1	3,053	77	2.5
2018	5,965	155	2.6	9,800	315	3.2	3,154	82	2.6
2019 (B)	5,966	154	2.6	10,139	326	3.2	3,160	75	2.4
증감률 (B-A)/A	5.1	-5.5		13.6	19.4		2.7	0.0	

자료: 통계청, 「경제활동인구조사」, 각년도

표 5-2-7. 광주지역 직업별 취업자 현황

연도별	관리자/전문가			사무종사자			서비스/판매 종사자			농림어업 숙련 종사자			기능기계조작 및 단순종사자		
	전국	광주	전국 대비 비중 (%)	전국	광주	전국 대비 비중 (%)	전국	광주	전국 대비 비중 (%)	전국	광주	전국 대비 비중 (%)	전국	광주	전국 대비 비중 (%)
2013 (A)	5,376	153	2.8	4,271	116	2.7	5,719	182	3.2	1,420	22	1.5	8,513	234	2.7
2014	5,534	158	2.9	4,374	130	3.0	5,932	187	3.2	1,357	20	1.5	8,701	235	2.7
2015	5,547	163	2.9	4,446	127	2.9	5,942	187	3.1	1,243	16	1.3	9,000	240	2.7
2016	5,625	167	3.0	4,558	124	2.7	6,010	179	3.0	1,186	13	1.1	9,031	247	2.7
2017	5,739	167	2.9	4,663	126	2.7	6,037	176	2.9	1,198	11	0.9	9,088	265	2.9
2018	5,861	175	3.0	4,762	128	2.7	6,005	174	2.9	1,266	9	0.7	8,928	264	3.0
2019 (B)	5,965	180	3.0	4,749	127	2.7	6,146	171	2.8	1,332	14	1.1	8,931	257	2.9
증감률 (B-A)/A	11.0	17.6		11.2	9.5		7.5	-6.0		-6.2	-36.4		4.9	9.8	

자료: 통계청, 「경제활동인구조사」, 각년도

직업별로 보면, 관리자와 전문가 직종의 취업자 증가가 눈에 띈다. 2013년에 153천명 수준이었던 관리자와 전문가 수는 2019년에 180천명에 이르고 있다. 2019년도에도 전년도에 비해 무려 5천명 증가했다. 사무종사자 역시 최근 6년 동안 11천명이나 증가하였다. 반면에, 서비스판매 종사자는 2016년 이후로 지속적으로 감소하고 있다.

표 5-2-8. 광주지역 연령별 실업률 현황

(단위: 천명, %)

구분		2010 (A)	2011	2012	2013	2014	2015	2016	2017	2018	2019 (B)	B-A
전국	계	3.7	3.4	3.2	3.1	3.5	3.6	3.7	3.7	3.8	3.8	0.1
	15~29세	7.9	7.6	7.5	8.0	9.0	9.1	9.8	9.8	9.5	8.9	1.0
	30~59세	2.8	2.5	2.4	2.3	2.5	2.6	2.5	2.5	2.8	2.7	-0.1
	60세 이상	2.8	2.6	2.4	1.8	2.3	2.5	2.7	2.9	3.1	3.4	0.6
광주	계	3.5	3.1	2.7	2.8	2.8	2.9	3.1	2.9	3.8	3.7	0.2
	15~29세	8.6	6.7	7.6	7.4	6.8	7.6	9.8	7.5	8.6	9.7	1.1
	30~59세	2.1	2.3	1.6	1.9	1.9	2.1	1.7	2.0	2.8	2.5	0.4
	60세 이상	4.0	2.0	2.4	2.6	3.2	1.9	2.9	2.2	3.0	2.9	-1.1

자료: 통계청, 「경제활동인구조사」, 각년도

2019년 실업률은 3.7%로 2010년 3.5%와 거의 유사한 수준이다. 하지만 지난 10년을 전체적으로 놓고 보면, 실업률이 2010년대 중반에 2% 후반대로 점차 하락하였다가 이후로 점차 상승하는 추세를 보이고 있다. 보다 눈여겨볼 점은 연령별 실업률이다. 15~29세의 실업률은 증가추세를 보이고 있는데 2019년에는 9.7%까지 상승하여 10%를 돌파하지 않을까라는 우려를 낳고 있다. 30~59세 역시 전 연령층의 흐름과 유사하다. 2016년에 1.7%까지 실업률이 하락하였으나 이후로는 2% 중반대에 머무르고 있다. 한편, 60세 이상의 실업률은 2010년 4.0%에서 2019년 1.9%로 크게 하락하였다. 동 연령대의 전국 실업률이 2010년대 중반 이후 상승 추세를 보이고 있는 점과는 대조적으로 보인다.

표 5-2-9. 광주지역 활동상태별 비경제활동 인구 현황

(단위: 천명, %)

구분	2010 (A)	2011	2012	2013	2014	2015	2016	2017	2018	2019 (B)	증감률 (B-A) /A
〈전체〉	490	505	515	508	491	498	504	494	483	486	-0.8
육아	46 (9.4)	41 (8.1)	46 (8.9)	43 (8.5)	41 (8.4)	41 (8.2)	42 (8.3)	42 (8.5)	36 (7.5)	34 (7.0)	-26.1
가사	161 (32.9)	168 (33.3)	172 (33.4)	170 (33.5)	168 (34.2)	166 (33.3)	170 (33.7)	163 (33.0)	171 (35.4)	171 (35.2)	6.2
통학	151 (30.8)	157 (31.1)	157 (30.5)	164 (32.3)	156 (31.8)	159 (31.9)	151 (30.0)	144 (29.1)	131 (27.1)	127 (26.1)	-15.9
기타	133 (27.1)	139 (27.5)	139 (27.0)	131 (25.8)	126 (25.7)	132 (26.5)	141 (28.0)	146 (29.6)	145 (30.0)	155 (31.9)	16.5

주1: 기타는 연로, 심신장애, 쉬었음 등을 포함
주2: ( )는 전체 비경제활동 인구 대비 비중
자료: 통계청, 「경제활동인구조사」, 각년도

2019년 광주의 비경제활동인구는 486천명으로 2010년에 비해 약 0.8% 감소하였다. 활동상태별로 구분해서 살펴보면, 가사가 171천명으로 전체 비경제활동인구의 35.2%를 차지하고 있고 이어서 통학이 127천명으로 26.1%를 차지하고 있다. 2010년과 비교할 때 전체 비경

활인구에서 가사의 요인이 차지하는 비중은 점차 늘어나는 추세를 보인 반면에 통학의 비중은 감소하는 특징을 나타내고 있다. 기타항목에 포함된 연로, 심신장애, 쉬었음 등의 이유도 비경제활동인구에서 점차 그 비중이 확대되고 있다.

5-3 전남지역 인구 및 노동시장 구조

1. 인구구조

전남은 인구감소세가 지속되고 있다. 2010년도에 1,918천명이었던 인구가 2017년에 1,896천명으로 감소하였고 이후에도 지속적으로 줄어들고 있다. 2019년 인구는 2010년에 비해 약 2.5% 줄어든 수준이다. 생산가능인구에 해당하는 15세 이상 인구는 2016년까지 증가하다 이후로 감소하고 있다.

연령별로 보면, 청년인구는 2019년에 301천명이고 총인구에서 차지하는 비중은 16.1%를 기록하고 있다. 규모로는 2010년에 비해 45천명이 감소하였고 비중으로는 1.9%p 줄어들었다. 한편, 고령인구는 2010년 351천명에서 2019년 423천명으로 증가하였다. 10년 동안 72천명이 증가하였고 총인구에서 차지하는 비중도 2010년 18.3%에서 2019년 22.6%로 4.3%p 증가하였다.

여성인구는 지속적인 감소세를 나타내고 있다. 2010년 960천명이었던 여성인구가 2019년에는 931천명으로 줄어들어 지난 10년 동안 3.0% 감소하였다.

표 5-3-1. 전남지역 인구구조

(단위: 천명, %)

구분	2010 (A)	2011	2012	2013	2014	2015	2016	2017	2018	2019 (B)	증감률 (B-A) /A
주민등록 인구	1,918	1,914	1,910	1,907	1,906	1,909	1,904	1,896	1,883	1,869	-2.5
15세 이상 인구	1,628 (84.8)	1,634 (85.3)	1,638 (85.8)	1,645 (86.3)	1,652 (86.7)	1,663 (87.1)	1,664 (87.4)	1,663 (87.7)	1,657 (88.0)	1,650 (88.3)	1.4
청년인구 (15~29세)	346 (18.0)	341 (17.5)	335 (21.6)	331 (17.3)	329 (17.3)	329 (17.2)	334 (17.0)	317 (16.7)	310 (16.5)	301 (16.1)	-13.0
고령인구 (65세 이상)	351 (18.3)	356 (18.6)	367 (19.2)	375 (19.6)	384 (20.1)	392 (20.5)	399 (21.0)	408 (21.5)	413 (21.9)	423 (22.6)	20.4
여성인구	960 (50.0)	958 (50.0)	955 (50.0)	955 (50.1)	954 (50.0)	955 (50.0)	952 (50.0)	948 (50.0)	940 (49.9)	931 (49.8)	-3.0

주1: 반올림하여 표시하여 증감률 계산 시 라운딩에러 발생 가능

주2: ( )는 전체인구 대비 비중

자료: 행정안전부, 「주민등록인구현황」, 각년도

전남의 인구감소는 출생아 수 저조에서 비롯됨을 알 수 있다. 2010년에 16천명 수준이었던 출생아 수가 2019년에는 11천명 수준으로 추락하였다. 이러한 흐름은 2013년부터 본격화되었는데 거의 해마다 1천명에 해당하는 출생아 수가 줄어들고 있다. 한편 사망자 수는 지난 10년 동안 16천 명대 선에서 큰 변동 없이 유지되고 있다.

인구이동 측면에서 보면, 2015년을 제외하고는 계속 인구수지 적자를 면치 못하고 있다. 2010년에는 인구 순유출 규모가 10천명에 이르렀으나 점차 감소하여 공공기관 이전이 한창이던 2010년대 중반에는 한 차례 인구 순유입으로 전환되는 때도 있었지만 다시 순유출규모가 확대되는 양상을 보이고 있다. 인구유출은 대부분 20~29세 연령대에서 발생하고 있다. 2010년에 8천명 수준이었던 순유출규모는 2010년

대 중반까지 소폭 하락하는 흐름을 나타냈지만 이후로 다시 확대되고 있다. 청년층의 순유출이 연평균 8천명에 도달하고 있는 점은 청년층의 인구유출을 예방하지 못하면 인구의 유출세가 지속될 수밖에 없음을 시사한다.

지난 몇 년 사이 30~39세의 인구 순유출이 나타나고 있는 점도 눈여겨 볼 필요가 있다. 20대는 주로 교육 차원에서 지역이동이 발생하는 것으로 풀이할 수 있지만 30대 이상에서는 그 이외의 요인에 의해 인구이동이 진행될 수 있다는 점에서 보다 면밀한 평가가 필요하다. 결과적으로 20대에 더해 30대의 인구 순유출은 지역의 생산 및 소비 기반을 훼손시킬 수 있다는 점에서 대응책 마련이 시급하다.

이에 반해, 60세 이상은 2012년 이후 지속적으로 인구가 순유입되고 있다. 다만, 연도별로 순유입되는 규모는 일정하지 않은 것으로 보인다.

표 5-3-2. 전남지역 인구구조: 세부항목별

(단위: 명)

구분	2010 (A)	2011	2012	2013	2014	2015	2016	2017	2018	2019 (B)	B-A
출생아수	16,654	16,612	16,990	15,401	14,817	15,061	13,980	12,354	11,238	10,848	-5,806
사망자수	16,042	16,090	16,766	16,332	6,935	16,543	16,561	16,848	17,219	16,787	745
인구 순이동	-10,061	-5,222	-5,054	-2,306	-596	3,936	-3,205	-3,047	-8,030	-8,788	1,273
20~29세	-8,011	-6,960	-7,047	-6,680	-5,868	-5,500	-7,777	-7,148	-7,983	-8,522	-511
30~39세	-798	106	31	442	786	2,582	785	410	-1,362	-932	-134
40~49세	958	1,659	1,701	2,001	2,068	2,651	1,865	1,750	924	770	-188
50~59세	1,037	2,230	1,812	2,686	2,445	3,098	2,387	2,632	2,467	2,076	1,039
60세 이상	-615	-555	103	336	673	461	77	854	46	314	929

주: 인구순이동은 유입에서 유출된 인구수를 뺀 수
자료: 행정안전부, 「주민등록인구현황」, 각년도

2. 노동시장 구조

경제활동인구조사에 기초한 15세 이상 인구는 지난 10년 동안 4.8% 증가하였다. 2017년까지 꾸준히 증가하던 15세 이상 인구는 2017년 기점으로 감소세로 전환하였는데 향후 인구구조의 큰 변화가 없는 한 인구감소세는 지속될 전망이다. 2019년 15세 이상 인구 중 경제활동인구는 999천명이고 비경제활동인구는 536천명이다. 100만 경제활동인구시대를 눈앞에 두고 있으며 경제활동참가율은 2019년에 65%를 돌파하였다. 전체 고용률은 소폭의 등락을 거듭하는 가운데 2019년에 63.4%를 기록하였으며 15~64세 고용률은 69%에 육박하고 있다. 비경제활동인구는 530~550천명 사이를 기록하고 있다.

표 5-3-3. 전남지역 고용동향

(단위: 천명, %)

구분	2010 (A)	2011	2012	2013	2014	2015	2016	2017	2018	2019 (B)	증감률 (B-A) /A
15세 이상 인구	1,465	1,481	1,492	1,504	1,520	1,532	1,539	1,541	1,540	1,535	4.8
경제활동 인구	932	941	959	963	973	987	994	988	988	999	7.2
경제활동 참가율	63.6	63.5	64.2	64.0	64.0	64.4	64.6	64.1	64.2	65.1	2.4
- 취업자	912	922	943	942	945	962	964	957	961	974	6.8
고용률	62.3	62.3	63.2	62.6	62.2	62.8	62.7	62.1	62.4	63.4	1.8
15~64세	67.2	67.2	68.0	67.5	67.0	67.9	67.5	66.8	67.6	68.8	2.4
- 실업자	19.7	18.7	15.4	20.5	28.3	25.0	29.7	31.3	27.5	25.5	29.4
실업률	2.1	2.0	1.6	2.1	2.9	2.5	3.0	3.2	2.8	2.6	23.8
비경제 활동인구	533	540	534	542	547	545	545	553	551	536	0.6

자료: 통계청, 「경제활동인구조사」, 각년도

취업자는 2016년까지 지속적으로 증가한 이후에 소폭의 보합세를 보이다가 2019년에 다시 증가하여 974천명을 기록하였다. 2010년에 비해 62천명 증가하였고 이는 2010년 대비 약 6.8% 증가한 수치이다. 임금근로자가 증가하고 비임금근로자가 감소하면서 취업자의 종사상 구성 또한 변화하고 있다. 임금근로자가 2010년 498천명에서 2019년 602천명으로 증가하면서 전체취업자에서 임금근로자가 차지하는 비

표 5-3-4. 전남지역 종사상 지위별 취업자 현황

(단위: 천명, %)

구분	2010 (A)	2011	2012	2013	2014	2015	2016	2017	2018	2019 (B)	증감률 (B−A) /A
〈전체〉	912	922	943	942	945	962	964	957	961	974	6.8
임금근로자	498 (54.6)	496 (53.8)	498 (52.8)	518 (55.0)	537 (56.8)	574 (59.7)	575 (59.6)	575 (60.1)	588 (61.2)	602 (61.8)	20.9
- 상용근로자	271 (29.7)	281 (30.5)	281 (29.8)	312 (33.1)	319 (33.8)	338 (35.1)	346 (35.9)	351 (36.7)	363 (37.8)	378 (38.8)	39.5
- 임시근로자	160 (17.5)	153 (16.6)	159 (16.9)	148 (15.7)	169 (17.9)	184 (19.1)	180 (18.7)	168 (17.6)	168 (17.5)	178 (18.3)	11.3
- 일용근로자	67 (7.3)	62 (6.7)	58 (6.2)	58 (6.2)	49 (5.2)	52 (5.4)	50 (5.2)	56 (5.9)	56 (5.8)	46 (4.7)	−31.3
비임금근로자	415 (45.5)	426 (46.2)	446 (47.3)	424 (45.0)	407 (43.1)	389 (40.4)	390 (40.5)	382 (39.9)	373 (38.8)	371 (38.1)	−10.6
- 자영업자	308 (38.8)	319 (34.6)	325 (34.5)	305 (32.4)	291 (30.8)	287 (29.8)	297 (30.8)	297 (31.0)	285 (29.7)	280 (28.7)	−9.1
* 자영업주	37 (4.1)	39 (4.2)	43 (4.6)	39 (4.1)	37 (3.9)	38 (4.0)	44 (4.6)	44 (4.6)	47 (4.9)	42 (4.3)	13.5
* 자영자	272 (29.8)	281 (30.5)	281 (29.8)	266 (28.2)	254 (26.9)	249 (25.9)	253 (26.2)	253 (26.4)	238 (24.8)	238 (24.4)	−12.5
- 무급가족 종사자	106 (11.6)	107 (11.6)	121 (12.8)	119 (12.6)	116 (12.3)	102 (10.6)	92 (9.5)	85 (8.9)	88 (9.2)	91 (9.3)	−14.2

주: (　)는 전체취업자 대비 비중
자료: 통계청, 「경제활동인구조사」, 각년도

중은 54.6%에서 61.8%로 증가하였다. 이에 반해, 비임금근로자는 동기간 동안 415천명에서 371천명으로 크게 감소하였다. 임금근로자 내에서는 상용근로자와 임시근로자가 동시에 증가하는 대신에 일용근로자는 감소하는 추세를 보이고 있다. 특히, 상용근로자는 2010년 271천명에서 2019년 378천명으로 증가하였는데 이는 매년 평균 1만명 이상이 증가하였음을 의미한다. 비임금근로자 부문에 있어서는 자영업주는 증가하는 반면에 자영자는 감소하였다. 게다가 무급가족종사자 또한 감소하는 추세를 보이고 있는데 취업자의 감소 측면에서는 부정적인 평가가 뒤따를 수 있지만 저부가가치 서비스업 분야의 구조조정 측면에서는 긍정적인 해석이 가능하다.

표 5-3-5. 전남지역 연령별 및 성별 취업자 현황

(단위: 천명, %)

구분	2010 (A)	2011	2012	2013	2014	2015	2016	2017	2018	2019 (B)	증감률 (B−A) /A
전체	912 (62.3)	922 (62.3)	943 (63.2)	942 (62.6)	945 (62.2)	962 (62.8)	964 (62.7)	957 (62.1)	961 (62.4)	974 (63.4)	6.8
20~29세	91 (59.8)	91 (58.3)	91 (58.2)	97 (60.9)	93 (57.4)	92 (55.6)	91 (54.3)	88 (53.3)	88 (53.7)	92 (56.0)	1.1
30~39세	169 (73.2)	164 (72.8)	164 (73.8)	161 (73.2)	162 (74.5)	167 (77.3)	157 (73.3)	154 (73.6)	154 (76.2)	149 (76.8)	−11.8
40~49세	220 (80.5)	219 (80.2)	220 (79.9)	223 (80.8)	228 (82.0)	227 (81.7)	221 (81.1)	211 (78.6)	210 (79.8)	206 (80.4)	−6.4
50~59세	191 (77.5)	204 (79.5)	215 (81.4)	213 (77.7)	213 (75.5)	223 (77.7)	232 (79.3)	230 (77.7)	231 (77.5)	241 (80.4)	26.2
60세 이상	238 (52.4)	23 (79.5)	248 (81.4)	244 (77.7)	243 (75.5)	245 (77.7)	255 (79.3)	266 (77.7)	270 (77.5)	282 (80.4)	18.5
여성층	400 (52.5)	404 (52.8)	411 (53.4)	409 (53.0)	409 (52.7)	417 (53.4)	424 (54.2)	419 (53.6)	420 (53.8)	425 (54.8)	6.3

주: ( )는 고용률

자료: 통계청, 「경제활동인구조사」, 각년도

연령별로 취업자를 구분해 보면, 20~29세 취업자는 92~93천 명대에 정체된 상태이고 30~49세 연령대는 지속적으로 취업자 수가 감소하고 있다. 2010년 취업자 수에 비해 2019년 취업자 수가 30대는 11.8% 감소하였고 40대는 6.4% 감소하였다. 이와는 반대로 50~59세, 60세 이상 연령대에서는 취업자가 크게 증가하고 있다. 50~59세에서는 취업자 수가 2010년에 191천명에서 2019년 241천명으로 증가하여 10년 동안 50천명이 증가하였다. 60세 이상에서는 2019년 취업자 수가 282천명으로 2010년(238천명)에 비해 44천명이 증가하였다.

여성층의 취업자 수도 꾸준히 증가하고 있다. 2010년에 400천명이던 취업자 수는 2019년에 425천명으로 증가하였는데, 이로 인해 여성층의 고용률은 동 기간 동안 52.5%에서 54.8%로 상승하였다.

업종별로는 광업, 제조업과 사업·개인·공공서비스 및 기타 산업을 중심으로 취업자가 증가한 반면에 농림어업, 전기·운수·통신·금융업에서는 취업자가 감소하였다. 광업 제조업의 취업자는 2015년 이후부터 100천명대를 유지하고 있으며 전국 제조업 취업자에서 차지하는 비중도 2.3%를 기록하고 있다. 건설업 취업자 수도 꾸준히 증가하여 2013년 76천명에서 2019년에는 85천명에 이르고 있다.

농림어업 취업자 수는 전국적으로 감소하고 있는 가운데 농림어업 취업자가 상대적으로 더 많은 이 지역의 감소세가 눈에 띈다. 전국 농림어업 취업자 중에서 전남지역 취업자의 비중이 2013년 16.4%에서 2019년 13.7%로 하락한 점이 이를 대변한다. 도소매·숙박음식점업 취업자 수가 지난 6년 사이 변동은 없지만 전국적으로는 취업자 수가 늘어나면서 전남의 비중은 3.2%에서 3.0%로 감소하였다. 전반적으로 사업·개인·공공서비스 산업을 제외한 나머지 산업에서는 전국 취업자 대비 전남 취업자 비중이 감소하여 고용창출 여력이 약화됨을 시사한다.

표 5-3-6. 전남지역 산업별 취업자 현황

(단위: 천명, %)

연도별	농업, 임업 및 어업			광업, 제조업			건설업		
	전국	전남	전국 대비 비중(%)	전국	전남	전국 대비 비중(%)	전국	전남	전국 대비 비중(%)
2013 (A)	1,513	248	16.4	4,322	88	2.0	1,780	76	4.3
2014	1,446	235	16.3	4,471	95	2.1	1,829	78	4.3
2015	1,337	225	16.8	4,618	114	2.5	1,854	84	4.5
2016	1,273	213	16.7	4,603	125	2.7	1,869	78	4.2
2017	1,279	200	15.6	4,589	107	2.3	1,988	79	4.0
2018	1,340	196	14.6	4,529	103	2.3	2,034	80	3.9
2019 (B)	1,395	191	13.7	4,444	104	2.3	2,020	85	4.2
증감률 (B-A)/A	-7.8	-23.0		2.8	18.2		13.5	11.8	

연도별	도소매·숙박음식점업			사업·개인·공공서비스 및 기타			전기·운수·통신·금융		
	전국	전남	전국 대비 비중(%)	전국	전남	전국 대비 비중(%)	전국	전남	전국 대비 비중(%)
2013 (A)	5,678	179	3.2	8,929	261	2.9	3,077	91	3.0
2014	5,952	180	3.0	9,131	269	2.9	3,068	89	2.9
2015	6,011	178	3.0	9,278	280	3.0	3,079	82	2.7
2016	6,045	181	3.0	9,532	276	2.9	3,088	91	2.9
2017	6,083	189	3.1	9,734	294	3.0	3,053	88	2.9
2018	5,965	190	3.2	9,800	309	3.2	3,154	83	2.6
2019 (B)	5,966	179	3.0	10,139	337	3.3	3,160	78	2.5
증감률 (B-A)/A	5.1	0.0		13.6	29.1		2.7	-14.3	

자료: 통계청, 「경제활동인구조사」, 각년도

전남의 취업자 변동을 직업별로 살펴보면, 관리자/전문가 직종의 취업자 증가가 두드러지게 나타난다. 2013년에 110천명이던 취업자 수가 2019년에 137천명으로 증가하면서 전국에서 차지하는 비중은 2.0%에서 2.3%로 증가하였다. 사무종사자는 2016년에 128천명까지 증가하다가 그 이후 보합세를 보이고 있다. 서비스/판매종사자 역시 2018년까지 증가세를 보이다가 2019년에 소폭 감소하여 취업자 수는 212천명을 기록하고 있다. 농림어업숙련 취업자 수는 지속적으로 감소하여 2013년 235천명에서 2019년 183천명으로 줄어들었으며 전국 대비 비중 또한 동 기간 동안 16.5%에서 13.7%로 감소하였다.

표 5-3-7. 전남지역 직업별 취업자 현황

연도별	관리자/전문가			사무종사자			서비스/판매 종사자			농림어업 숙련 종사자			기능기계조작 및 단순종사자		
	전국	전남	전국 대비 비중 (%)	전국	전남	전국 대비 비중 (%)	전국	전남	전국 대비 비중 (%)	전국	전남	전국 대비 비중 (%)	전국	전남	전국 대비 비중 (%)
2013 (A)	5,376	110	2.0	4,271	113	2.6	5,719	195	3.4	1,420	235	16.5	8,513	289	3.4
2014	5,534	110	2.0	4,374	124	2.8	5,932	189	3.2	1,357	223	16.4	8,701	299	3.4
2015	5,547	110	2.0	4,446	128	2.9	5,942	194	3.3	1,243	210	16.9	9,000	321	3.6
2016	5,625	117	2.1	4,558	128	2.8	6,010	203	3.4	1,186	204	17.2	9,031	313	3.5
2017	5,739	127	2.2	4,663	126	2.7	6,037	209	3.5	1,198	192	16.0	9,088	302	3.3.
2018	5,861	134	2.3	4,762	120	2.5	6,005	219	3.6	1,266	184	14.5	8,928	304	3.4
2019 (B)	5,965	137	2.3	4,749	124	2.6	6,146	212	3.4	1,332	183	13.7	8,931	318	3.6
증감률 (B-A)/A	11.0	24.5		11.2	9.7		7.5	8.7		-6.2	-22.1		4.9	10.0	

자료: 통계청, 「경제활동인구조사」, 각년도

전남의 실업자 수는 2017년에 31.3천명으로 정점에 도달한 뒤에 점차 감소하는 추세를 보이고 있다. 연령별 비중을 보면, 2018년 이전까지는 30~59세가 가장 큰 비중을 차지하였지만 2019년에는 15~29세가 41.2%로 30~59세의 40.4%를 상회하기 시작하였다. 15~29세의 비중은 증가 추세에 있고 30~59세는 감소세를 보인다는 점에서 당분간 전체 실업자에서 청년층이 차지하는 비중은 가장 클 것으로 예상된다.

표 5-3-8. 전남지역 연령별 실업자 수 현황

(단위: 천명, %)

구분		2010 (A)	2011	2012	2013	2014	2015	2016	2017	2018	2019 (B)	증감률 (B−A) /A
전남	계	19.7	18.7	15.4	20.5	28.3	25	29.7	31.3	27.5	25.5	29.4
	15~29세	6.8 (34.5)	7.1 (38.0)	5.6 (36.4)	7.7 (37.6)	10.5 (37.1)	9.4 (37.6)	11.8 (39.7)	10.3 (32.9)	10.7 (38.9)	10.5 (41.2)	54.4
	30~59세	10.4 (52.8)	8.6 (46.0)	7.7 (50.0)	10.4 (50.7)	13.6 (48.1)	11.2 (44.8)	12.3 (41.4)	15.2 (48.6)	12.9 (46.9)	10.3 (40.4)	−1.0
	60세 이상	2.5 (12.7)	3.1 (16.6)	2.1 (13.6)	2.4 (11.7)	4.2 (14.8)	4.3 (17.2)	5.7 (19.2)	5.9 (18.8)	3.8 (13.8)	4.6 (18.0)	84.0

주: ( )는 전 연령 실업자 대비 비중
자료: 통계청, 「경제활동인구조사」, 각년도

전남의 비경제활동인구는 소폭이지만 변동성이 심한 편이다. 많게는 2018년에 551천명에 이르렀지만 2019년에는 536천명으로 감소하였다. 2010년과 비교할 때 2019년 비경제활동인구는 약 3천명 증가하였다. 육아, 가사, 통학 등에 따른 비경제활동인구는 감소한 반면에 기타 요인은 증가하였다. 구성비로 보면, 2018년부터 기타, 가사, 통학의 순서로 비경제활동인구에서 차지하는 비중이 큰 것으로 나타났다.

표 5-3-9. 전남지역 활동상태별 비경제활동 인구 현황

(단위: 천명, %)

구분	2010 (A)	2011	2012	2013	2014	2015	2016	2017	2018	2019 (B)	증감률 (B-A) /A
〈전체〉	533	540	534	542	547	545	545	553	551	536	0.6
육아	42 (7.9)	45 (8.3)	43 (8.1)	45 (8.3)	40 (7.3)	41 (7.5)	41 (7.5)	37 (6.7)	32 (5.8)	28 (5.2)	-33.3
가사	196 (36.8)	184 (34.1)	182 (34.1)	190 (35.1)	192 (35.1)	193 (35.4)	188 (34.5)	196 (35.4)	199 (36.1)	187 (34.9)	-4.6
통학	125 (23.5)	128 (23.7)	130 (24.3)	127 (23.4)	128 (23.4)	122 (22.4)	125 (22.9)	125 (22.6)	113 (20.5)	116 (21.6)	-7.2
기타	170 (31.9)	183 (33.9)	179 (33.5)	179 (33.0)	187 (34.2)	189 (34.7)	191 (35.0)	195 (35.3)	206 (37.4)	206 (38.4)	21.2

주1: 기타는 연로, 심신장애, 쉬었음 등을 포함
주2: ( )는 전체 비경제활동 인구 대비 비중
자료: 통계청, 「경제활동인구조사」, 각년도

5-4 광주·전남 노동수급 분석

1. 노동수급 현황[1)]

본 소절에서는 한국고용정보원의 워크넷 자료를 이용하여 광주·전남의 구인, 구직, 구직, 취업 현황을 기간별로 분석하고자 한다. 16개 시도의 실제적인 노동수요와 노동공급의 변화를 살펴봄으로써 광주·전남의 일자리 미스매치 문제를 진단하는데 그 목적이 있으며, 2010~2019년 기간을 5년 단위(2010~2014년, 2015~2019년)로 구분하여 4차산업혁명시대 도래, 고령화 진전 등에 따른 구조적인 변화 여부도 검토하고자 한다. 지역의 인구 및 경제 규모 등을 감안하여 광주는 7대특광역시와 비교하고 전남은 9개도와 비교하여 정리한다.

〈참고 1〉 주요 용어에 대한 정의

□ 본 소절에서 사용하고 있는 주요 용어는 다음과 같이 정의됨

- **신규구인인원, 구직인원 수 및 취업건수**
  각 년도 한국고용정보원 워크넷에 등록된 수

1) 본 소절은 저자가 필진으로 참여한 『지역노동시장의 구조 분석을 통한 맞춤형 일자리 창출방안 연구』(2021, 발간예정)의 일부내용을 재정리하여 작성하였다.

- **구인배율**(= 신규구인인원/신규구직인원)
  신규구인인원을 신규구직인원으로 나누어 산출되며 구직자 1명당 일자리수로 동 비율이 높을수록 취업이 용이
- **구인충족률**(= 취업건수/신규구인인원)
  신규구인인원 대비 취업건수로 업체의 구인수요 중 실제 구인에 성공한 비율로써 업체들의 구인난 정도를 반영. 동 비율이 낮을수록 업체들의 구인난은 심화됨을 의미
- **취업성공률**(= 취업건수/신규구직인원)
  신규구직인원 대비 취업건수로 구직인원 중 실제 취업에 성공한 비율을 나타냄
- **취업가능일자리수**
  신규구인인원(수요)과 구직인원(공급) 중에서 작은 수치로 노동 시장의 일자리 중개기능이 효율적일 경우(즉 미스매치가 존재하지 않을 경우)에 취업 가능한 최대 일자리를 나타냄
- **취업가능일자리수 대비 취업건수 비율**
  노동수급 미스매치의 정도를 평가할 수 있는 지표로서 동 비율이 낮을수록 노동수급 미스매치 현상이 심하고 일자리 중개기능의 효율성은 저하된 것으로 해석

1) 구직여건

구인배율(= 신규구인인원/신규구직인원)을 통해 볼 때, 전국적으로 구인배율은 0.6 내외에서 움직이다가 2019년에 크게 하락하였다. 광주의 노동수요는 2010년대 중반 이후에 하락하는 경향을 보이고 있고 전남은 상대적으로 높은 수준에서 등락을 반복하고 있다. 구체적으로 보면, 광주의 구인배율은 2016년에 0.72로 정점에 도달한 이후에 지속적으로 하락하여 2019년에는 0.53을 기록하였다. 한편, 전남은 0.94(2015년)까지 오른 이후에 0.8 내외 수준에서 소폭 변화를 보이고 있다.

표 5-4-1. 광주·전남 구인배율 추이

	2010	2011	2012	2013	2014	2015	2016	2017	2018	2019
전국	0.64	0.66	0.68	0.65	0.62	0.59	0.62	0.59	0.61	0.52
광주	0.47	0.56	0.65	0.62	0.56	0.55	0.72	0.66	0.58	0.53
전남	0.59	0.83	0.87	0.87	0.87	0.94	0.82	0.79	0.76	0.87
7대시	0.53	0.55	0.59	0.54	0.53	0.49	0.49	0.46	0.46	0.40
9개도	0.76	0.76	0.77	0.75	0.70	0.67	0.72	0.70	0.73	0.62

주: 구인배율=신규구인인원/신규구직인원
자료: 한국고용정보원, 워크넷, 각년도

광주는 7대 특광역시와 비교해 볼 때, 2010년대 중반이후에는 상대적으로 구직여건이 양호한 편이다. 광주의 구인배율은 2010년부터 2014년까지 평균 0.57로 7대 특광역시 평균(0.55)을 소폭 상회하는 정도였지만, 2015~2019년 기간에는 7대 특광역시중 유일하게 구인배율이 상승하였다. 특히, 동 기간 동안 7대 특광역시의 평균 구인배율은 0.46에 머물렀지만 광주는 0.61로 괄목할만한 수준을 기록하였다.

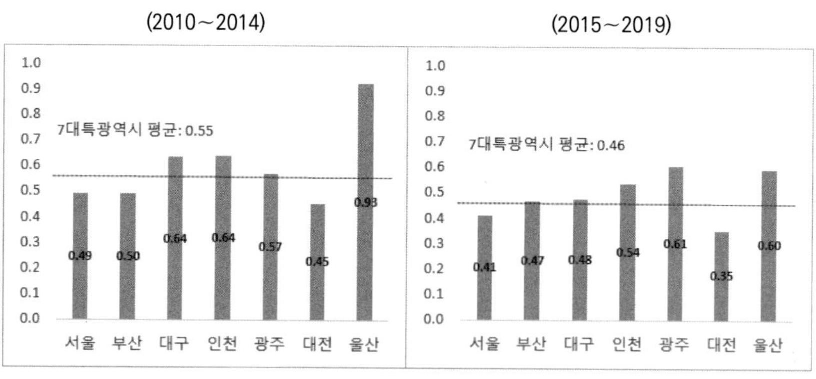

주1: 구인배율=신규구인인원/신규구직인원
주2: 7대특광역시 평균은 기간별 평균의 산술평균
자료: 한국고용정보원, 워크넷, 각년도

그림 5-4-1. 7대 특광역시 구인배율

9개도와 비교할 때, 전남은 2010년대 중반이후에 개선세를 나타내고 있다. 전남의 구인배율은 2010년대 중반 이전까지만 해도 0.81로 9개 도 중 5위였으나 2010년대 중반 이후에는 제주(1.04), 충북(0.92)에 이어 3위를 기록하였다. 두 기간 동안 9개도 평균이 0.75에서 0.69로 하락한 점을 고려하면 전남의 구직여건은 상대적으로 양호한 편이라고 풀이할 수 있다.

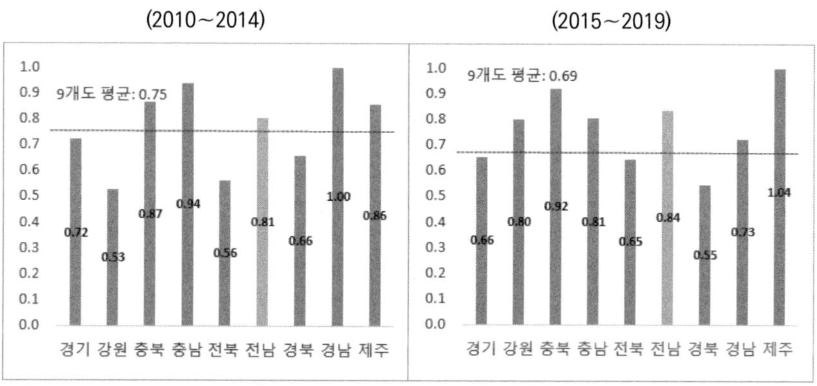

주1: 구인배율=신규구인인원/신규구직인원
주2: 9개도 평균은 기간별 평균의 산술평균
자료: 한국고용정보원, 워크넷, 각년도

그림 5-4-2. 9개도 구인배율

2) 구인여건

전국적으로 2010년대 들어 구인여건은 개선되는 추이를 보이고 있고 광주와 전남도 동일한 흐름을 나타내었다. 일례로, 전국의 구인충족률(=신규취업인원/신규구인인원)은 2019년 0.76로 2010년 0.44를 압도하는 수준이다. 지난 10년간 광주의 구인충족률은 전국과 유사한 흐름을 보였고 전남은 2018년까지 상승 추세를 보이다 2019년에 급락하였다.

표 5-4-2. 광주·전남 구인충족률 추이

	2010	2011	2012	2013	2014	2015	2016	2017	2018	2019
전국	0.44	0.44	0.52	0.59	0.69	0.74	0.74	0.75	0.75	0.76
광주	0.44	0.42	0.47	0.56	0.69	0.76	0.70	0.68	0.75	0.76
전남	0.47	0.41	0.50	0.66	0.75	0.74	0.81	0.85	0.86	0.68
7대시	0.53	0.52	0.59	0.68	0.79	0.85	0.85	0.87	0.89	0.89
9개도	0.37	0.38	0.47	0.53	0.63	0.67	0.68	0.69	0.68	0.69

주: 구인충족률=신규취업인원/신규구인인원
자료: 한국고용정보원, 워크넷, 각년도

다른 특광역시와 비교할 때, 광주의 구인여건은 다소 더디게 진행된 것으로 보인다. 7대 특광역시의 평균 구인충족률이 2010년대 초반 0.62에서 후반에는 0.87로 크게 상승하였다. 광주 역시 구인충족률이 0.52에서 0.73으로 크게 올라갔지만 순위에 있어서는 2010년대 초반 5위에서 2010년대 후반 최하위권으로 떨어지면서 일자리충원이 상대적으로 미흡했음을 시사한다.

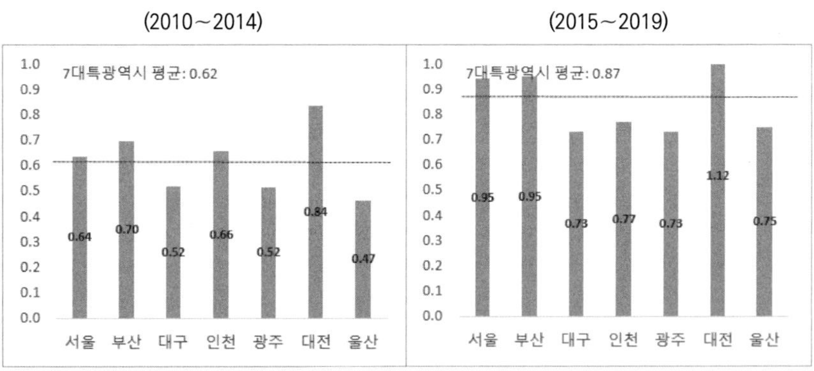

주1: 구인충족률=신규취업인원/신규구인인원
주2: 7대특광역시 평균은 기간별 평균의 산술평균
자료: 한국고용정보원, 워크넷, 각년도

그림 5-4-3. 7대특광역시 구인충족률

전남은 타 도와 마찬가지로 개선세를 나타내고 있고 순위로는 9개도 중에서 2~3권을 유지하고 있다. 전남의 구인충족률은 2010년대 내내 평균을 상회하고 있고 2010년대 후반에는 9개도 중에서 전북에 이어 2위 수준을 기록하고 있다.

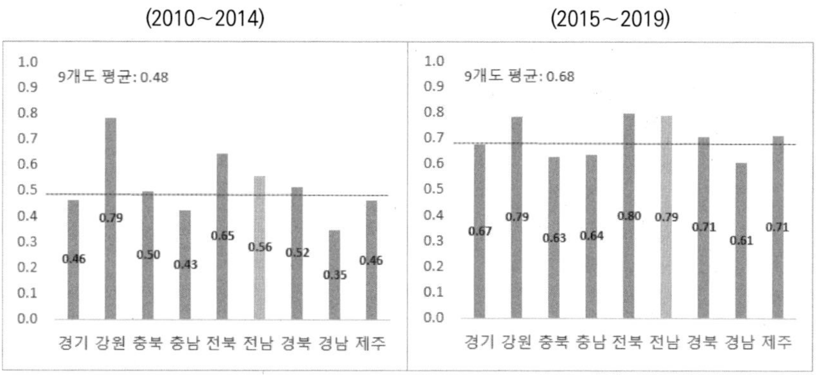

주1: 구인충족률=신규취업인원/신규구인인원
주2: 9개도 평균은 기간별 평균의 산술평균
자료: 한국고용정보원, 워크넷, 각년도

그림 5-4-4. 9개도 구인충족률

3) 취업여건

전국적으로 2010년대 중반 이후 취업성공률은 2018년까지는 정체상태를 보이다 2019년에 소폭 하락하는 움직임을 보이고 있고 광주와 전남도 유사한 흐름을 나타내고 있다. 전국의 취업성공률(=취업인원/신규구직인원)은 2010년대 초반에는 0.3내외 수준에 있다가 2013년에는 0.59를 기록한 이후에 0.44~0.46 수준에서 등락을 반복하고 있다. 광주의 취업성공률은 2010년 0.2에서 2019년 0.4로 두 배 상승하였다. 한편, 전남의 취업성공률은 2010년 0.28에서 시작하여 2015년 0.70까지 상승하였다가 그 이후 지속적으로 하락하는 움직임을 보이고 있다.

표 5-4-3. 광주·전남 취업성공률 추이

	2010	2011	2012	2013	2014	2015	2016	2017	2018	2019
전국	0.28	0.29	0.35	0.59	0.43	0.44	0.46	0.45	0.46	0.40
광주	0.20	0.24	0.31	0.56	0.39	0.42	0.51	0.45	0.43	0.40
전남	0.28	0.34	0.44	0.66	0.65	0.70	0.67	0.67	0.66	0.59
7대시	0.28	0.29	0.35	0.68	0.42	0.42	0.42	0.40	0.41	0.36
9개도	0.28	0.29	0.36	0.53	0.44	0.45	0.49	0.49	0.49	0.43

주: 취업성공률=취업인원/신규구직인원
자료: 한국고용정보원, 워크넷, 각년도

광주의 취업성공률은 7대특광역시 중 2010~2014년 기간에는 최하위 수준이었지만 2015년 이후에는 부산과 함께 가장 높은 수준을 기록하였다. 7대특광역시 평균 취업성공률이 0.40을 유지한 가운데 광주가 유일하게 두드러진 상승세를 보이고 있는 점이 눈에 띈다.

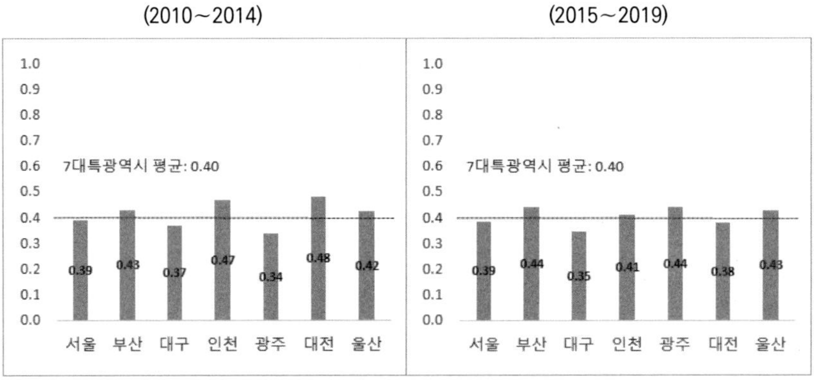

주1: 취업성공률=취업인원/신규구직인원
주2: 7대특광역시 평균은 기간별 평균의 산술평균
자료: 한국고용정보원, 워크넷, 각년도

그림 5-4-5. 7대특광역시 취업성공률

전남의 취업성공률이 크게 상승된 가운데 2010년대 후반에는 9개도 중 2위 수준을 유지하고 있다. 수치적으로 보면, 전남의 기간별 평균 취업성공률은 2010~2014년 0.47에서 2015~2019년 0.66으로 상승하였다. 순위에 있어서는 2010년대 초반에는 강원에 이어, 후반에는 제주 다음으로 2위를 기록하였다.

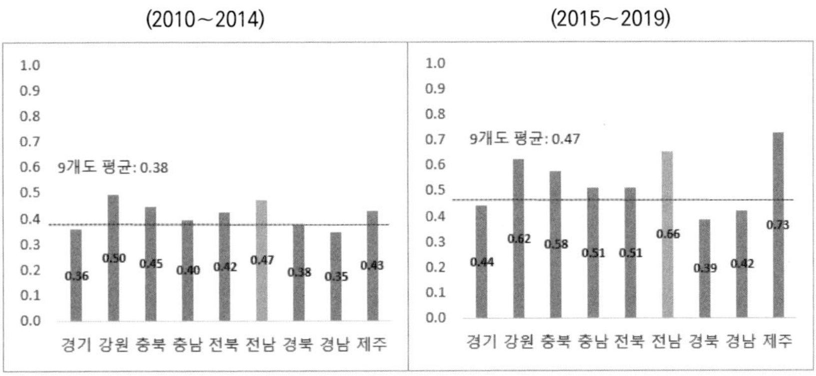

주1: 취업성공률=취업인원/신규구직인원
주2: 9개도 평균은 기간별 평균의 산술평균
자료: 한국고용정보원, 워크넷, 각년도

그림 5-4-6. 9개도 취업성공률

2. 노동수급 미스매치[2] 현황

1) 취업가능일자리 수 측면에서 일자리 미스매치

2010년대를 양분하여 5년간을 비교할 때, 광주와 전남은 각각 타 광역시 및 타 도에 비해 높은 취업가능일자리 수 증가율을 기록하고

2) 노동수급 미스매치는 취업가능일자리수 대비 취업건수 비율, 직종별 구인-구직 비중 차이, 학력별 또는 연령별 경제활동인구와 취업자 비중의 차이 등으로 진단할 수 있기 때문에 본 소절에서는 다양한 지표를 통해 미스매치의 정도를 살펴보고 이를 종합적으로 진단하고자 한다.

있다. 2015~2019년 광주의 연평균 취업가능 일자리수(8.1만)는 2010~2014년 수준(6.9만)에 비해 1.18배 증가하여 전국 평균수준(1.10배)을 상회하였다. 전남의 연평균 취업가능일자리 수도 동 기간 동안 약 6.2만에서 9만으로 1.44배 증가하여 9개도에서는 제주(1.75배)에 이어 가장 높은 증가율을 기록하였다. 전반적으로 광주와 전남의 취업가능 일자리 수 증가 속도는 타 광역시나 타 도에 비해 높은 편이라고 평가할 수 있다.

표 5-4-4. 지역별 취업가능일자리수

(단위: 명, 배)

지역	2010~2014 연평균(A)	2015~2019 연평균(B)	B/A
전국	2,339,192	2,566,640	1.10
서울	363,511	315,416	0.87
부산	147,102	162,092	1.10
대구	134,539	107,382	0.80
인천	137,087	138,466	1.01
광주	69,049	81,318	1.18
대전	49,010	43,243	0.88
울산	61,824	56,474	0.91
경기	642,851	781,713	1.22
강원	50,445	88,496	1.75
충북	93,456	117,430	1.26
충남	118,707	124,125	1.05
전북	75,309	101,229	1.34
전남	62,454	89,625	1.44
경북	110,896	131,425	1.19
경남	186,729	181,252	0.97
제주	15,980	28,036	1.75
7대특광역시	962,121	904,393	0.94
9개도	1,356,827	1,643,330	1.21

자료: 한국고용정보원, 워크넷, 각년도

전국적으로 2010년대 후반의 취업가능일자리수 대비 취업건수 비율이 2010년대 전반에 비해 소폭 높아져 미스매치가 개선됨을 알 수 있다. 동 비율이 2010년에는 43%를 기록하였지만 2010년대 중반 이후에는 70%대까지 상승하였다. 광주는 전국의 흐름과 거의 동일하였고 전남은 취업가능일자리수 대비 취업건수 비율이 2018년에 86%에 이르기도 하였다.

표 5-4-5. 광주·전남 취업가능일자리수 대비 취업건수 비율

	2010	2011	2012	2013	2014	2015	2016	2017	2018	2019
전국	0.43	0.44	0.52	0.59	0.69	0.74	0.74	0.76	0.75	0.76
광주	0.44	0.42	0.47	0.56	0.69	0.76	0.70	0.68	0.75	0.76
전남	0.47	0.41	0.50	0.66	0.75	0.74	0.82	0.85	0.86	0.68
7대시	0.53	0.53	0.60	0.69	0.79	0.85	0.85	0.87	0.89	0.89
9개도	0.37	0.39	0.47	0.54	0.64	0.68	0.68	0.69	0.68	0.69

주: 취업가능일자리 수는 구인건수와 구직건수의 최소값
자료: 한국고용정보원, 워크넷, 각년도

표 5-4-6. 7대특광역시 취업가능일자리수 대비 취업건수 비율

구분	2010~2014	2015~2019
서울	0.64	0.95
부산	0.70	0.95
대구	0.52	0.73
인천	0.66	0.77
광주	0.52	0.73
대전	0.84	1.11
울산	0.49	0.75
7대특광역시 평균	0.63	0.87

주: 7대특광역시 평균은 기간별 평균의 산술평균
자료: 한국고용정보원, 워크넷, 각년도

그러나 타 광역시에 비해 광주의 취업가능일자리수 대비 취업건수 비율은 낮은 편이며 이는 광주의 일자리 미스매치가 상대적으로 심각함을 시사한다. 광주의 2010~2014년 연평균 취업가능일자리수 대비 취업건수 비율은 0.52로 광역시 중 가장 낮았으며 7대특광역시 평균(0.63)과도 큰 격차를 나타냈다. 2015년 이후에 광주의 일자리 미스매치 현상은 일정 수준 개선(취업가능일자리수 대비 취업건수 비율: 0.73)되는 흐름을 보였으나 타 지역에 비해서는 여전히 낮은 수준을 기록하고 있다.

전남은 취업가능일자리수 대비 취업건수 비율에 있어서 대체적으로 양호한 수준을 보였다. 2010~2014년 연평균 취업가능일자리수 대비 취업건수 비율은 0.59로 9개도 평균(0.48)을 상회하고 있고 2015~2019년 기간 평균 비율은 1위인 전북(0.80)에 거의 근접한 수준인 0.79를 기록하였다.

표 5-4-7. 9개도 취업가능일자리수 대비 취업건수 비율

구분	2010~2014	2015~2019
경기	0.46	0.67
강원	0.79	0.79
충북	0.50	0.63
충남	0.43	0.64
전북	0.65	0.80
전남	0.59	0.79
경북	0.52	0.71
경남	0.36	0.61
제주	0.49	0.79
9개도 평균	0.48	0.68

주: 9개도 평균은 기간별 평균의 산술평균
자료: 한국고용정보원, 워크넷, 각년도

2) 직종별 구인-구직 측면에서 일자리 미스매치

본 소절에서는 한국고용정보원의 워크넷 통계연보(2010~2019년)에서 제공하는 직종별 구인현황 및 구직 현황 자료를 이용하여 미스매치 지수를 도출하고자 한다. 미스매치 지수= $\sum_{j=1}^{직종수} (S_{jt} - D_{jt})^2 * 100$로 도출할 수 있으며, 여기에서 S_{jt}는 t시점에서 직종 j의 구인비중, D_{jt}는 t시점에서 직종 j의 구직비중을 나타낸다. 숫자가 100에 가까울수록 미스매치 정도가 심함을 의미한다. 2010년부터 2017년까지는 24개 직업 중분류에 기준하여 미스매치 지수를 도출하였고, 2018년 이후에는 변경된 산업분류 체계에 기초하여 35개 직종을 이용하였다.

광주와 전남 지역의 미스매치는 2010년 중반까지 개선세를 보이다 그 이후로 점차 악화되는 추이를 보이고 있다. 광주의 미스매치 지수는 2010년에 30에 근접한 이후에 지속적으로 감소하여 2015년에는 22.1까지 하락했으나 다시 반등하여 2019년에는 32.3을 기록하였다. 전남 역시 미스매치 지수가 2010년대 들어 지속적으로 하락하여 2017년에는 20.7에 이르렀으나 그 이후로 크게 상승하는 추세를 보이고 있다.

표 5-4-8. 광주·전남 구인-구직 미스매치

	2010	2011	2012	2013	2014	2015	2016	2017	2018	2019
전국	26.7	28.7	27.1	25.7	23.1	22.5	23.5	24.3	26.7	24.6
광주	29.9	27.1	25.2	24.7	24.8	22.1	29.1	27.1	33.0	32.3
전남	29.6	33.7	29.0	27.5	25.2	24.5	22.3	20.7	24.3	28.9
7대시	23.5	24.0	23.9	22.7	22.1	22.3	22.8	23.2	25.7	23.2
9개도	30.0	31.8	33.0	32.1	29.6	27.9	26.3	27.2	28.4	28.7

주: 구인인원에서 각 직종이 차지하는 비중과 구직인원에서 각 직종이 차지하는 비중의 차이를 합산하여 도출

자료: 한국고용정보원, 워크넷, 각년도

구인-구직 비중에 기초한 미스매치 지수로 볼 때, 광주는 7대특광역시 평균을 지속적으로 상회하고 있고 2010년대 후반에는 7대특광역시와 더욱 큰 격차를 나타내고 있다. 2010~2014년 기간 동안 광주의 구인-구직 미스매치 지수는 26.3으로 울산(28.3), 인천(27.5) 다음으로 높은 수준을 기록하였다. 2015~2019년에는 동 지수가 28.7로 7대특광역시 중 가장 높을 뿐만 아니라 7대특광역시 평균(23.4)과도 큰 격차를 나타내고 있다.

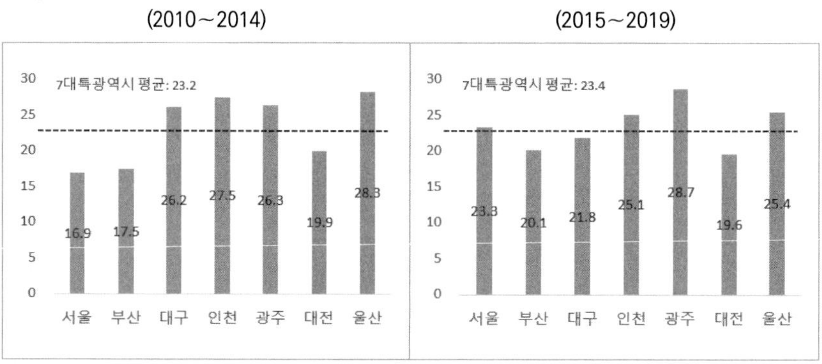

주1: 구인 및 구직인원에서 각 직종의 비중을 이용하여 도출
주2: 7대특광역시 평균은 기간별 평균의 산술평균
자료: 한국고용정보원, 워크넷, 각년도

그림 5-4-7. 7대특광역시 구인-구직 미스매치

반면에 전남은 구인-구직 비중으로 도출된 미스매치 지수 측면에서 살펴볼 때 미스매치가 완화되는 지역으로 풀이된다. 2010년대 초반에는 구인-구직 미스매치 지수가 29.0으로 9개도 가운데 낮은 수준을 보였고 2010년대 후반에는 최저 수준인 24.1을 기록한 점이 이를 뒷받침한다.

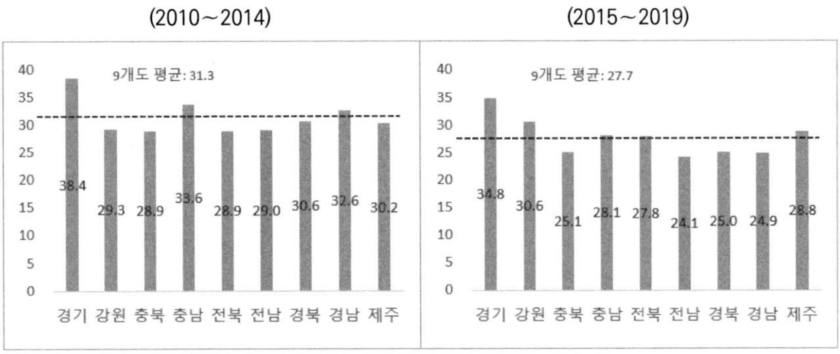

주1: 구인 및 구직인원에서 각 직종의 비중을 이용하여 도출
주2: 9개도 평균은 기간별 평균의 산술평균
자료: 한국고용정보원, 워크넷, 각년도

그림 5-4-8. 9개도 구인-구직 미스매치

3. 광주·전남 노동수급 미스매치 요인별 분석

본 소절에서는 Armstrong & Taylor의 실업요인 분해방식을 적용하여 광주·전남 구직자들의 실업을 경기적 실업(노동수요부족에 의한 실업)과 구조적요인 및 마찰적 요인에 의한 미스매치로 구분하고자 한다〈참고 2〉. 한국고용정보원의 2010~2019년 워크넷 통계연보(직종별 구인현황, 구직현황, 취업현황) 자료를 이용하여 실업요인을 분해하는데 이 방식은 기존 베버리지 곡선 추정 방식에 비해 실업을 노동수요부족에 의한 부분과 미스매치에 의한 부분을 구조적 요인과 마찰적 요인으로 분해한다는 점에서 진일보한 방법으로 평가받는다.

〈참고 2〉 Armstrong & Taylor 분해방식

□ 일반적으로 실업은 노동수요부족에 의한 실업, 구조적 요인에 의한 미스매치, 마찰적 요인에 의한 미스매치로 분해

- **노동수요부족에 의한 실업**: 경제의 총지출 혹은 총수요가 구직자들에게 충분한 고용기회를 제공하지 못하여 초래되는 실업으로 경기적 실업이라고도 함
- **구조적 요인에 의한 미스매치**: 동 실업은 구직초과 상태에 있는 직업(산업)으로부터 구인초과 상태에 있는 직업(산업)으로 구직자가 희망 직업을 변경할 경우 해소 가능
- **마찰적 요인에 의한 미스매치**: 동 실업은 특정 직업(산업)에 대한 구직인원을 모두 취업시킬 수 있는 구인수요가 존재함에도 불구하고 구인·구직자간 임금, 기술숙련도 등의 불일치 등 정보부족에 의해 발생

〈예시〉 구조적 미스매치, 마찰적 미스매치, 노동수요부족 실업의 분해

	구인인원	구직자수	취업건수	취업가능건수
직업 A	50	100	30	50
직업 B	120	100	50	100
계	170	200	80	170

- 전체 취업가능건수 = min(전체구인인원, 전체구직자수) = min(170, 200) = 170
- 구조적 미스매치 = 전체취업가능건수 - Σ직업별 취업가능건수 = 170 - (50+100) = 20
- 마찰적 미스매치 = Σ직업별 취업가능건수 - Σ직업별 취업건수 = (50+100) - (30+50) = 70
- 노동수요부족 실업 = 전체 구직자수 - 전체 구인인원 = 200-170 = 30

광주에서는 2017년 이후 취업자 수가 감소세를 보이고 있는 가운데 노동수요 부족에 의한 실업은 증가하고 있는 반면 구조적 및 마찰적 요인에 의한 실업 비중은 소폭 감소하는 추세를 보이고 있다. 2016~2019년 기간 동안 전체 구직자 중 노동수요부족에 의한 실업 비중

은 56.1%에서 79.0%로 증가하여 노동수요 부족이 실업의 주된 원인으로 지목받고 있다. 반면에 동 기간 동안 구조적 요인에 의한 실업 비중은 25.2%에서 13.5%로 감소하였고 마찰적 요인에 의한 비중도 18.7%에서 7.5%로 감소하였다.

(구직자 분해) (실업자 요인 분해)

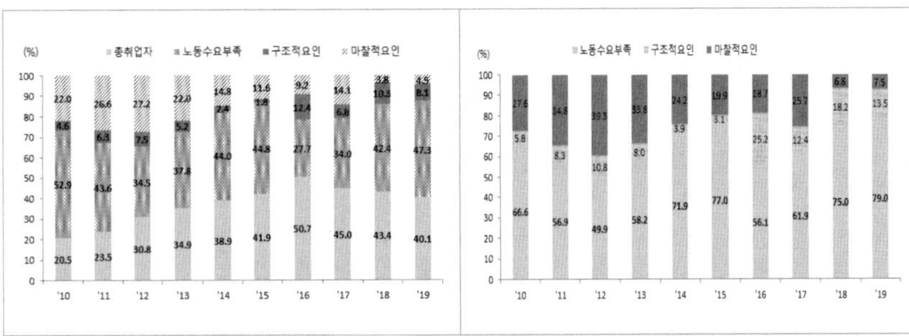

자료: 한국고용정보원, 워크넷, 각년도

그림 5-4-9. 광주지역 구직자 및 실업자 요인 분해

타 특광역시에 비해 광주에서는 구조적요인과 마찰적요인이 실업에 더 큰 영향을 주고 있다. 7대특광역시 역시 2010년대 중반 이후 총구직자 중 취업자의 비중이 40% 수준에서 30%대로 하락하고 있는데, 노동수요 부족에 의한 실업자 비중은 2011년 이후부터 지난 9년간 지속적으로 증가하여 2019년에는 92.8%를 기록한 반면에 구조적 요인과 마찰적 요인이 실업에서 차지하는 비중은 2017년 이후 10%를 하회하고 있다. 광주지역과 7대특광역시를 비교할 때(2019년 기준), 노동수요에 의한 실업 비중은 광주지역이 13.8%p(79% vs. 92.8%) 낮은 반면, 구조적 요인에 의한 실업비중은 11.5%p(13.5% vs. 2.0%), 마찰적 요인에 의한 실업비중은 2.2%p(7.5% vs. 5.3%) 높은 것으로 나타났다.

(구직자 분해) (실업자 요인 분해)

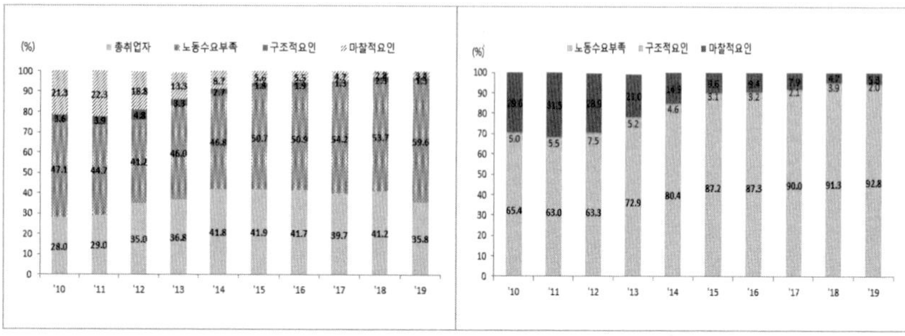

자료: 한국고용정보원, 워크넷, 각년도

그림 5-4-10. 7대특광역시 구직자 및 실업자 요인 분해

전남에서는 취업자 비중이 감소하면서 구조적 요인과 노동수요 부족요인이 복합적으로 실업 발생에 영향을 주고 있다. 전남에서는 구직자 중 취업자 비중이 2015년 69.6%에서 59.1%로 감소하였는데, 실업자의 주된 발생 요인이 기간별로 상이하여 2011년부터 2015년까지는 주로 구조적 요인에 의해 실업이 발생했고 이후 기간에는 노동수요 부족에 기인한 것으로 보인다.

(구직자 분해) (실업자 요인 분해)

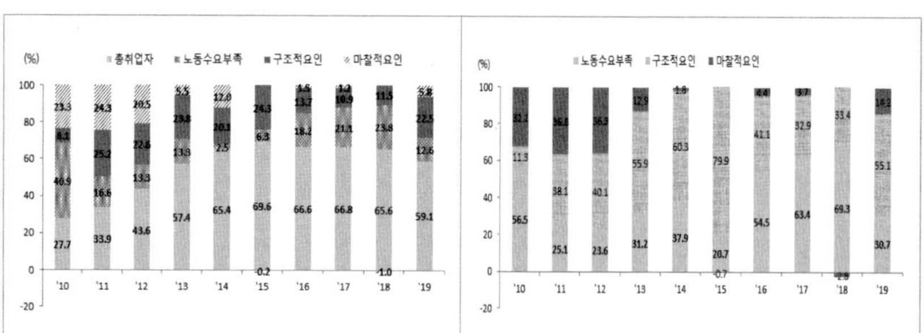

자료: 한국고용정보원, 워크넷, 각년도

그림 5-4-11. 전남지역 구직자 및 실업자 요인 분해

9개도에서는 전체 구직자 중 취업자의 비중이 50%를 하회하고 있으며 실업의 절반 이상은 노동수요 부족에 기인한 것으로 판단된다. 구직자 중 취업자 비중이 2010년 27.9%에서 2018년 49.5%에 이를 때까지 지속적으로 상승하였으나 아직 절반 수준에는 도달하지 못하고 있다. 2010년대 중반 이후 실업자는 50% 이상이 노동수요부족에 의해 발생하고 있으며 구조적 요인과 마찰적 요인의 영향도 합하면 40%를 상회하고 있다. 전남은 9개도에 비해 실업 발생 요인이 획일적이지 않고 기간별로 상이하다는 점에서 실효성 있는 정책 제시가 어려움을 반증한다.

(구직자 분해) (실업자 요인 분해)

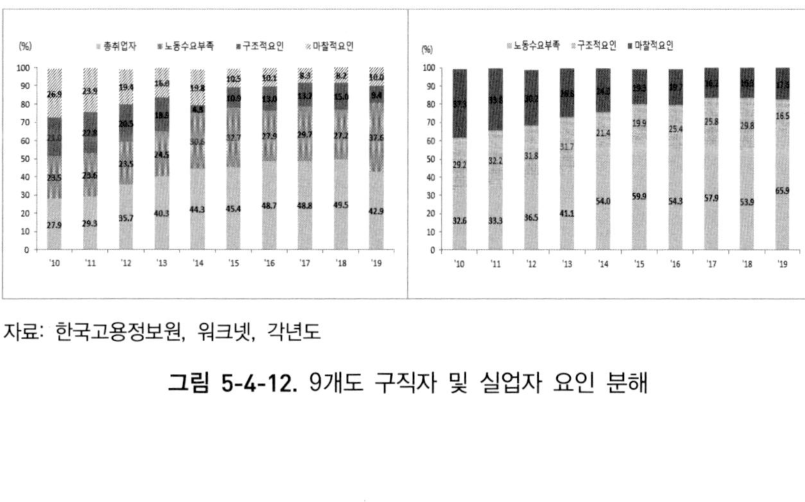

자료: 한국고용정보원, 워크넷, 각년도

그림 5-4-12. 9개도 구직자 및 실업자 요인 분해

5-5 정책적 시사점

1. 광주지역 일자리 미스매치 해소 방안[3)]

광주지역의 실업은 노동수요 부족에 의해 주로 발생하고 있으며 대학교(4년제)졸업이상과 청년층에 집중되는 경향을 보이고 있다. 노동수요 부족에 대응하기 위해서는 중장기적으로 교육-취업 이행 경로의 조정을 통해 구직자의 눈높이 조정이 병행될 필요가 있다. 현재 우리나라는 경제성장에 따른 일자리창출 여력이 제한된 상황이고 4차 산업혁명의 진전으로 자본에 의해 대체되는 일자리가 늘어날 전망이다. 따라서 선취업 후 후진학시스템을 활성화하고 지역 내 취업훈련 중심의 전문대학을 확대함으로써 고등교육의 실효성을 제고하고 노동공급 측면에서 구직자의 눈높이를 조정하는 방안을 강구할 필요가 있다.

또한, 지역 산업전략을 3대 산업으로 집적화하여 지역 산업 발전전략의 응집력을 확보하고 지역의 노동수요를 배가시키는 계기로 활용하는데 전력을 기울여야 한다. 지역 산업 발전 전략이 삼둥이 밸리 산

---

3) 본 소절과 다음 소절의 일부분은 저자가 필진으로 참여한 『광주지역 청년층의 일자리 미스매치 해소 및 인재유출 예방을 통한 인적자본역량 강화 방안』(2014)와 『광주지역 3대 대표산업 현황 진단 및 인력양성 방안』(2016)의 일부 내용을 인용하여 재정리하였다.

업(자동차, 에너지, 문화콘텐츠 산업)을 중심으로 재편되면, 기존 주요 산업의 집적화와 시너지 효과 유발을 통해 지역 산업 기반이 공고화 되는 계기를 마련할 수 있다. 자동차 및 에너지 산업 그리고 문화콘텐츠 관련 산업은 제조업과 서비스업을 대표하기 때문에 삼둥이 벨리 산업의 육성은 제조업과 서비스업의 균형 발전 기틀을 마련하는데도 이바지할 수 있다. 무엇보다도 자동차, 에너지, 문화콘텐츠 관련 산업은 다양한 지식 및 기술이 어우러진 융복합형 인력을 필요로 한다는 점에서 노동수요 창출에 유리할 것으로 예상된다.

광주지역의 미스매치가 주로 고학력 청년층에서 발생하고 있는 점을 감안하여 지역 대표산업에 기초한 인력양성 및 향상훈련 체계 수립을 통해 지역인재의 등용문을 확대할 필요가 있다. 광주지역 대부분 업종에서 전문인력 부족 또는 전문 인력의 외부지역 유출로 기술개발 역량이 매우 제한적이다. 지역대표산업 육성 및 이에 부합하는 지역 내 인력양성을 추진하게 되면 지역인재의 잔류를 유도하고 인력공급과 산업경쟁력 제고 사이에 선순환 고리 형성이 가능하다. 일례로, 자동차 100만대 생산도시로의 부상, 한전 등 에너지 공기업의 빛가람 혁신 도시의 활성화 및 아시아문화 전당 개관에 따른 이 지역 대졸자의 연고지 잔류의지를 제고시킬 필요가 있다. 임금 등 근로여건 측면에서 3대 대표산업이 양호하기 때문에 고학력 청년층의 연고지 잔류를 촉진할 뿐만 아니라 노동수요 창출에도 기여할 수 있다.

2. 전남지역 일자리 미스매치 해소 방안

전남지역의 일자리 미스매치에는 노동수요 부족뿐만 아니라 구조적 요인과 마찰적 요인도 상당한 영향을 주고 있고 청년층뿐만 아니라 고령층에서도 미스매치 현상이 발생하고 있다. 구조적 요인은 주로 산업 간 또는 대중소기업 간 임금격차 등과 밀접하게 연결되기 때문에 노동시장 이중구조를 해소하는데 초점을 둘 필요가 있다. 전남의 중소기업과 대기업 상용월급여액은 타 지역에 비해 높은 수준이나 중소기업과 대기업의 임금격차는 가장 심한 편이다. 일례로, 중소기업과 대기업의 임금배율은 전남이 68.9로(2017년 기준, 고용노동부 사업체노동력조사) 광역지자체 중에서 가장 낮은 수준이다.

노동시장 이중구조 개선을 위한 고용포럼 개최로 지역 노동개혁 공감대 형성이 필요하다. 이를 통해 실제적인 대·중소기업 동반성장 기반 조성 및 협력체계를 구축해야 하는데 중소기업간 불공정 거래행위 근절 및 상생협력 모델 발굴을 위해 대·중소기업 간 수·위탁 실태조사 시행 및 불공정상황반 운영 등이 실제의 방안이 될 수 있다.

마찰적 요인에 의한 미스매치를 최소화하기 위해서는 일자리정보 제공을 의무화하고 과학적인 매칭(Matching) 시스템을 개발하는 등 노동시장의 중개기능을 선진화는 노력이 필요하다. 일차적으로는 워크넷에 제공되는 구인·구직 정보가 방대한 점을 감안할 때 취업알선 전문 인력의 적극적인 증원이 필요하다. 또한, 청년층 취업자의 경우에 취업 1년 이내 퇴직 비중이 상당한 점을 감안하여, 구직 시 실질적으로 도움이 되는 정보(고용유지율, 근속년수별 임금수준, 퇴직연령 등)가 제공될 수 있도록 법제화할 필요가 있고 AI기반 구인-구직 매칭 시스템 활용하여 구인자와 구직자의 정보를 전산화하여 매칭률을 제고시키는 노력도 병행되어야 한다.

참고문헌

남기찬 외, 『지역노동시장의 구조 분석을 통한 맞춤형 일자리 창출방안 연구』, 국토연구원. 2021(발간예정).

이찬영 외, 『광주지역 3대 대표산업 현황 진단 및 인력양성 방안』, 용역과제, 광주인적자원개발위원회, 2016.

이찬영·조세형, 『광주지역 청년층의 일자리 미스매치 해소 및 인재유출 예방을 통한 인적자본역량 강화 방안』, 한국은행광주전남본부, 2014.

통계청, 경제활동인구조사, 각년도.

한국고용정보원, 워크넷, 각년도.

행정안전부, 주민등록인구현황, 각년도.

제6장

환경 및 에너지 분야 현황과 과제

배정환(전남대학교 경제학부)

본 장에서는 광주, 전남 지역의 환경과 에너지 분야 현황을 파악하고, 타 지역에 비해 각 분야에서 어떤 문제가 있는지 검토해 보고 향후 개선방안에 대해 살펴보고자 한다. 특히 환경 분야에서는 온실가스 및 미세먼지 배출 현황과 관련 정책을 중점적으로 다루고, 에너지 분야에서는 신재생에너지 보급 현황과 관련 정책을 중점적으로 다루고 이에 대한 개선방안을 제시하고자 한다.

6-1 서론

본 장은 환경 및 에너지 분야에서 광주, 전남 지역의 전국 및 타 지역 대비 현황을 살펴보고, 지역에서 우선적으로 추진해야 할 개선방안에 대해 제언하고자 한다. 특히 최근에 국가 온실가스 로드맵이 확정됨에 따라 온실가스 배출량의 적극적인 감축 전략과 이행방안이 논의되고 있어, 지역별로 이러한 정책이 지역경제에 미치는 영향이 클 것으로 예상된다. 또한 대기오염물질 유형별로 그동안의 정부 규제와 정책이 효과를 거두는 오염물질이 있는가 하면, 미세먼지 및 초미세먼지와 같이 오히려 지속적으로 증가하고 있는 오염물질도 있다. 특히 초미세먼지는 인체에 미치는 부정적 영향이 큰 것으로 나타나 집중적인 규제 대상이 되고 있다. 이에 지역별 온실가스 및 대기오염물질 배출현황을 살펴보고, 특히 광주와 전남 지역의 배출량을 타 지역과 비교함으로써 광주·전남지역의 환경 문제가 어떤 상황인지를 분석하고자 한다.

한편 전국 및 지역별 에너지원 소비량을 비교함으로써 온실가스 및 대기오염물질 배출원을 분석하고자 한다. 이를 위해 전국 및 지역별 석탄, 석유, 도시가스 소비현황을 비교하고, 에너지 효율 및 절약 현황과 에너지 다소비 업체 현황을 분석하며, 신재생에너지원별로 지역별 생산량을 비교하여 온실가스 및 대기오염배출 저감 수단으로서 신재생에너지에 대한 지역별 보급실적을 평가하고자 한다.

이러한 환경·에너지 분야에 대한 분석을 토대로 결론에서는 광주·전남지역이 환경 및 에너지 분야에서 향후 개선해야 할 부분을 도출하고자 한다.

6-2 환경 분야 현황

환경 분야 현황은 온실가스 배출현황과 대기오염물질 배출현황으로 구성 되었다. 온실가스 배출현황에서는 우리나라 전체 온실가스 배출량 및 증감률과 지역별 제조업 부문 온실가스 배출 현황으로 구분하였다. 또한 대기오염 물질 배출현황에서는 2016년 기준 우리나라 대기오염물질별 총배출량과 지역별 대기오염물질별 배출현황으로 구분하였다.

1. 온실가스 배출 현황

우리나라 온실가스 총배출량은 2008년 기준 592.195백만톤에서 2017년 709.139백만톤으로 증가하였다. 증가율 기준으로는 2008년에 2%에서 2010년에 10%로 가장 많이 증가하였고, 이후로 전반적으로 하락하는 추세를 보이고 있다. 다만 2017년에는 2.4%로 다소 증가하였다.

제조업 부문의 지역별 온실가스 배출량은 2년 연속 전라남도가 가장 많이 배출하였고, 제주특별자치도의 배출량이 가장 적은 것으로 나타났다. 광주의 2016년 배출량은 1,876천tCO_2eq, 2017년 배출량은 1,665천tCO_2eq이며 전남의 2016년 배출량은 73,518천tCO_2eq, 2017년 배출량은 78,482천tCO_2eq이다. 제조업부문 온실가스 배출량에서 2년 연속 광주는 15위를 차지하였으며, 전남은 1위를 차지하였다.

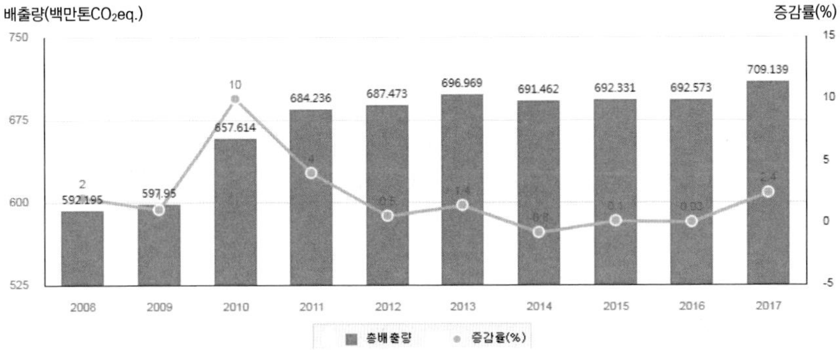

자료: 환경부, 「2019 국가 온실가스 인벤토리 보고서」

그림 6-2-1. 국가 온실가스 총배출량 및 증감률

표 6-2-1. 제조업부문 지역별 온실가스 배출량

(단위: 천tCO_2eq.)

	2016	2017
합계	325,399	331,568
서울특별시	1,448	2,290
부산광역시	4,960	4,911
대구광역시	4,330	4,164
인천광역시	9,833	10,795
광주광역시	1,876	1,665
대전광역시	1,796	1,851
울산광역시	40,863	41,381
세종특별자치시	1,017	952
경기도	33,270	33,250
강원도	12,725	12,880
충청북도	14,054	13,773

	2016	2017
충청남도	56,271	58,213
전라북도	9,949	9,439
전라남도	73,518	78,482
경상북도	48,056	46,765
경상남도	11,238	10,551
제주특별자치도	195	207

자료: 한국에너지공단, 「에너지사용및온실가스배출실태조사」

2. 대기오염물질 배출 현황

2016년 전국 기준 대기오염물질 배출량은 NOx가 1,248,309톤으로 가장 많이 많고, 이어서 VOC, CO, TSP 순으로 배출되었다. 오염물질 배출량 중 상위 2개 오염물질 (NOx, VOC)의 비율은 48.5%으로 절반 가량을 차지한다.

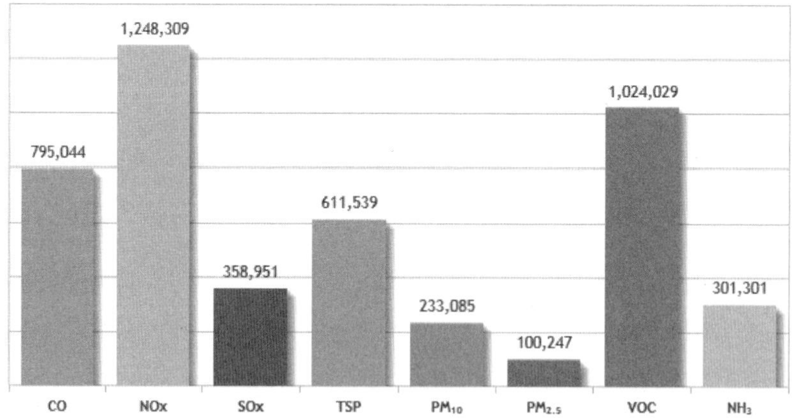

자료: 환경부, 「대기오염물질배출량」

그림 6-2-2. 2016년 오염물질 배출량 (단위: 톤)

2016년도 대기오염 배출량을 지역별로 살펴보면, 경기도가 131,069,778kg으로 가장 높게 나타났고, 세종특별자치시가 5,442,754kg으로 가장 낮게 나타났다.

질산화물(NOx) 배출량은 경기도가 203,654,704kg으로 가장 높게 나타났고, 세종특별자치시가 6,245,180kg으로 가장 낮게 나타났다. 광주의 배출량은 12,951,253kg으로 16위, 전남의 배출량은 105,776,304kg으로 4위를 차지하였다.

황산화물(SOx) 배출량은 충청남도가 81,843,094kg으로 가장 높게 나타났고, 세종특별자차시가 147,533kg 으로 가장 낮게 나타났다. 광주의 배출량은 5,237,654kg으로 16위, 전남의 배출량은 62,171,183kg으로 2위를 차지하였다.

총먼지배출량(TSP) 배출량은 경상북도가 108,065,786kg으로 가장 높게 나타났고, 세종특별자치시가 2,938,211kg으로 가장 낮게 나타났다. 광주의 배출량은 5,237,654kg으로 전국에서 15위, 전남의 배출량은 73,091,637kg으로 4위를 차지하였다.

미세먼지(PM10)의 배출량은 경상북도가 46,290,439kg으로 가장 높게 나타났고, 세종특별자치시가 1,434,054kg으로 가장 낮게 나타났다. 광주의 배출량은 1,955,128kg으로 15위, 전남의 배출량은 29,095,759kg으로 4위를 차지하였다.

미세먼지(PM2.5)의 배출량은 경상북도가 22,670,318kg으로 가장 높게 나타났고, 세종특별자치시가 1,434,054kg으로 가장 낮게 나타났다. 광주의 배출량은 1,955,128kg으로 15위, 전남의 배출량은 29,095,759kg으로 전국 시도중 3위를 차지하였다.

블랙카본 (BC)의 배출량은 경기도가 3,544,998kg으로 가장 높게 나타났고, 세종특별자치시가 168,425kg으로 가장 낮게 나타났다. 광주의 배출량은 192,919kg으로 16위, 전남의 배출량은 1,187,909kg으로 5

위를 차지하였다.

휘발성유기화합물(VOC)의 배출량은 경기도가 185,130,890kg으로 가장 높게 나타났고, 세종특별자치시가 6,738,627kg으로 가장 낮게 나타났다. 광주의 배출량은 16,567,004kg으로 14위, 전남의 배출량은 87,207,770kg으로 4위를 차지하였다.

암모니아(NH_3)의 배출량은 충청남도가 49,585,305kg으로 가장 높게 나타났고, 대전광역시가 828,160kg으로 가장 낮게 나타났다. 광주의 배출량은 976,500kg으로 16위, 전남의 배출량은 40,966,522kg으로 3위를 차지하였다.

지역별 총 배출량을 보면 경기도, 충청남도, 경상북도 순이다. 경기도는 일산화탄소(CO), 질산화물(NOx), Black Carbon(BC), 휘발성유기화합물(VOC), 충청남도는 황산화물(SOx), 암모니아(NH_3), 경상북도는 총먼지(TSP), 미세먼지(PM10), 미세먼지(PM2.5)를 가장 많이 배출하였다. 광주와 전남의 대기오염물질 배출량을 보면 광주는 대기오염물질 배출량이 타 시도에 비해 적은편인 반면 전남은 대기오염물질 배출량이 타 시도에 비해 많은 편이다. 이는 광주의 기반사업이 도매 및 소매업, 금융 및 보험업, 부동산업 및 임대업인 반면 전남의 주요 기반사업은 농림어업, 광업, 제조업, 전기·가스·증기 및 수도사업이며, 여수산단, 광양산단 등 대규모 산업단지가 입지했기 때문인 것으로 보인다.

표 6-2-2. 2016년 시·도별 대기오염물질 배출량

(단위: kg)

시도별(1)	일산화탄소 (CO)	질산화물 (NOx)	황산화물 (SOx)	총먼지 (TSP)	미세먼지 (PM10)
전국	795,043,613	1,248,309,312	358,950,889	611,539,252	233,085,216
서울특별시	56,274,801	73,042,479	4,038,923	21,517,525	8,570,515
부산광역시	23,387,799	49,467,595	10,776,548	16,684,194	6,903,205
대구광역시	19,990,855	30,109,730	4,187,033	10,209,623	4,018,715
인천광역시	37,856,294	49,388,689	12,368,400	18,972,087	6,306,482
광주광역시	9,099,924	12,951,253	351,448	5,237,654	1,955,128
대전광역시	11,498,464	15,718,805	854,498	4,506,089	1,616,379
울산광역시	31,657,730	51,222,789	49,213,764	9,887,497	4,738,522
세종특별자치시	5,442,754	6,245,180	147,533	2,938,211	1,434,054
경기도	131,069,778	203,654,704	15,414,986	85,231,328	32,899,631
강원도	44,559,168	83,499,785	17,762,424	35,770,197	9,629,491
충청북도	47,926,113	73,029,056	9,067,087	31,909,919	9,591,219
충청남도	64,146,267	134,888,829	81,843,094	85,216,572	38,378,848
전라북도	42,554,080	40,857,842	6,668,560	40,604,963	10,327,918
전라남도	63,481,436	105,776,304	62,171,183	73,091,637	29,095,759
경상북도	92,674,341	109,745,704	39,361,144	108,065,786	46,290,439
경상남도	55,630,016	102,052,618	30,913,760	47,846,216	14,024,178
제주특별자치도	13,006,623	18,692,063	2,106,252	10,570,662	4,025,641

시도별(1)	미세먼지 (PM2.5)	Black Carbon (BC)	휘발성유기 화합물 (VOC)	암모니아 (NH_3)	총계
전국	100,247,344	16,400,818	1,024,028,975	301,301,415	1,441,978,552
서울특별시	2,523,717	808,619	63,098,231	3,945,730	70,376,297
부산광역시	2,543,738	522,770	40,899,117	1,743,921	45,709,546
대구광역시	1,409,373	394,851	31,264,349	1,780,113	34,848,686
인천광역시	2,247,033	499,969	52,014,491	6,958,203	61,719,696
광주광역시	616,643	192,919	16,567,004	976,500	18,353,066
대전광역시	605,885	208,855	15,545,104	828,160	17,188,004
울산광역시	2,501,624	364,712	96,800,642	15,133,565	114,800,543
세종특별자치시	440,512	168,425	6,738,627	3,249,733	10,597,297
경기도	11,126,749	3,544,998	185,130,890	46,428,456	246,231,093
강원도	3,954,064	806,406	25,724,934	12,734,912	43,220,316
충청북도	3,889,414	975,918	40,143,492	16,673,421	61,682,245
충청남도	18,821,596	1,398,646	73,310,380	49,585,305	143,115,927
전라북도	3,460,501	824,122	71,302,358	32,626,533	108,213,514
전라남도	13,612,825	1,187,909	87,207,770	40,966,522	142,975,026
경상북도	22,670,318	2,231,870	85,068,475	34,251,766	144,222,429
경상남도	5,547,719	1,420,166	107,783,158	25,388,962	140,140,005
제주특별자치도	1,214,971	296,882	10,776,450	8,021,723	20,310,026

자료: 환경부, 「대기오염물질배출량」

6-3 에너지 분야 현황

1. 총에너지 소비현황

1) 전국 총에너지 소비

전국 총에너지 소비는 2008년부터 10년간 지속적으로 늘어났으며 2008년 대비 2018년 전국 총에너지 소비량은 약 27.5% 증가하였다. 2008년 대비 2009년 총에너지 소비량은 약간 감소하였으나 2009년 이후 모두 증가추세이다. 특히, 2009년 대비 2010년 총에너지 소비량은 5.6%로 가장 높은 증가율을 보였다.

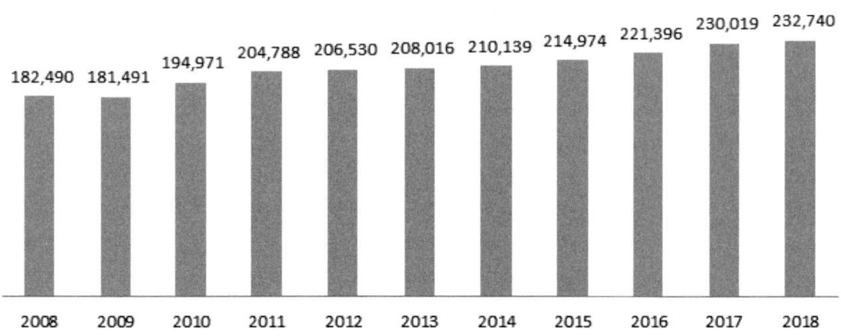

자료: 에너지경제연구원, 「2019_지역에너지통계」

그림 6-3-1. 전국 총에너지 소비 (단위: 1,000TOE)

2018년 기준 지역별 총에너지 소비는 광주가 2,539천TOE, 전남이 39,747천TOE로 나타났고, 광주는 전체 광역시도 중 15위, 전남은 1위를 차지하였다. 한편, 충남이 37,346천TOE로 2위, 경기가 30,664천TOE로 3위를 차지하였다.

표 6-3-1. 2018년도 전국 총에너지 소비

(단위: 1,000TOE)

지역	총 에너지 소비량
서울	14,734
부산	6,384
대구	4,492
인천	13,805
광주	2,539
대전	2,770
울산	29,913
세종	645
경기	30,664
강원	5,843
충북	6,983
충남	37,346
전북	5,872
전남	39,747
경북	20,327
경남	9,135
제주	1,541

자료: 에너지경제연구원, 「2019_지역에너지통계」

2) 광주 에너지 소비

광주의 에너지 사용량은 최종에너지 소비량이 1차에너지 공급량보다 많다. 광주의 에너지 초과 수요량 만큼 타 시도에서 에너지를 공급받는 상황이다. 2008년 대비 2018년의 1차 에너지 공급량은 1,535천TOE에서 1,849천TOE로 20.4% 증가했으며 최종에너지 소비량은 2,149천TOE에서 2,539천TOE로 18.1% 증가했다.

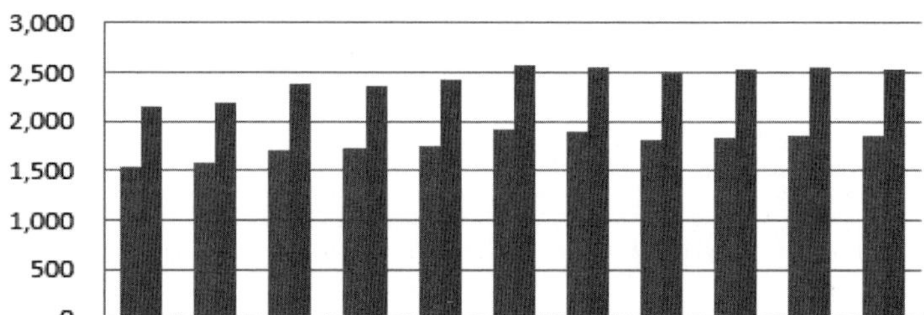

	2008	2009	2010	2011	2012	2013	2014	2015	2016	2017	2018
■ 1차에너지 공급	1,535	1,573	1,695	1,716	1,737	1,919	1,901	1,813	1,836	1,852	1,849
■ 최종에너지 소비	2,149	2,197	2,386	2,364	2,433	2,570	2,541	2,483	2,521	2,540	2,539

자료: 에너지경제연구원, 「2019_지역에너지통계」

그림 6-3-2. 광주 에너지 사용량 (단위: 1,000TOE)

3) 전남 에너지 소비

전남의 에너지 사용량은 1차에너지 공급량이 최종에너지 소비량보다 많다. 전남의 에너지 초과 공급량 만큼 타 시도로 에너지를 공급하는 상황이다. 2008년 대비 2018년 1차에너지 공급량은 45,415천TOE에서 49,708천TOE로 9.4% 증가했으며 최종에너지 소비량은 34,065천TOE에서 39,747천TOE로 16.6% 증가했다.

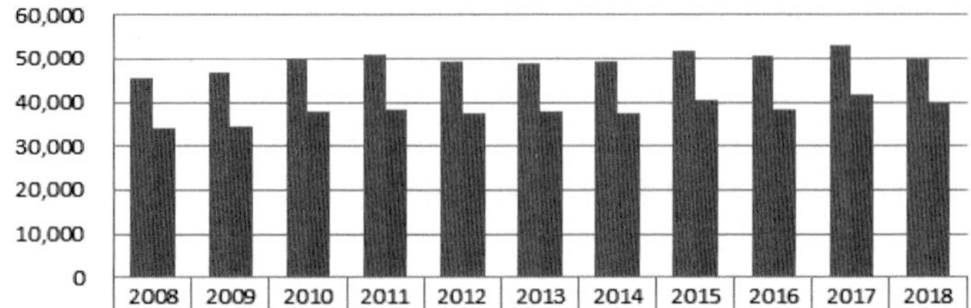

	2008	2009	2010	2011	2012	2013	2014	2015	2016	2017	2018
■1차에너지 공급	45,415	46,597	49,809	50,951	49,305	49,062	49,353	51,706	50,667	53,074	49,708
■최종에너지 소비	34,065	34,481	37,854	38,311	37,461	37,806	37,585	40,387	38,452	41,611	39,747

자료: 에너지경제연구원, 「2019_지역에너지통계」

그림 6-3-3. 전남 에너지 사용량 (단위: 1,000TOE)

2. 에너지원별 소비현황

1) 석탄 소비현황

(1) 전국 무연탄 소비현황

전국 무연탄 사용량은 대체적으로 증가하는 추세를 보인다. 2007년 대비 2017년 무연탄 소비량은 24,065천TOE에서 33,360천TOE로 38.6% 증가하였다. 2014년 무연탄 사용량이 35,198천TOE로 가장 많고, 2009년 무연탄 사용량이 23,015천TOE로 가장 적다.

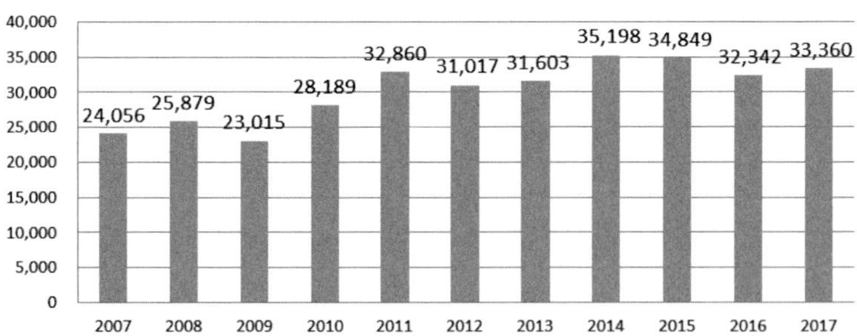

자료: 에너지경제연구원, 「2018_지역에너지통계」

그림 6-3-4. 전국 무연탄 사용량 (단위: 1,000TOE)

2017년도 무연탄 소비는 광주가 38천TOE, 전남이 1,558천TOE로 나타났고, 광주는 전체 광역시도 중에 11위, 전남은 3위를 차지하였다. 한편, 경북이 2,522천TOE로 1위, 충남이 2,380천TOE로 2위를 차지하였다.

표 6-3-2. 2017년도 전국 무연탄 소비

(단위: 1,000TOE)

지역	무연탄 소비량
서울	176
부산	10
대구	55
인천	3
광주	38
대전	67
울산	35
경기	60
강원	984
충북	249
충남	2,380
전북	31
전남	1,558
경북	2,522
경남	92
제주	0

자료: 에너지경제연구원, 「2018_지역에너지통계」

(2) 시 도별 부문별 석탄 소비현황

시 도별 부문별 석탄 소비현황을 보면, 당진 현대제철소, 광양제철소, 포항제철소의 운영으로 충남, 전남, 경북 지역의 산업용 석탄 소비가 타 지역에 비해 높은 편이다. 강원도는 동해, 삼척 등 화력발전소가 많기 때문에 발전용 석탄 소비량이 가장 높다. 환경부의 고체연료제한정책에 의해 수도권, 대도시 지역의 고형연료제품 사용이 제한되어 광역시의 석탄소비는 매우 낮은 수준이다.

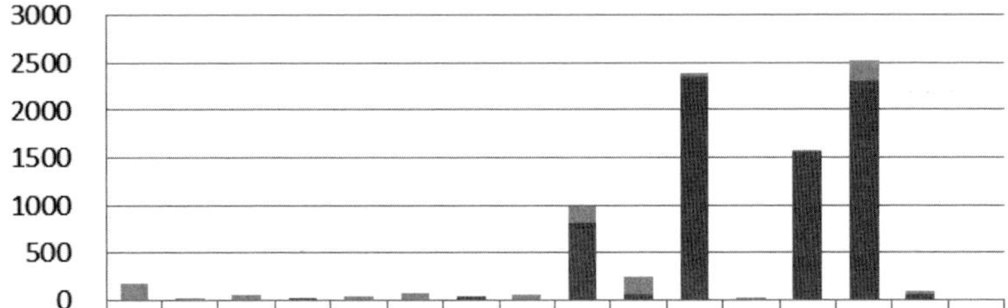

	서울	부산	대구	인천	광주	대전	울산	경기	강원	충북	충남	전북	전남	경북	경남	제주
가정·상업	176	7	55	0	38	67	0	57	167	190	33	29	6	221	32	0
산업	0	3	0	3	0	0	35	3	60	59	2026	2	1552	2300	60	0
발전	0	0	0	0	0	0	0	0	757	0	321	0	0	0	0	0

자료: 에너지경제연구원, 「2018_지역에너지통계」

그림 6-3-5. 2017년 시·도 부문별 석탄 소비현황 (단위: 1,000TOE)

(3) 광주광역시 석탄 소비현황

광주의 무연탄 소비량은 2007년 69천TOE에서 2017년 38천TOE로 44.9% 감소하였다. 2009년도 소비량이 86천TOE로 가장 많으며, 2017년도 소비량이 38천TOE로 소비량이 가장 적다. 2007년 대비 2008년 무연탄 소비량은 21.7%로 가장 높은 증가율을 보이며 2015년 대비 2016년 무연탄 소비량은 22.6%로 가장 높은 감소율을 보인다. 광주는 대도시로 분류되어 석탄의 소비가 제한되고 소비량이 점차 감소하는 추세이다.

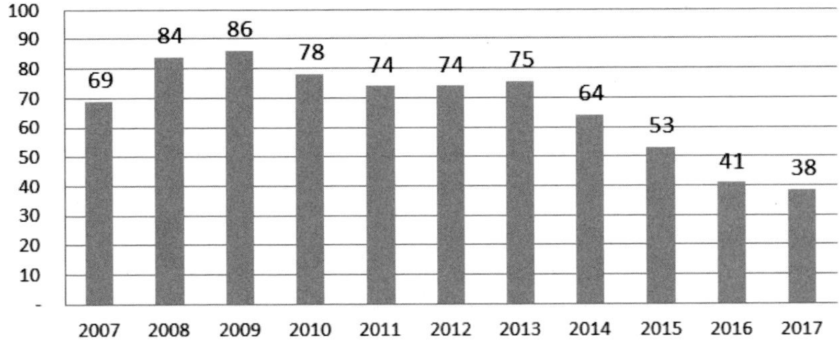

자료: 에너지경제연구원, 「2018_지역에너지통계」

그림 6-3-6. 광주 무연탄 소비량 (단위: 1,000TOE)

(4) 전남 석탄 소비현황

전남의 무연탄 소비량은 2007년 2,657천TOE에서 2017년 1,558천TOE로 41.3% 감소하였다. 2011년도 소비량이 2,813천TOE으로 가장 많으며, 2014년에는 1,666TOE로 소비량이 가장 적다. 2014년 대비 2015년 무연탄 소비량 증가율은 23.6%로 가장 높으며 2011년 대비 2012년 무연탄 소비량 감소율은 28.3%로 가장 높다. 전남의 무연탄 사용량의 상당수는 제철용 연료로 광양제철소에서 사용된다.

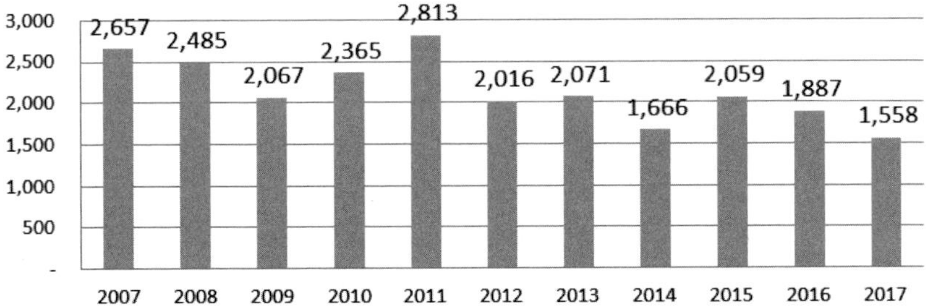

자료: 에너지경제연구원, 「2018_지역에너지통계」

그림 6-3-7. 전남 무연탄 사용량 (단위: 1,000TOE)

2) 석유 소비현황

(1) 전국 석유 소비현황

전국 부문별 석유 소비현황을 보면, 산업부문의 소비는 석유화학 산업 발전과 자동차 보급 증가로 석유제품 소비가 지속적으로 증가해 왔으나, 증가세는 점차 둔화되고 있다. 수송부문이 전체 석유 소비에서 차지하는 비중은 0.5%로 미미하며 2013년까지는 감소하는 경향을 보이다가 2014년부터 증가하는 경향을 보인다. 가정산업부문의 소비는 2014년을 제외하고 모두 증가세를 보인다.

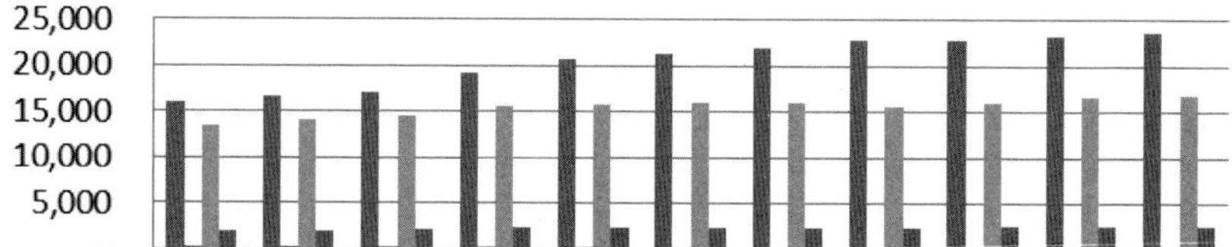

	2007	2008	2009	2010	2011	2012	2013	2014	2015	2016	2017
■산업	16,018	16,738	17,006	19,193	20,830	21,426	22,088	22,757	22,844	23,218	23,794
■수송	209	196	187	188	193	194	186	172	191	231	246
■가정·상업	13,513	14,143	14,594	15,636	15,758	16,049	16,077	15,706	16,020	16,650	16,933
■공공·기타	1,960	2,039	2,138	2,321	2,355	2,459	2,485	2,438	2,540	2,646	2,693

자료: 에너지경제연구원, 「2018_지역에너지통계」

그림 6-3-8. 전국 부문별 석유 소비 (단위: 1,000TOE)

2017년도 석유 소비는 광주가 1,060천TOE, 전남이 23,443천TOE로 나타났고, 광주는 전체 광역시도 중에 14위, 전남은 1위를 차지하였다. 한편, 충남이 22,551천TOE로 2위, 울산이 22,201천TOE로 3위를 차지하였다.

표 6-3-3. 2017년도 전국 석유 소비량

(단위: 1,000TOE)

지역	석유 소비량
서울	6,185
부산	2,844
대구	1,686
인천	9,333
광주	1,060
대전	1,043
울산	22,102
세종	180
경기	11,647
강원	2,064
충북	2,133
충남	22,551
전북	2,655
전남	23,443
경북	3,668
경남	4,281
제주	986

자료: 에너지경제연구원, 「2018_지역에너지통계」

(2) 시도 부문별 석유 소비현황

2017년 기준 시도 부문별 석유 소비현황을 살펴보면, 산업부문이 가장 큰 비중을 차지하며 수송, 가정산업, 공공기타 순이다. 전남의 여수국가산업화학단지, 충남의 대산화학산업단지, 울산의 울산미포국가산업단지가 입지해있어 석유 소비가 많음을 확인할 수 있다. 수송부문은 경기, 인천, 서울 순으로 소비량이 많으며 세 지역이 전체 수송부문 소비량의 44.5%로 절반 가까이 차지한다. 가정산업부문의 소비량은 경기도가 1,237천TOE로 가장 많으며 세종이 32천TOE로 가장 적다.

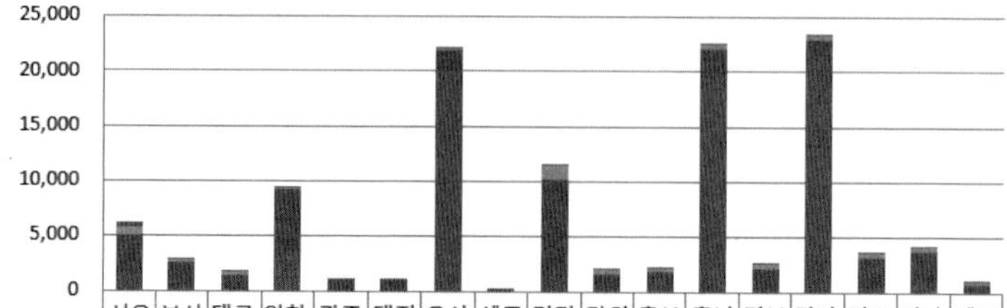

	서울	부산	대구	인천	광주	대전	울산	세종	경기	강원	충북	충남	전북	전남	경북	경남	제주
■공공·기타	442	18	8	34	4	12	67	4	186	135	55	45	84	72	73	202	29
■가정·상업	649	322	192	160	86	72	94	32	1,237	299	228	389	407	388	507	442	186
■수송	3,688	2,154	1,279	5,639	930	913	2,040	126	8,895	1,383	1,602	2,318	1,816	1,904	2,635	2,818	728
■산업	1,406	350	207	3,501	39	46	19,90	18	1,330	246	249	19,80	347	21,08	453	819	43

자료: 에너지경제연구원, 「2018_지역에너지통계」

그림 6-3-9. 2017년 시·도별 부문별 석유 소비현황 (단위: 1,000TOE)

(3) 광주 석유 소비현황

광주의 석유 소비량은 2007년 7,696천TOE에서 2017년 8,171천TOE로 약 6.2% 증가하였다. 2014년의 소비량은 9,016천TOE로 가장 많으며, 2008년 7,239천TOE로 가장 적다. 2012년 대비 2013년 석유 소비량 증가율은 13.3%로 가장 높은 증가율을 보이며, 2014년 대비 2015년 석유 소비량 감소율이 6.5%로 가장 크게 감소하였다.

자료: 에너지경제연구원, 「2018_지역에너지통계」

그림 6-3-10. 광주 석유 소비량 (단위: 1,000TOE)

(4) 전남 석유 소비현황

전남의 석유 소비량은 2007년 152,601천TOE에서 2017년 188,620천TOE로 23.6% 증가하였다. 2017년의 소비량은 188,620천TOE로 가장 많으며 2007년의 소비량은 152,601천TOE로 가장 적다. 2016년 대비 2017년 석유 소비량 증가율은 10.5%로 가장 높은 증가율을 보인 반면, 2015년 대비 2016년 석유 소비량은 감소율이 5.7%로 가장 높은 감소율을 보인다. 전남 석유 사용량의 90%를 산업소비가 차지하는데, 이는 여수국가산업단지의 석유 소비량이 큰 영향을 미친 것으로 보인다.

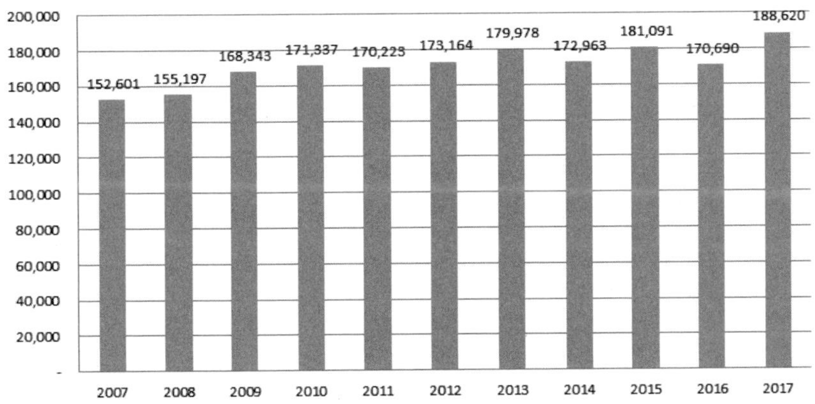

자료: 에너지경제연구원, 「2018_지역에너지통계」

그림 6-3-11. 전남 석유 소비량 (단위: 1,000TOE)

3) 가스 소비현황

(1) 전국 도시가스 소비현황

가정, 상업, 공공 건물의 난방 및 취사 열원으로 사용되는 건물용 도시가스는 배관망이 수도권으로부터 전국 각지로 확대되면서 수요가 급속히 성장했다. 수송용 도시가스는 주로 CNG 버스의 연료로 사용되는데, 정부가 대도시의 대기질 개선을 위한 노력의 일환으로 2000년부터 천연가스차량 보급사업을 시작하면서 소비량이 꾸준히 증가해왔다. 전국 부문별 도시가스 소비현황을 보면 가정·상업부문의 소비가 가장 많으며 산업부문의 소비가 그 다음으로 많음을 확인할 수 있다.

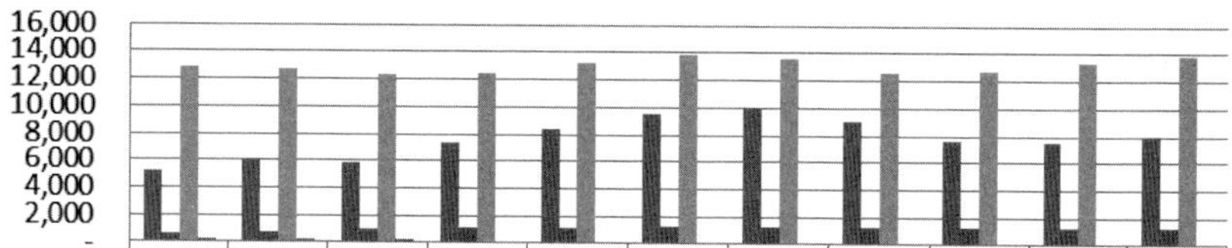

	2007	2008	2009	2010	2011	2012	2013	2014	2015	2016	2017
산업	5,225	5,933	5,891	7,329	8,383	9,501	9,903	9,050	7,644	7,537	8,010
수송	615	777	960	1,112	1,174	1,248	1,299	1,307	1,288	1,270	1,253
가정·상업	12,831	12,763	12,332	12,489	13,201	13,797	13,578	12,599	12,661	13,292	13,918
공공·기타	285	292	277	152	112	181	98	85	85	88	77

자료: 에너지경제연구원, 「2018_지역에너지통계」

그림 6-3-12. 전국 부문별 도시가스 소비 (단위: 1,000TOE)

2017년도 도시가스 소비는 광주가 636천TOE, 전남이 628천TOE로 나타났고, 광주는 전체 광역시도 중에 14위, 전남은 13위를 차지하였다. 한편, 경기가 5,040천TOE로 1위, 서울이 4,205천TOE로 2위를 차지하였다.

표 6-3-4. 2017년도 전국 도시가스 소비량

(단위: 1,000TOE)

지역	도시가스 소비량
서울	4,205
부산	1,399
대구	951
인천	1,510
광주	636
대전	696
울산	1,959
세종	80
경기	5,040
강원	370
충북	799
충남	1,391
전북	873
전남	628
경북	1,459
경남	1,242
제주	22

자료: 에너지경제연구원, 「2018_지역에너지통계」

(2) 시·도별 도시가스 소비현황

시·도별 부문별 도시가스 소비현황을 보면, 도시가스 보급률이 높은 수도권 지역과 주요 대도시에서 소비량이 많음을 확인할 수 있다. 가정·상업 부문에서 서울의 소비량이 약 3,877천TOE로 가장 많으며 제주의 소비량이 19천TOE로 가장 적다. 수송부문에서 경기도의 소비량이 370천TOE로 가장 많으며 충남의 소비량이 15천TOE로 가장 적다. 산업부문에서 경기도의 소비량이 약 1,484천TOE로 가장 많으며 제주도의 소비량은 전무하다. 광주와 전남의 경우 도시가스 소비량이 타 지역에 비해 매우 낮은 편에 속한다.

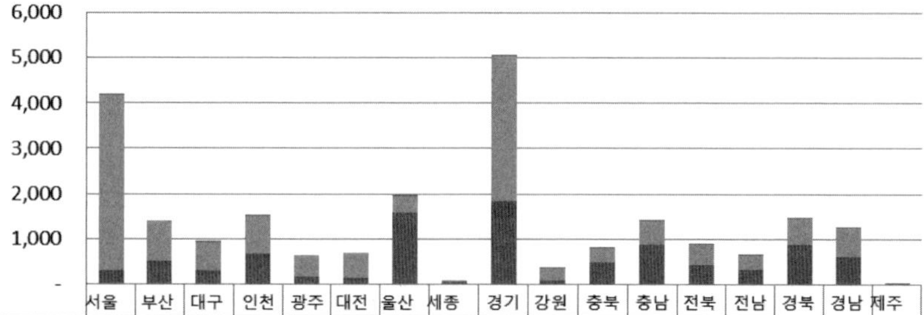

	서울	부산	대구	인천	광주	대전	울산	세종	경기	강원	충북	충남	전북	전남	경북	경남	제주
공공·기타	23	-	11	7	-	-	1	-	15	9	0	1	1	0	4	3	3
가정·상업	3,87	892	639	844	458	560	373	29	3,17	280	321	505	435	296	591	627	19
수송	277	116	67	97	41	36	34	-	370	19	22	15	28	29	39	63	-
산업	29	391	233	562	136	101	1,55	51	1,48	62	456	869	409	302	825	549	-

자료: 에너지경제연구원, 「2018_지역에너지통계」

그림 6-3-13. 2017 시도별 부문별 도시가스 소비 (단위: 1,000TOE)

(3) 광주 도시가스 소비현황

광주의 도시가스 소비량은 2007년도 480,851천m^3에서 2017년도 624,409천m^3로 29.9% 증가하였다. 2009년 대비 2010년 도시가스 소비량은 10.3%로 가장 높은 증가율을 보이며 2014년 대비 2015년 무연탄 소비량은 2.3%로 가장 높은 감소율을 보인다.

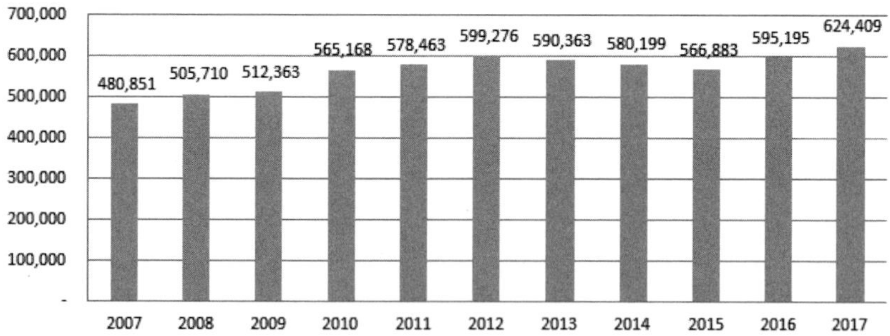

자료: 에너지경제연구원, 「2018_지역에너지통계」

그림 6-3-14. 광주 도시가스 소비량 (단위: 1,000m^3)

(4) 전남 도시가스 소비현황

전남의 도시가스 소비량은 2007년도 309,961천m^3에서 2017년 627,059천m^3로 약 102.3% 증가하였다. 2009년 대비 2010년 도시가스 소비량은 10.3%로 가장 높은 증가율을 보이며 2015년 대비 2016년 무연탄 소비량은 2.3%로 가장 높은 감소율을 보인다.

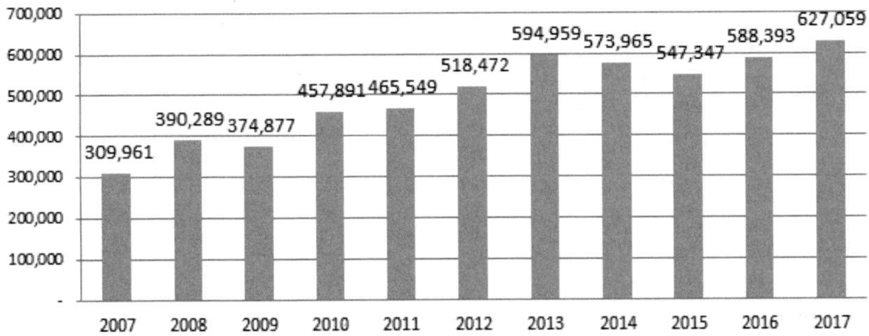

자료: 에너지경제연구원, 「2018_지역에너지통계」

그림 6-3-15. 전남 도시가스 소비량 (단위: 1,000m^3)

4) 전력 소비현황

(1) 전국 전력 소비현황

부문별 전력 소비현황을 살펴보면, 산업부문 비중이 가장 높고, 그 다음이 가정·상업, 공공·기타, 수송 순이다. 2007년 대비 2017년 전력 소비량 증가율은 26.7%이다. 우리나라의 경우 철강·석유화학·반도체 등 에너지 다소비 산업이 중심이기 때문에 산업용 전력 소비 비중이 타 부문에 비해 월등히 높다.

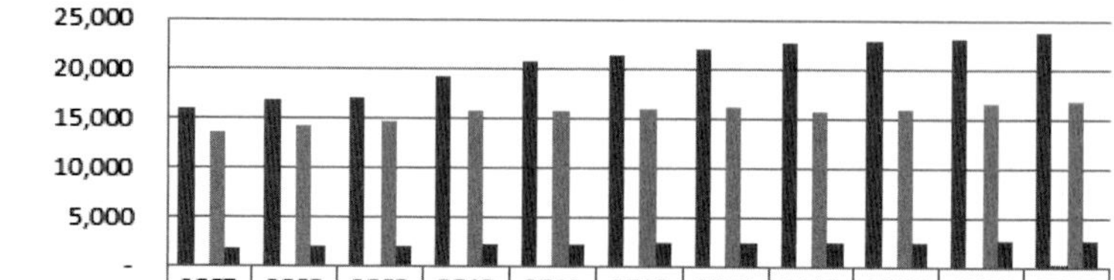

	2007	2008	2009	2010	2011	2012	2013	2014	2015	2016	2017
산업	16,01	16,73	17,00	19,19	20,83	21,42	22,08	22,75	22,84	23,21	23,79
수송	209	196	187	188	193	194	186	172	191	231	246
가정·상업	13,51	14,14	14,59	15,63	15,75	16,04	16,07	15,70	16,02	16,65	16,93
공공·기타	1,960	2,039	2,138	2,321	2,355	2,459	2,485	2,438	2,540	2,646	2,693

자료: 에너지경제연구원, 「2018_지역에너지통계」

그림 6-3-16. 전국 부문별 전력소비 (단위: 1,000TOE)

2017년도 전력 소비는 광주가 747천TOE, 전남이 2,886천TOE로 나타났고, 광주는 전체 광역시도 중에 15위, 전남은 6위를 차지하였다. 한편, 경기가 9,876천TOE로 1위, 충남이 4,315천TOE로 2위를 차지하였다.

표 6-3-5. 2017년도 전국 전력 소비량

(단위: 1,000TOE)

지역	전력 소비량
서울	3,981
부산	1,807
대구	1,323
인천	2,108
광주	747
대전	810
울산	2,718
세종	251
경기	9,876
강원	1,423
충북	2,136

지역	전력 소비량
충남	4,315
전북	1,961
전남	2,886
경북	3,909
경남	2,980
제주	433

자료: 에너지경제연구원, 「2018_지역에너지통계」

(2) 시 도별 전력 소비현황

시 도별 전력 소비를 보면, 가정·상업 부문에서의 전력 소비는 인구 밀집지역인 경기도, 서울, 부산 지역에서 많다. 산업부문의 소비는 발전소나 공장이 많은 경기, 충남, 경북, 전남 지역에서 소비가 많음을 확인 할 수 있다. 전력 소비가 가장 많은 지역은 경기도로 전체 전력 소비의 22%를 차지하고, 전력 소비가 가장 적은 지역은 세종시로 전체 전력 소비의 0.5%를 차지한다.

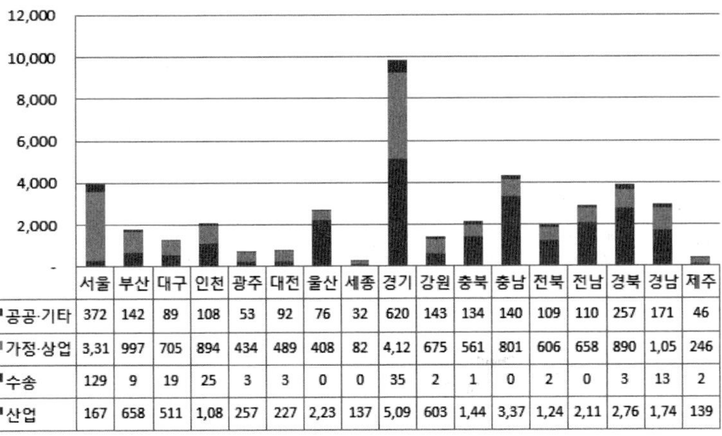

	서울	부산	대구	인천	광주	대전	울산	세종	경기	강원	충북	충남	전북	전남	경북	경남	제주
공공·기타	372	142	89	108	53	92	76	32	620	143	134	140	109	110	257	171	46
가정·상업	3,31	997	705	894	434	489	408	82	4,12	675	561	801	606	658	890	1,05	246
수송	129	9	19	25	3	3	0	0	35	2	1	0	2	0	3	13	2
산업	167	658	511	1,08	257	227	2,23	137	5,09	603	1,44	3,37	1,24	2,11	2,76	1,74	139

자료: 에너지경제연구원, 「2018_지역에너지통계」

그림 6-3-17. 시 도별 부문별 전력소비 (단위: 1,000TOE)

(3) 광주 전력 소비현황

광주의 전력 소비량을 보면, 2007년도의 6,804GWh에서 2017년도 8,683GWh로 약 27% 증가하였다. 2009년 대비 2010년 전력 소비 증가율은 9.6%로 가장 높은 증가율을 보인다.

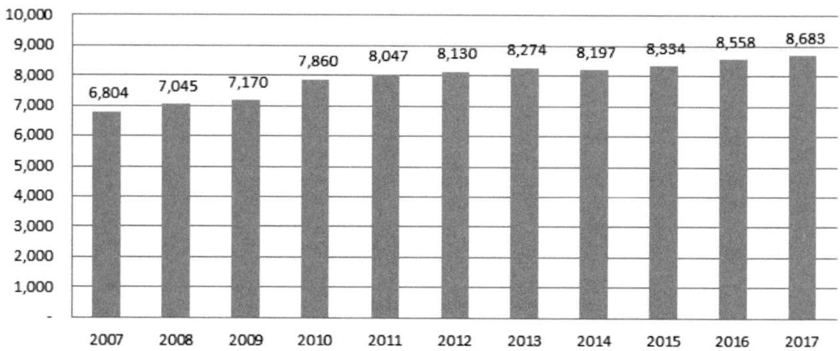

자료: 에너지경제연구원, 「2018_지역에너지통계」

그림 6-3-18. 광주 전력 소비량 (단위: GWh)

(4) 전남 전력 소비현황

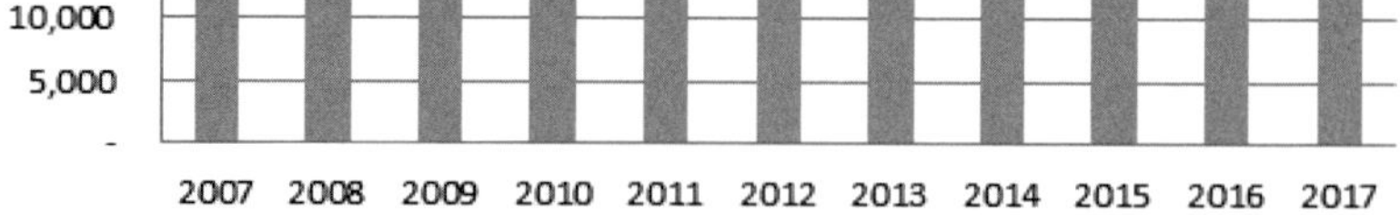

자료: 에너지경제연구원, 「2018_지역에너지통계」

그림 6-3-19. 전남 전력 소비량 (단위: GWh)

전남의 전력 소비량은 지속적인 증가추세를 보인다. 전력 소비량은 2007년 20,341GWh에서 2017년 33,562GWh로 64.9%로 꾸준히 증가하였으며 2008년 대비 2009년 전력 소비 증가율은 7.9%로 가장 높다. 전남의 전력 소비는 여수와 광양의 산업 단지가 상당부분을 차지한다.

3. 에너지 효율 및 절약 현황

1) 지역별 에너지 절약 현황

에너지 절약 현황을 보면, 전국 기준 2014년 약 1,821천TOE에서 2018년 약 2,233천TOE로 22.6% 증가했다. 광주의 에너지 절약 현황은 2014년 대비 2015년 에너지 절약은 7천TOE에서 28천TOE로 증가했지만, 2015년부터 감소하는 추세이다. 전남의 에너지 절약 현황은 2014년 282천TOE에서 2018년 166천TOE로 에너지 절약이 감소하였다. 2018년 기준 광주는 전국에서 10위, 전남은 5위를 차지했다.

표 6-3-6. 지역별 에너지 절약

(단위: 1,000TOE)

	2014	2015	2016	2017	2018
전국	1,821	1,864	1,861	1,816	2,233
서울	36	31	26	34	X
부산	17	7	5	44	61
대구	9	102	118	142	7
인천	108	6	6	13	125
광주	7	28	21	8	7
대전	7	142	213	146	5
울산	136	10	8	5	174
세종	13	21	23	17	X
경기	297	358	300	308	758
강원	81	74	102	98	151

	2014	2015	2016	2017	2018
충북	53	58	56	77	79
충남	395	533	345	332	331
전북	94	69	88	37	X
전남	282	210	207	201	166
경북	172	162	291	243	214
경남	114	49	47	106	66
제주	1	5	5	6	1

주: 특정 항목에 해당하는 사업장 수가 2개 이하 또는 연관관계로 인해 특정사업장을 식별할 수 있는 경우, 비밀보호를 위해 X표 처리

자료: 에너지경제연구원, 「2019_지역에너지통계」

2) 업종별 에너지 절감량 및 투자비

업종별 에너지 절감량 및 투자비를 살펴보면, 건물 업종을 제외하고는 에너지 절약시설 투자비와 절감량이 비례한다. 금속산업의 투자비는 1,975억원으로 세 번째로 투자비가 많고, 절감량은 472TOE로

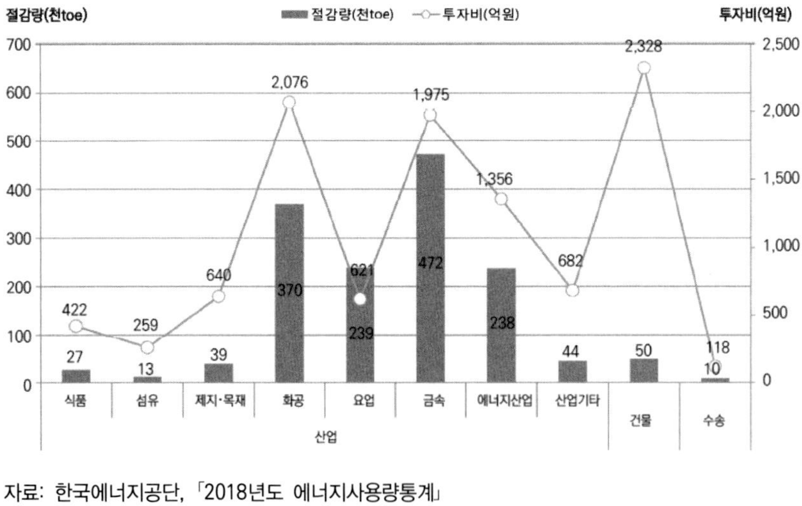

자료: 한국에너지공단, 「2018년도 에너지사용량통계」

그림 6-3-20. 업종별 절감량 및 투자비

가장 높다. 화공산업의 투자비는 2,076억원, 절감량은 370TOE로 모두 두 번째로 많다. 반면, 건물은 투자비는 2, 328억원으로 가장 많으나 절감량은 50TOE이다.

3) 에너지 다소비업체 에너지 소비

(1) 전국 에너지 다소비업체 현황

에너지 다소비업체 현황을 보면 2014년 광주는 387천TOE, 전남은 24,473TOE이고, 2018년 광주는 424천TOE, 전남은 26,471천TOE이다. 2018년 기준 광주는 14위, 전남은 2위를 차지하였다.

표 6-3-7. 에너지다소비업체 에너지 소비

(단위: 1000TOE)

	2014	2015	2016	2017	2018
전국	153,578	156,068	164,600	163,280	169,561
서울	1,551	2,619	2,685	2,569	0
부산	2,993	2,296	2,651	2,411	2,855
대구	796	1,273	1,337	1,261	1,254
인천	17,922	16,809	16,874	15,515	15,736
광주	387	447	434	436	424
대전	579	965	987	1,006	979
울산	11,800	11,634	12,525	12,086	13,654
세종	655	668	670	707	0
경기	11,629	15,322	16,581	17,399	19,711
강원	4,721	4,327	4,899	7,591	9,699
충북	2,637	2,860	3,056	3,031	3,024
충남	41,881	40,336	43,519	42,335	41,984
전북	3,354	3,205	4,084	3,709	0
전남	24,473	25,049	25,709	26,274	26,491
경북	12,368	12,316	12,580	12,156	12,539
경남	15,257	15,352	15,410	14,238	13,573
제주	576	591	599	556	426

자료: 에너지경제연구원, 「2019_지역에너지통계」

(2) 광주·전남 에너지 다소비업체 현황

광주의 에너지 다소비업체수는 2008년 52개에서 2018년 83개로 증가하였고, 전남의 에너지 다소비업체수는 2008년 101개에서 2018년 181개로 증가하였다. 광주와 전남 모두 2014년 대비 2015년 업체수가 큰 폭으로 증가하였다.

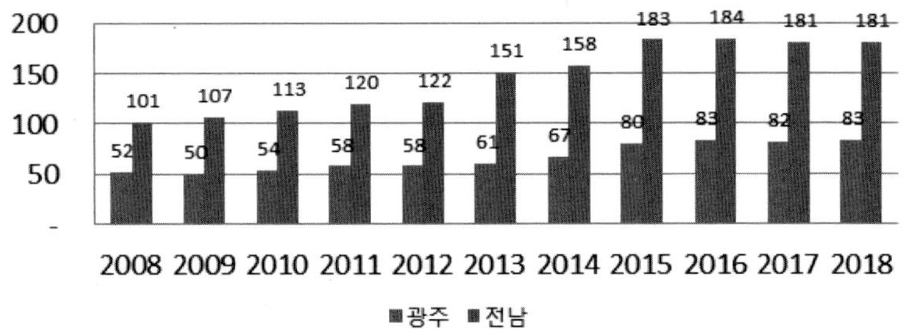

자료: 에너지경제연구원, 「2019_지역에너지통계」

그림 6-3-21. 광주 전남 에너지다소비업체 (단위: 업체수)

6-4 녹색기술 현황

1. 국가 신재생에너지 현황

1) 국가 신재생에너지 생산량

신재생에너지 생산량은 2007년 5,609천TOE에서 2018년 17,838천TOE로 218% 증가하였다. 또한 총 1차에너지 생산량은 2007년 236,678천TOE에서 2018년 307,501천TOE로 30% 증가하였다. 총 1차에너지 대비 신재생에너지 생산량은 2007년 2.4%였으나 2018년 5.8%로 증가하였다.

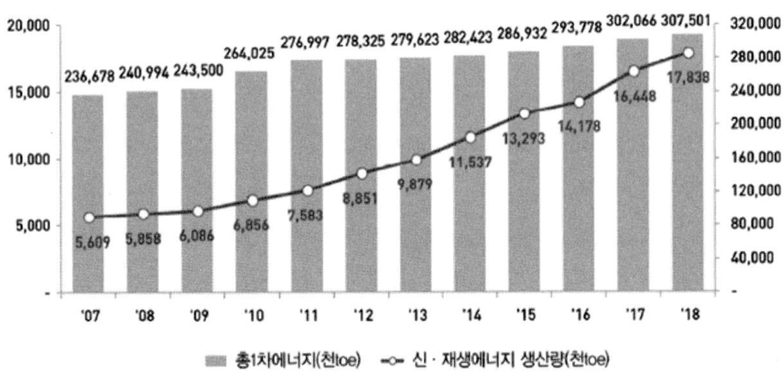

자료: 한국에너지공단 신재생에너지 센터 2018신재생에너지 보급통계

그림 6-4-1. 총 생산량 대비 신재생에너지 증가추이

2) 원별 발전량 비중

2018년 신재생에너지 원별 공급비중을 그림 6-4-2에서 살펴보면, 폐기물이 전체 신재생에너지의 46.2%를 차지하고 바이오가 17.8%, 태양광17.5%, 그 외 수력, 풍력 등이 약 19%를 차지한다.

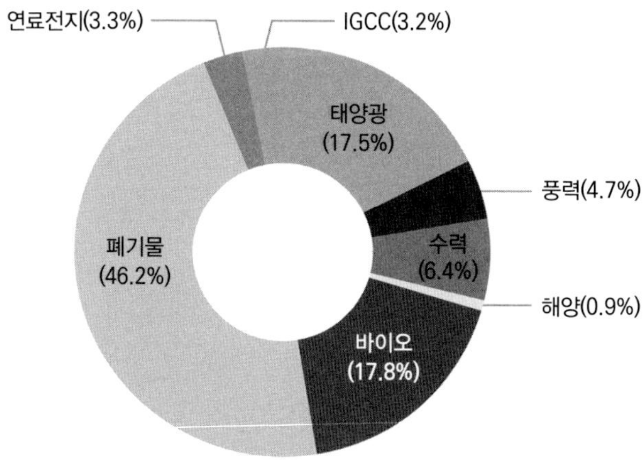

자료: 한국에너지공단 신재생에너지 센터 2018신재생에너지 보급통계

그림 6-4-2. 2018년 원별 발전량 비중 (단위: %)

3) 연도별 신재생에너지 생산량 추이

연도별 신재생에너지 생산량을 보면, 전체 생산량에서 폐기물이 차지하는 비중은 줄어들고 태양광과 바이오가 차지하는 비중이 커짐을 알 수 있다. 2007년도 신재생에너지는 폐기물, 수력, 바이오가 대부분인 반면, 2018년 신재생에너지는 태양광과 IGCC, 연료전지, 수열 등 신재생에너지 믹스가 다양해졌다.

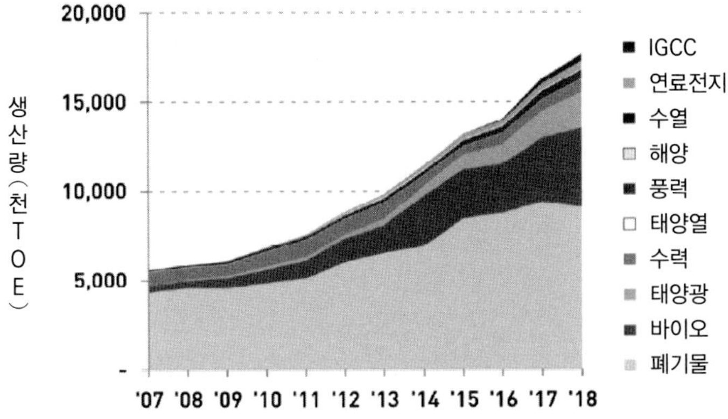

자료: 한국에너지공단 신재생에너지센터 2018신재생에너지 보급통계

그림 6-4-3. 연도별 신재생에너지 생산량 추이 (단위: 1,000TOE)

2. 지역별 신재생에너지 보급 현황

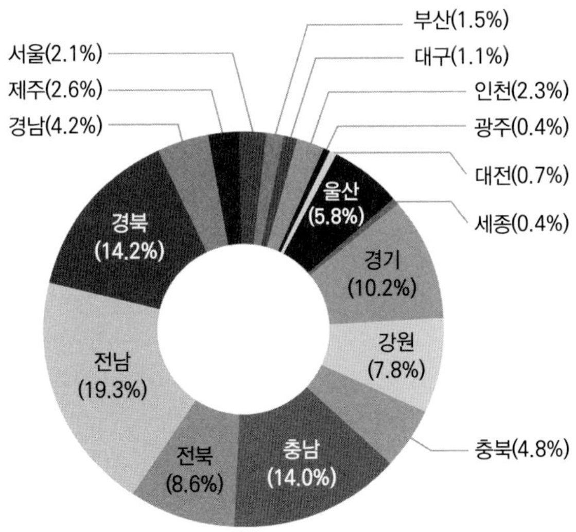

자료: 한국에너지공단 신재생에너지 센터 2018신재생에너지 보급통계

그림 6-4-4. 2018지역별 생산량 비중 (단위: %)

2018년 기준 지역별 생산량 비중을 보면, 전남이 19.3%로 가장 많고, 경북과 충남이 그 뒤를 잇는다. 전남은 일조량이 풍부하고, 다른 지역에 비해 토지 매입비용이 상대적으로 저렴해 태양광 등 신재생에너지 발전소가 집중되어있다. 한편, 광주의 신재생에너지 생산비중은 0.4%로 전국 시도 중 가장 낮다.

3. 신재생에너지 원별 생산량 현황

1) 태양에너지 현황

(1) 전국 태양에너지 생산량

태양광 및 태양열 생산량을 보면, 표 6-4-1에서 알 수 있듯이 지난 10년간 태양열 생산량은 점진적으로 감소 추세인 반면, 태양광 생산량은 사업용 태양광 생산량 증가로 2015년 이후 급증했다. 태양열은 2014년 28,458TOE에서 2018년 27,395TOE로 3.7% 감소했고, 태양광은 2008년 547,430TOE에서 2018년 1,977,148TOE로 261% 증가했다.

표 6-4-1. 태양광 태양열 생산량

(단위: TOE)

	2014	2015	2016	2017	2018
태양열	28,485	28,469	28,495	28,121	27,395
태양광	547,430	849,379	1,092,832	1,516,349	1,977,148
사업용	449,975	731,025	947,609	1,325,013	1,750,684
자가용	97,455	118,354	145,223	191,336	226,464

자료: 에너지경제연구원, 「2019_지역에너지통계」

(2) 지역별 태양에너지 생산량

2018년 시 도별 태양열 생산량을 보면 광주의 생산량은 654TOE,

전남의 생산량은 2,803TOE이며 전체 광역시도 중 광주는 14위, 전남은 5위를 차지하였다. 경남의 생산량은 3,963TOE로 가장 많고, 세종의 생산량은 127TOE로 가장 적다.

2018년 시 도별 태양광 생산량은 전남이 424,059TOE, 광주는 36,166TOE이며 전체 광역시도 중 광주는 10위, 전남은 1위를 차지하였다. 전북의 생산량은 333,308TOE로 두 번째로 생산량이 많고, 대전의 생산량은 11,602TOE로 가장 적다.

표 6-4-2. 2018년 시 도별 태양열과 태양광 생산량 비교

(단위: TOE)

	태양열 생산량	태양광 생산량
서울	775	29,072
부산	883	28,588
대구	1,022	20,048
인천	696	23,919
광주	654	36,166
대전	768	11,602
울산	385	12,695
세종	127	11,881
경기	2,887	129,476
강원	3,146	137,654
충북	1,194	106,437
충남	2,513	238,139
전북	1,300	333,308
전남	2,803	424,059
경북	3,881	242,091
경남	3,963	147,598
제주	401	44,414

자료: 에너지경제연구원, 「2019_지역에너지통계」

2) 바이오 및 폐기물 에너지 현황

(1) 전국 바이오에너지 생산량

바이오 에너지 생산량을 보면, 2014년 2,821,996천TOE에서 2018년 4,442,376천TOE로 57.4% 증가하였다. 세부적으로 보면, 바이오가스는 2014년 142,937천TOE에서 2018년 91,740천TOE로 35.8% 감소하였다. 매립지가스는 2014년 79,918천TOE에서 2018년 65,179천TOE로 18.4% 감소하였다. 바이오디젤은 2014년 387,699천TOE에서 2018년 683,234천TOE로 76.2% 증가하였다. 우드칩은 2014년 190,687TOE에서 2018년 140,232TOE로 26.5% 감소하였다. 성형탄은 2014년 24,927TOE에서 2018년 17,221TOE로 31% 감소하였다. 임산연료은 2014년 5,163TOE에서 2018년 674,167TOE로 12,957.7% 증가하였다. 목재펠릿은 2014년 795,215TOE에서 2018년 1,486,488TOE로 87% 증가하였다. 폐목재는 2014년 191,142TOE에서 2018년 73,771TOE로 61.4% 감소하였다. 흑액은 2014년 322,304TOE에서 2018년 218,902TOE로 32% 감소하였다. 하수슬러지 고형연료는 2014년 41,477TOE에서 2018년 114,451TOE로 175.9% 증가하였다. Bio-SRF는 2014년 527,270TOE에서 2018년 532,943로 1% 증가하였다. 바이오중유는 2014년 113,257TOE에서 2018년 344,048TOE로 203% 증가하였다.

바이오가스, 매립지가스, 우드칩, 성형탄, 폐목재, 흑액은 감소하는 추세이며 이 가운데 폐목재는 감소폭이 61.4%로 가장 크다. 바이오디젤, 임산연료, 목재펠릿, 하수슬러지고형연료, Bio-SRF, 바이오 중유는 증가하는 추세이며 이 가운데 임산연료, 하수슬러지 고형연료, 바이오 중유는 증가폭이 100% 이상으로 크게 증가하였다.

표 6-4-3. 전국 바이오에너지 생산량

(단위: 1,000TOE)

	2014	2015	2016	2017	2018
바이오	2,821,996	2,765,657	2,765,453	3,598,782	4,442,376
바이오가스	142,937	108,734	95,000	98,123	91,740
매립지가스	79,918	75,804	71,133	77,036	65,179
바이오디젤	387,699	441,345	442,859	428,053	683,234
우드칩	190,687	373,308	223,392	122,443	140,232
성형탄	24,927	15,828	15,432	15,663	17,221
임산연료	5,163	44,790	123,810	648,298	674,167
목재펠릿	795,215	823,763	817,172	1,099,049	1,486,488
폐목재	191,142	103,998	82,395	75,605	73,771
흑액	322,304	231,008	228,848	230,016	218,902
하수슬러지고형연료	41,477	78,484	77,843	100,749	114,451
Bio-SRF	527,270	208,392	281,394	437,734	532,943
바이오중유	113,257	260,203	306,175	266,012	344,048

자료: 에너지경제연구원, 「2019_지역에너지통계」

(2) 광주·전남 바이오 및 폐기물 생산량

광주의 바이오 생산량은 28,716TOE이며 그 중 바이오디젤이 약 65%를 차지하고, 이어 바이오가스, 임산연료, 매립가스, 성형탄 순이다. 광주의 폐기물 생산량은 8,119TOE이며, 모두 산업폐기물이다. 전남의 바이오에너지 생산량은 237,545TOE로 그 중 목재펠릿이 약 60%를 차지하고, 그 다음 임산연료, 바이오디젤, Bio-SRF순이다. 전남의 폐기물 생산량은 2,634,148TOE이며 그 중 폐가스가 약 90%를 차지한다.

표 6-4-4. 2018년도 바이오 및 폐기물 생산량

(단위: TOE)

	전국	광주	전남
바이오	4,442,376	28,716	237,545
바이오가스	91,740	6,369	682
매립지가스	65,179	618	1,341
바이오디젤	683,234	18,638	35,900
우드칩	140,232	-	322
성형탄	17,221	487	677
임산연료	674,167	2,603	53,285
목재펠릿	1,486,488		142,498
폐목재	73,771	-	635
Bio-SRF	532,943	-	2,205
폐기물	9,084,212	8,119	2,634,148
폐가스	5,628,536	-	2,347,848
산업폐기물	944,887	8,119	45,548
생활폐기물	994,424	-	18,879
시멘트킬른보조연료	626,621	-	8,250
SRF	695,021	-	213,623

자료: 에너지경제연구원, 「2019_지역에너지통계」

3) 풍력, 수력, 지열, 수열, 연료전지, 현황

(1) 전국 풍력, 수력, 지열, 수열, 연료전지 생산량

풍력의 생산량은 2014년 241,847TOE에서 2018년 525,188TOE로 117% 증가하였다. 수력의 생산량은 2014년 581,186TOE에서 2018년 718,787TOE로 24% 증가하였다. 지열의 생산량은 2014년 108,472TOE에서 2018년 205,464TOE로 89% 증가하였다. 수열의 생산량은 2014년에는 전무하지만, 2018년 14,725TOE이다. 연료전지 생산량은 2014

년 199,369TOE에서 2018년 376,304TOE로 88% 증가하였다. 신재생에너지 모두 5년간 지속적으로 증가하였는데, 이는 2030년까지 재생에너지 비중을 20%로 높인다는 '신재생에너지 3020' 아젠다와 상응한다.

표 6-4-5. 풍력, 수력, 지열, 수열, 연료전지 생산량

(단위: TOE)

	2014	2015	2016	2017	2018
풍력	241,847	283,455	355,340	462,162	525,188
수력	581,186	453,787	603,244	600,690	718,787
지열	108,472	135,046	162,047	183,922	205,464
수열	0	4,791	5,989	7,941	14,725
연료전지	199,369	230,173	241,616	313,303	376,304

자료: 에너지경제연구원, 「2019_지역에너지통계」

(2) 광주 전남 풍력, 수력, 지열, 수열, 연료전지 현황

2018년 광주의 신재생에너지 생산량은 지열이 3,403TOE로 가장 많고 이어 수력이 1,937TOE, 연료전지가 547TOE이며 풍력과 수열의 생산량은 전무하다. 2018년 전남의 신재생에너지 생산량은 풍력이 65,397TOE로 가장 많고 연료전지 22,847TOE, 지열 14,542TOE, 수력 14,266TOE, 수열 4,143TOE 순이다. 전남의 풍력 생산량은 전국 생산량의 14%를 차지하는 데, 이는 신안 풍력 발전소, 영광 풍력 발전소의 운영에 기인한다.

표 6-4-6. 광주·전남 풍력, 수력, 지열, 수열, 연료전지 생산량

(단위: TOE)

	전국	광주	전남
풍력	462,162	0	65,397
수력	600,690	1,937	14,266
지열	183,922	3,403	14,542
수열	7,941	-	4,143
연료전지	313,303	547	22,847

자료: 에너지경제연구원, 「2019_지역에너지통계」

6-5 환경 및 에너지 분야 과제

우선 환경 분야의 경우 온실가스 배출량 현황과 주요 대기오염물질 배출 현황을 중심으로 살펴보았다. 특히 최근 몇 년 사이에 수도권뿐만 아니라 전국적으로 미세먼지 문제가 심각해지면서 그 원인이 비단 중국 발 황사뿐만 아니라 국내 배출원 증가도 중요한 원인일 수 있다는 전문가들의 주장이 제기되었다. 이에 따라 2016년 5월부터 정부는 미세먼지 종합대책을 수립하기 위해 부처간 조정회의와 전문가 자문을 통해 미세먼지 주요 배출원으로 경유 차량 증가, 석탄화력 발전량 증가, 황사일수의 증가 등으로 판단하였다. 2019년 환경부의 발표에 따르면, 2014년 기준 국내 초미세먼지(PM2.5) 배출량은 324,109톤으로, 정부는 2022년까지 초미세먼지 배출량의 30.5%를 감축할 계획이다. 국내 발전부문의 초미세먼지 기여도는 15.2%로 추정된다. 발전부문 대부분의 배출원은 석탄화력발전소이며, 직접적인 출력 감소와 간접적으로는 태양광, 풍력 등 신재생에너지로의 대체 방안이 있다. 초미세먼지 배출량은 직접 배출량 이외에도 아황산가스(SOx), 질소산화물(NOx), 휘발성유기화합물(VOC)로부터 2차적으로 생성되는 배출량을 합산하여 산출된다.

미세먼지 저감 정책으로 10년 이상 된 경유 차량의 폐차비 지원 및 신규 저공해차 교체 시 개별소비세 인하, 노후 석탄화력 발전소 폐지,

전기차 및 수소 연료전지차 조기 보급, 친환경 건축물 확산, 스마트 도시사업 확대, 황사문제 해결을 위한 주변국과 환경협력 강화 등을 제시한 바 있다(배정환, 김유선, 2016).

한편 광주광역시의 대기오염물질 배출량을 살펴보면 대체로 타 광역시에 비해 배출량이 낮은 편이며, 전남지역은 대체로 타 시도에 비해 높은 편이다. 이는 전남지역에 여수 산단과 광양 산단 등 대기오염원이 집중되어 있기 때문으로 보이며, 향후 이들 산단에서의 대기오염물질 배출 규제 강화 및 친환경 기술 투자를 유도하기 위한 지자체와 기업, 연구소의 협력이 필요하다. 향후 광주 및 전남지역의 미세먼지 배출요인에 대한 보다 정밀한 분석이 요구되며, 이러한 분석에 기초하여 가정, 상업, 산업, 공공, 농업, 폐기물 등 분야별 대응 방안을 지역 차원에서 강구할 필요가 있을 것이다.

온실가스 배출 분야의 경우 우리나라는 2015년에 체결된 파리 기후변화 당사국 총회에서 2030년까지 기준안(BaU) 대비 37%를 감축하겠다고 선언하였다. 이를 위해 국가 온실가스 로드맵에서는 산업부문은 20.5%, 건물 32.7%, 수송 29.3%, 폐기물 28.9%, 공공 25.3%, 농축산 7.9%, 탈루 30.5%를 감축 목표로 설정하였다. 부문별 감축을 위한 주요 이행 수단으로는 전환(발전), 에너지 신산업, 산림흡수, 국외감축(국제 온실가스 배출권 구매) 등으로 구분된다. 광주광역시는 광역시 가운데 온실가스 배출량이 가장 낮은 것으로 나타나며, 전남은 가장 높은 지역 가운데 하나이다. 이는 광주시에 비해 전남이 산업단지가 발달해 있고, 이들 산단에서 온실가스가 많이 배출되기 때문인 것으로 보인다. 향후 온실가스 저감을 위해 온실가스 저감 기술 개발 및 투자를 유도해야 할 것이고, 지자체와 산학연이 협력하여 산업생태단지 조성, 에너지 신산업 클러스터 조성 등 온실가스 저감방안을 적극적으로 고민할 필요가 있다.

대기오염배출과 온실가스 배출을 저감하기 위한 에너지 분야 해결 방안으로 거론되는 주요 수단은 에너지 절약과 화석에너지의 신재생에너지로의 대체가 있다. 광주는 타 지역에 비해 대체로 화석에너지 사용량이 낮은 편이지만, 전남은 지속적으로 화석에너지 사용량이 증가해 왔다. 또한 광주와 전남은 청정에너지인 도시가스 소비가 타 지역에 비해 낮은 편에 속한다. 전력 소비량에서는 광주는 타 지자체에 비해 낮은 편이나, 전남은 상위권에 속한다. 에너지 절약의 경우 광주는 2016년까지 높은 편이었으나 그 이후 큰 폭으로 감소하였고, 전남도 최근에 지속적으로 감소하는 것으로 나타났다. 광주의 경우 탄소은행제를 지금까지 운영해왔고, 제도 운영 초중반까지는 전기와 수도, 도시가스 절감을 통해 탄소 포인트를 지속적으로 제공함으로써 절감유인이 존재했으나, 시간이 지나면서 절감 수단이나 인센티브가 약화되고 있다. 최근에 정부에서는 '에너지 쉼표'라는 국민DR (Demand Response)제도를 시작했는데, 이는 전기 사용자가 자발적으로 전기를 절약하면 절약한 만큼 전기요금을 되돌려주는 제도이다. 광주와 전남에서 이 제도에 적극적으로 참여한다면 에너지 절감 효과가 다시 반등할 수 있을 것으로 기대된다.

한편 신재생에너지는 화석에너지 대체, 에너지 안보, 기후변화 대응, 대기오염저감과 같은 다양한 정책목표를 갖고 있고, 정부는 2030년까지 신재생에너지 비중을 일차에너지 공급량의 20% 까지 확대하고자 한다. 2018년 기준 정부의 신재생에너지 지원사업 규모는 2조 6천억 원으로 추산되며, 2017년 기준 신재생에너지 총생산량은 16,448천TOE로 일차에너지 생산량의 5.45%에 해당된다. 광주의 신재생에너지 보급량은 하위권인 반면에 전남은 전국 1위를 차지하고 있다는 점에서 광주의 신재생에너지 생산량을 확대하기 위한 정책과 프로그램이 필요한 것으로 보인다. 대부분의 광역시와 마찬가지로 광주도

태양광이나 풍력과 같은 설비의 입지여건이 좋지 않기 때문에 좁은 면적에 설치 가능한 신재생에너지 설비를 고민할 필요가 있다. 미니 태양광 사업이나 커뮤니티 솔라 사업 등 소규모 태양광 사업 중심으로 하되 일차적으로는 자가 발전용으로 하는 분산 시스템을 지향해야 할 것이고, 이차적으로는 1MW 용량 이하의 소규모 발전소를 일정 규모 (10MW) 이상의 용량으로 모집하여 가상발전소(VPP: Virtual Power Plant)를 통해 집합발전을 하는 전력거래소의 중개거래시장을 활용할 필요가 있다고 판단된다.

향후 신재생에너지 및 에너지절약사업 분야는 중앙정부에서 역점 추진사업으로 지속적으로 투자가 확대될 것으로 보이기 때문에 광주와 전남이 공동으로 에너지공사를 설립하고 관련 사업들을 통합 관리할 필요도 있을 것으로 보인다. 서울의 경우 서울에너지공사를 통해 각종 신재생에너지사업과 에너지수요관리사업을 통합적으로 관리하고 있다는 점에서 좋은 벤치마킹 대상이라고 판단된다. 에너지 기술 혁신이나 혁신적인 제도에 앞서 무엇보다도 광주와 전남 시민들이 환경문제와 기후변화 문제에 적극적으로 관심을 가지고, 이를 해결하기 위해 협력하는 것이 중요하며 향후 환경, 기후, 에너지 분야에 대한 교육과 홍보에 지자체가 보다 체계적이고, 적극적인 투자가 요구된다.

참고문헌

모수원 외, “광주와 전남의 산업경쟁력 분석”, 『산업경제연구』, 제30권 제2호, 2017, pp.445-460.

배정환·김유선, “우리나라 대기오염배출원인과 저감정책효과 분석”, 『자원환경경제연구』, 제25권 제4호, 2016, pp.545-564.

에너지경제연구원, 2016, 『우리나라 가스산업 개요』.

에너지경제연구원, 2018, 『2018_지역에너지통계』.

에너지경제연구원, 2019, 『2019_지역에너지통계』.

에너지경제연구원, 2018, 『2018_장기에너지전망』.

에너지경제연구원, 2019, 『2018 지역별 전력수급 현황』.

한국에너지공단, 2015, 『국내 전력 소비 패턴의구조적 변화 및 변화요인 분석』.

한국에너지공단, 2019, 『2018년도 에너지사용량통계』.

한국에너지공단, 2019, 『2018 신재생에너지 보급통계』.

한국환경공단, 2019, 『2018년 국가 온실가스 인벤토리 보고서』.

환경부, 2016, 『대기오염물질배출량』.

제7장

광주·전남지역 경제 발전을 위한 금융의 역할

구재운(전남대학교 경제학부)

금융과 실물부문은 밀접하게 연관되어 있다. 특히 금융 발달이 실물경제의 성장에 미치는 긍정적인 효과는 국내외의 많은 연구에서 입증된 바 있다. 본 장은 광주·전남의 금융 현황을 개관하고 지역금융의 발달이 지역경제의 성장에 미치는 효과를 분석하고자 한다. 또한 금융발달을 촉진하여 지역경제의 성장을 도모하기 위한 정책을 제안한다.

7-1 경제 발전을 위한 금융의 역할

금융과 실물경제는 밀접하게 연관되어 있다. 금융발달은 장기 경제성장에 긍정적인 영향을 미치며 경제주체의 금융상태는 경기변동의 파급과정에서 중요한 역할을 한다. 이 장에서는 장기와 단기로 나누어 금융이 생산, 고용 등 실물경제와 어떻게 관련되어 있는지를 분석한다.

1. 경제성장에 미치는 장기 효과

Patrick(1966)은 금융발달과 경제성장 사이의 인과 관계를 두 가지 유형으로 구분하였다. 공급 선도형(supply-leading)은 금융발달이 경제성장을 선도하는 유형이고, 수요 추종형(demand-following)은 실물 경제의 성장에 따라 금융발달이 추종하는 유형이다. 양자 사이에 상관관계는 분명히 존재하나 인과성(causality)은 명확하지 않다.

최근의 연구 동향은 금융발달이 경제성장에 미치는 긍정적인 영향을 이론 및 실증으로 규명하는 데에 집중된다. 이론적인 측면에서 보면, 금융발달은 저축률의 제고, 투자 효율성의 증진, 위험관리 수단의 제공, 경영의 통제 및 교환의 촉진 등 5가지 기능을 통해 경제성장을 촉진한다.[1] 실증연구 분야에서는 King and Levine(1993)의 국가 패널 자료를 이용한 연구를 시작으로 국내외에서 수많은 연구가 발표되었다. 대부분 연구의 주요 결과는 금융발달 수준이 높은 국가일수록 경제 성장률이 높다는 점에 일치한다.

금융발달과 경제성장 사이에 존재하는 양의 관계가 지역 경제 단위에서도 성립하는가를 조사한 연구도 있다. 특히 저개발 지역의 발전 정책으로 금융의 지역경제 성장 효과에 주목할 수 있다. 한 국가 내의 지역들은 비교적 동일한 법·규제, 거시경제정책과 기술수준의 영향을 받는다. 따라서 지역 자료를 이용한 추정 방법은 금융발달 외 다양한 경제성장 요인의 통제(control)의 실패로 발생하는 오류를 줄일 수 있다. 그러나 금융의 개방성, 즉 금융의 수요와 공급이 지역 내에 제한되어 있지 않으므로 지역의 금융발달 수준을 측정하는 데에 애로가 있다. 최근 들어 정보통신기술의 급속한 발전으로 금융기관의 비대면 대출이 증가하고 있다는 점도 금융의 지역성(locality)에 대해 의구심이 들게 한다. 그러나 지역 내에서 주로 금융행위를 하는 경제주체나 금융기관이 상당 수 실재하므로 지역금융이 지역경제에 미치는 영향을 과소 평가할 수 없다는 반론을 제기할 수 있다.[2] 실제로 국내외의 많은 지역 연구에서 금융발달 수준과 경제성장 사이의 연관성이 발견된다.[3]

이와 같이 금융발달과 경제성장 사이에 존재하는 밀접한 연관성은 다양한 연구에서 상당한 정도로 입증되었다고 볼 수 있다. 그러나 최근에는 양자 사이의 관계가 명확하지 않다는 연구 결과가 보고되고 있다. 몇몇 실증 연구는 금융발달 수준과 경제성장률 사이의 비선형

1) 구체적인 내용은 Levine(2005)에 정리되어 있다.

2) 구재운·문호성(2003)은 금융이 불완전하지만 어느 정도의 지역성은 갖고 있다는 점을 이론 및 실증으로 설명하였다.

3) 구재운(2005)은 패널 인과성 검증법을 이용하여 한국의 지역금융이 지역경제의 성장에 인과적인 영향을 미친다는 실증을 발견하였다.

관계나 문턱점(threshold)의 존재 등을 보고하였다. 금융발달이 지속적으로 성장을 견인하지 않고 일정 문턱점 이상의 금융이 공급되면 오히려 성장에 부정적인 영향을 미친다는 것이다.

금융발달과 경제성장 사이의 실증적 관계가 불명확해짐에 따라 금융발달 지표를 다르게 정의할 필요가 커졌다. 금융발달 수준은 King and Levine(1993) 이래 전통적으로 신용액의 생산액에 대한 비율로 측정해 왔다. 즉 실물부문에 비해 금융부문이 상대적으로 커지면 금융발달 수준이 높아졌다고 정의한다. 그러나 이 지표는 금융의 양(quantity)을 측정하는 데에는 적절하나 금융의 질(quality)을 제대로 측정한다고 보기 어렵다. 금융의 단순한 양적 팽창을 금융발달이라고 정의하는 것은 수용하기 어렵다. Masih and Khan(2011)의 연구 결과를 보면 금융발달의 측정 방법에 따라 양 변수 사이의 관련성이 다르게 나타난다.

이론 및 실증 관점에서 전통적인 금융발달 지표의 적절성에 대해서 비판이 제기됨에 따라 최근에는 금융의 질적 발달을 측정하기 위해 금융서비스에 대한 접근성이나 기업대출비율 등을 사용하는 연구가 증가하고 있다. 총대출 중 기업대출의 비율이 경제성장과 관련이 깊다는 Beck et. al(2012)의 연구를 들 수 있다. 또한 Hasan, Koetter and Wedow(2009)는 은행의 기술적 효율성(technical efficiency)을 추정하여 금융발달 지표로 사용한 바 있다. 구재운·배진성(2017)도 은행 효율성이 한국의 지역경제 성장률에 긍정적인 영향을 미쳤다고 주장하였다.

결론적으로 국가나 지역 경제 단위에서 금융발달이 경제성장과 깊은 연관성을 갖는 것은 분명하다. 다만, 금융발달 지표나 계량분석방법에 따라 인과성이나 연관성의 유형이 다르게 추정될 수 있다.

2. 경기에 미치는 단기 효과

경제 내에 충격이 발생하면 경기변동이 뒤따른다. 통화정책이나 재정정책의 변동, 투자 환경의 변화, 무역 여건의 변화 또는 소비심리의 변화는 대표적인 수요 충격이다. 공급 측면에서도 석유가격의 상승이나 기술혁신 등 충격이 발생할 수 있다. 이러한 충격들이 고용이나 생산에 영향을 미치는 파급 과정에서 금융이 중요한 역할을 담당하게 된다.

경제주체가 금융제약(financial constraints)을 받고 있으면 충격의 파급효과가 커진다.[4] 예를 들어 중앙은행이 긴축적인 통화정책을 시행한다고 하자. 금리가 상승하면 소비나 투자가 위축된다. 이때 경제주체가 금융제약을 크게 받고 있을수록 소비나 투자의 감소가 더 크게 발생하므로 경기 침체가 더욱 심각해진다. 부정적 충격에 대응하여 금융제약 하의 소비자는 소비를 크게 줄이게 된다.[5] 기업도 금융제약 때문에 투자가 제약된 상태에 있으므로 부정적 충격은 투자를 더욱 크게 감소시키게 된다. 경기 확장기에는 반대의 효과가 발생하나 소비, 투자에 미치는 영향은 크지 않을 수 있다. 따라서 금융제약이 존재할 때 충격이 경기에 미치는 효과는 비대칭적일 수 있다. 특히 금융이 제약될수록 부정적 충격이 경기를 더욱 악화시킬 가능성에 주목해야 한다.

---

4) 금융 거래의 당사자 사이에 비대칭 정보(asymmetric information)가 존재하면 금융제약이 발생한다. 일반적으로 대부자는 차입자의 정보에 대해 열위의 입장에 있다. 이 때 역선택과 도덕적 해이가 발생할 수 있고 대부자가 그것을 우려하면 금융 거래가 성사되기 어렵다. 따라서 차입자는 원하는 시점에, 원하는 크기의 차입을 할 수 없게 되고, 그것을 금융제약이라고 말한다.

5) 구재운·배진성(2019)에 따르면 가계 부채가 많은 지역일수록 소비가 위축될 가능성이 높다.

금융제약의 정도를 측정하기는 쉽지 않다. 가계나 기업의 재무상태(financial position)가 제약을 결정한다. 일반적으로 소기업이 대기업보다 금융제약에 처할 가능성이 높으므로 소기업 비율을 사용하기도 한다. 가계의 부채 상태도 가계의 금융제약 지표로 활용할 수 있으며, 지역 내 경제주체의 금융에 대한 접근성(accessibility)의 대용 변수로 인구 당 금융기관 점포 수를 사용할 수 있다.

7-2 광주·전남의 금융 현황

광주·전남의 금융 현황을 파악하기 위해 금융기관의 여수신 현황을 표 7-2-1에 정리하였다. 예금은행과 비은행금융기관으로 구분하여 지역간 그리고 시점간 비교를 하였다. 지역은 광역자치단체를 기준으로 16개 지역으로 구분하였고 글로벌 금융위기 직후인 2009년도와 최근 2019년도를 비교하였다. 2009년부터 2019년 동안 광주의 예금 증가율은 연 6.55퍼센트로 전국 평균 7.82퍼센트에 비해 다소 낮은 편이다. 전남의 예금 잔액 역시 연평균 증가율이 전국 평균에 미치지 못한다. 반면에, 대출은 광주·전남 모두 전국 평균보다 높은 증가율을 보이고 있다.[6]

표 7-2-1. 지역별 예금은행과 비은행금융기관의 여수신 현황

(단위: 십억원, %)

구분	예금잔액				대출잔액			
	2009 (a)	2019 (b)	증감 (b−a)	연평균 증가율	2009 (a)	2019 (b)	증감 (b−a)	연평균 증가율
서울	810,583	1,849,227	1,038,644	8.64	506,270	780,372	274,102	4.45
부산	91,207	162,488	71,281	5.98	75,568	152,513	76,946	7.31

6) 이 통계는 자금의 지역외 유출이라는 일반적 주장과 다르다는 점에 유의해야 한다.

구분	예금잔액				대출잔액			
	2009 (a)	2019 (b)	증감 (b-a)	연평균 증가율	2009 (a)	2019 (b)	증감 (b-a)	연평균 증가율
대구	56,405	105,898	49,493	6.53	47,752	107,956	60,204	8.55
인천	48,091	91,371	43,280	6.66	62,519	116,195	53,676	6.42
광주	30,674	57,689	27,015	6.55	26,401	53,593	27,192	7.38
대전	36,933	68,547	31,614	6.41	24,743	50,929	26,186	7.50
울산	24,834	43,028	18,194	5.67	20,582	42,604	22,022	7.59
경기	221,041	449,858	228,817	7.39	264,913	491,712	226,799	6.40
강원	27,748	58,035	30,287	7.79	18,896	37,490	18,594	7.11
충북	29,113	57,478	28,366	7.05	22,667	47,043	24,376	7.60
충남	39,220	74,844	35,623	6.70	36,705	65,902	29,198	6.07
전북	36,819	79,230	42,411	8.05	26,999	55,660	28,662	7.52
전남	37,374	70,131	32,757	6.53	23,436	47,334	23,898	7.30
경북	52,626	100,115	47,489	6.65	34,960	79,023	44,064	8.54
경남	65,525	118,888	53,364	6.15	59,001	120,082	61,081	7.41
제주	12,774	30,097	17,323	9.00	9,939	31,111	21,172	12.31
전국	1,620,966	3,433,832	1,812,866	7.82	1,261,350	2,291,773	1,030,423	6.17

주1: 예금은행 및 비은행금융기관의 해당연도말 잔액 합계, 2019년 세종 제외
주2: 연평균증가율은 2009년을 시작으로 2019년까지 연도별 증가율의 평균값
자료: 한국은행 경제통계시스템

대출 중 기업대출이 생산에 미치는 효과가 더 크므로 대출의 세부 변화를 표 7-2-2에 제시하였다. 광주·전남 모두 2013년 대비 2019년의 기업대출 증가율이 전국 평균 이상이다. 자료의 한계로 시작년도는 2013년이다. 광주의 기업대출은 6년 동안 70.8퍼센트, 전남은 79.4퍼센트 증가하여 전국 평균 58.4퍼센트를 상회한다.

2019년도 기업대출의 비중을 보면 광주는 46.8퍼센트, 전남은 44.2퍼센트로 전국 평균 48.8퍼센트보다 낮다. 기업대출 비중이 높은 지역은 서울 부산 대구 등으로 대기업의 본사가 주로 대도시에 위치하고

있다는 점을 고려해야 할 것이다. 광주·전남의 기업대출이 과거 6년 동안 각각 9.40퍼센트, 10.25퍼센트로 크게 증가하였으나 총대출 중 기업대출이 차지하는 비율은 아직도 전국 평균 이하라고 볼 수 있다.

표 7-2-2. 지역별 예금은행과 비은행금융기관의 기업대출 현황

(단위: 십억원, %)

구분	2013		2019		연평균증가율
서울	301,174	(53.1)	418,902	(53.7)	5.67
부산	48,945	(51.6)	80,302	(52.7)	8.70
대구	31,247	(50.3)	58,382	(54.1)	10.98
인천	31,357	(41.0)	54,560	(47.0)	9.71
광주	14,689	(44.6)	25,086	(46.8)	9.40
대전	11,867	(35.3)	22,077	(43.3)	10.91
울산	13,015	(44.7)	19,759	(46.4)	7.22
경기	122,416	(39.3)	214,459	(43.6)	9.81
강원	7,103	(30.8)	13,769	(36.7)	11.67
충북	12,078	(40.8)	21,041	(44.7)	9.73
충남	16,142	(37.8)	29,794	(45.2)	10.78
전북	14,927	(41.5)	26,245	(47.2)	9.89
전남	11,676	(39.6)	20,944	(44.2)	10.25
경북	21,713	(45.7)	37,842	(47.9)	9.71
경남	40,888	(49.6)	58,203	(48.5)	6.07
제주	5,814	(46.1)	13,056	(42.0)	14.46
전국	705,835	(46.6)	1,118,013	(48.8)	7.97

주1: 예금은행 및 비은행금융기관의 해당연도말 잔액 합계, 2019년 세종 제외
주2: ( )는 해당연도 총대출 중 기업대출이 차지하는 비중
주3: 연평균증가율은 2014년부터 2019년까지 연도별 증가율의 평균값
자료: 한국은행 경제통계시스템

표 7-2-3은 가계대출 현황을 요약하고 있다. 광주·전남 모두 가계대출 증가율이 전국 평균 이상이다. 가계대출 중 주택담보대출 증가율은

더욱 크다. 과거 10년 동안 주택담보대출이 전국적으로 연 6.79퍼센트 증가하였으나 광주는 8.98퍼센트, 전남은 10.38퍼센트 증가하였다.

요약하면, 광주·전남의 예금 증가율은 전국 평균 이하이나 대출 증가율은 전국 평균 이상이며, 기업대출과 가계대출 모두 다른 지역에 비해 크게 증가하였다. 그러나 기업대출비중은 광주·전남 모두 전국 평균 이하이다.

표 7-2-3. 지역별 예금은행과 비은행금융기관의 가계대출 현황

(단위: 십억원, %)

구분	가계대출					
				주택담보대출		
	2009	2019	연평균증가율	2009	2019	연평균증가율
서울	182,793	323,097	5.73	118,430	194,202	5.27
부산	28,417	66,098	8.22	18,542	45,931	9.01
대구	19,457	43,468	7.78	12,784	28,333	7.81
인천	32,195	58,621	7.04	23,204	41,539	7.27
광주	11,833	25,969	7.75	6,913	16,141	8.98
대전	13,056	26,557	7.09	7,692	15,496	7.37
울산	9,887	21,601	7.78	5,585	11,273	6.97
경기	145,697	268,021	7.05	96,941	173,056	6.71
강원	10,311	21,476	6.95	3,979	8,775	7.39
충북	10,386	23,179	7.91	5,044	9,890	6.80
충남	19,474	33,611	5.80	8,429	14,085	6.00
전북	12,052	26,176	7.94	5,593	11,194	7.96
전남	10,213	23,892	8.59	3,603	8,927	10.38
경북	16,266	39,317	8.73	6,761	16,131	8.82
경남	23,754	58,561	8.76	11,285	28,403	9.07
제주	3,971	16,409	14.15	1,122	5,130	15.21
전국	549,760	1,083,982	7.02	335,906	633,745	6.79

주1: 예금은행 및 비은행금융기관의 해당연도말 잔액 합계, 2019년 세종 제외
주2: 연평균증가율은 2009년부터 2019년까지 연도별 증가율의 평균값
자료: 한국은행 경제통계시스템

표 7-2-4는 각 지역에서 금융 및 보험업의 중요성을 분석하기 위해 전산업 대비 금융 및 보험업의 부가가치 비율을 제시하고 있다. 전국적으로는 2009년도에 금융 및 보험업은 5.9퍼센트를 차지했으나 2018년도에는 5.5퍼센트로 다소 감소하였다. 광주는 전국 평균 이상으로 6.2퍼센트로 거의 변화가 없으며 전남은 2.7퍼센트로 매우 낮다. 서울이 11.4퍼센트로 가장 높고, 대도시일수록 금융산업의 비중이 크다.

표 7-2-4. 지역별 금융 및 보험업의 부가가치액의 변화

(단위: 십억원, %)

구분	2009			2018			증가율
	금융 및 보험업		전산업	금융 및 보험업		전산업	
서울	33,426	(11.4)	293,694	48,353	(11.4)	422,395	44.7
부산	4,217	(6.6)	63,676	6,127	(6.8)	89,726	45.3
대구	2,704	(7.1)	37,944	3,903	(6.9)	56,669	44.4
인천	2,598	(4.6)	56,345	3,595	(4.1)	88,390	38.4
광주	1,563	(6.2)	25,191	2,415	(6.1)	39,815	54.5
대전	1,602	(5.7)	27,928	2,243	(5.4)	41,188	40.0
울산	1,102	(2.2)	51,194	1,582	(2.1)	75,636	43.6
경기	10,812	(4.4)	248,016	16,371	(3.5)	473,845	51.4
강원	1,267	(4.2)	30,216	1,822	(3.9)	46,982	43.8
충북	1,278	(3.6)	35,602	1,986	(2.9)	69,658	55.5
충남	1,714	(2.3)	73,497	2,516	(2.1)	117,692	46.8
전북	1,566	(4.4)	35,702	2,435	(4.8)	50,968	55.5
전남	1,414	(2.7)	53,015	2,240	(2.9)	76,466	58.4
경북	2,060	(2.6)	79,082	3,139	(2.9)	109,023	52.4
경남	2,827	(3.3)	86,012	4,276	(3.9)	110,536	51.3
제주	574	(5.4)	10,596	1,004	(5.0)	19,911	75.0
전국	70,722	(5.9)	1,207,709	104,414	(5.5)	1,900,007	47.6

주1: 당해연도 지역내총생산, 2018년 세종제외
주2: ( )는 전산업 대비 비중
주3: 증가율은 2009년 대비 금융 및 보험업 금액의 변화율
자료: 통계청, 「지역소득」

표 7-2-5는 취업자 수를 기준으로 하여 금융 및 보험업의 중요도를 측정하였다. 전국을 기준으로 전체 종사자 수에 대해 금융 및 보험업의 종사자 수가 차지하는 비율은 2009년도에 4.1퍼센트, 2018년도에 3.2퍼센트이다. 광주의 수치는 5.2퍼센트와 4.0퍼센트로 전국 평균보다는 높다. 그러나 전남은 3.8퍼센트와 2.9퍼센트로 전국 평균보다 낮다. 이는 표 7-2-4에서 제시한 금융 및 보험업의 부가가치 비율의 결과와 유사하다. 서울 등 대도시의 금융 및 보험업 종사자 수 비율이 더 높다.

표 7-2-5. 지역별 금융 및 보험업 종사자 수 변화

(단위: 명, %)

구분	2009			2018		
	금융 및 보험업		전체	금융 및 보험업		전체
서울	253,272	(6.1)	4,177,336	262,273	(5.0)	5,210,936
부산	52,572	(4.4)	1,182,236	51,295	(3.6)	1,442,115
대구	35,536	(4.6)	766,886	33,767	(3.5)	967,206
인천	24,563	(3.1)	790,189	25,635	(2.4)	1,070,454
광주	25,291	(5.2)	488,781	24,375	(4.0)	616,265
대전	20,138	(4.3)	468,501	21,797	(3.5)	618,271
울산	12,217	(3.0)	413,831	14,898	(2.8)	527,085
경기	95,418	(2.7)	3,558,618	103,879	(2.0)	5,174,364
강원	19,068	(4.0)	479,165	22,229	(3.5)	639,277
충북	17,148	(3.3)	513,176	15,726	(2.2)	713,339
충남	20,520	(3.1)	665,431	19,076	(2.1)	928,259
전북	23,381	(4.3)	544,468	24,517	(3.5)	694,669
전남	21,265	(3.8)	560,699	21,304	(2.9)	733,925
경북	26,115	(3.0)	868,170	25,912	(2.3)	1,117,782
경남	36,362	(3.2)	1,140,329	34,811	(2.5)	1,388,302
제주	9,205	(4.6)	200,130	8,197	(3.0)	276,942
전국	692,071	(4.1)	16,817,946	711,494	(3.2)	22,234,776

주: ( )는 지역별 전체 종사자 수에서 금융 및 보험업 종사자 수의 비중, 2018년 세종 제외
자료: 통계청, 「전국사업체조사」

금융부문과 실물부문의 비율은 금융연관비율(financial interrelation ratio)이라고 한다. 예금 및 대출금의 지역내총생산(GRDP)에 대한 비율을 표 7-2-6에 제시하였다. 2018년도 전국 평균을 보면 예금의 연관비율은 1.71, 대출의 연관비율은 1.19이며 예금과 대출 총합의 GRDP에 대한 비율은 2.90이다. 이 수치는 2009년도에 비해 0.75 증가한 것이다. 광주는 1.40, 1.29로 전국 평균 이상이다. 광주의 금융연관비율도 과거 9년 동안 0.59 만큼 증가하였다. 전남의 금융연관비율은 모두 전국 평균 이하이다. 전남도 2009년에 비해서 2018년도에는 0.50 정도 증가하였다. 서울, 부산, 대구의 금융연관비율은 다른 지역에 비해 현저히 높다. 이는 금융의 수도 및 대도시 집중 현상을 반영한다.

표 7-2-6. 지역별 금융연관비율의 변화

(단위: 배)

구분	2009			2018			
	예금 비율	대출 비율	금융연관 비율	예금 비율	대출 비율	금융연관 비율	금융연관 비율의 변화
서울	2.52	1.57	4.09	4.10	1.82	5.92	1.82
부산	1.33	1.11	2.44	1.72	1.67	3.39	0.95
대구	1.36	1.15	2.51	1.81	1.87	3.68	1.17
인천	0.76	0.99	1.75	0.98	1.25	2.24	0.48
광주	1.13	0.97	2.10	1.40	1.29	2.68	0.59
대전	1.19	0.80	1.99	1.59	1.22	2.81	0.83
울산	0.39	0.32	0.72	0.55	0.57	1.12	0.40
경기	0.81	0.97	1.77	0.91	1.02	1.94	0.16
강원	0.82	0.56	1.37	1.23	0.79	2.01	0.64
충북	0.73	0.57	1.29	0.79	0.68	1.48	0.18
충남	0.47	0.44	0.92	0.61	0.56	1.17	0.25
전북	0.93	0.68	1.61	1.38	1.07	2.45	0.84
전남	0.61	0.38	0.99	0.88	0.60	1.49	0.50

구분	2009			2018			
	예금 비율	대출 비율	금융연관 비율	예금 비율	대출 비율	금융연관 비율	금융연관 비율의 변화
경북	0.61	0.41	1.02	0.90	0.74	1.64	0.62
경남	0.71	0.64	1.34	1.04	1.10	2.15	0.80
제주	1.05	0.82	1.87	1.38	1.53	2.91	1.04
전국	1.21	0.94	2.15	1.71	1.19	2.90	0.75

주1: 예금은행 및 비은행금융기관의 해당연도말 예금(대출) 잔액 합계, 2018년 세종 제외
주2: 예금(대출)비율은 해당연도 실질 지역내총생산 대비 예금은행 및 비은행금융기관의 해당연도말 예금(대출) 잔액 합계의 비율
주3: 금융연관비율은 해당연도 실질 지역내총생산 대비 예금과 대출 합계의 비율
주4: 금융연관비율 변화는 2018년 금융연관비율에서 2009년 금융연관비율을 뺀 값
자료: 한국은행 경제통계시스템, 통계청, 「지역소득」

지역별 금융기관 점포 수는 표 7-2-7에 제시하였다. 인구 1,000명당 점포 수를 기준으로 보면 전국 평균은 2009년도에 0.77이고 2017년도에는 0.63으로 다소 하락하였다. 최근에 폰 뱅킹과 인터넷 뱅킹이 중요해짐에 따라 점포 수는 감소하는 추세를 보인다. 광주는 2009년도에 0.80이고 2017년도에는 0.63이며, 전남은 각각 0.72와 0.67로 전국 평균 수준에 가깝다고 볼 수 있다.

표 7-2-7. 지역별 금융기관 점포수 변화

(단위: 개, 명)

구분	2009			2017		
	점포수	인구수	인구 천명당 점포수	점포수	인구수	인구 천명당 점포수
서울	11,935	10,208,302	1.17	9,088	9,857,426	0.92
부산	2,866	3,543,030	0.81	2,490	3,470,653	0.72
대구	1,955	2,489,781	0.79	1,673	2,475,231	0.68
인천	1,477	2,710,579	0.54	1,314	2,948,542	0.45
광주	1,151	1,433,640	0.80	929	1,463,770	0.63

구분	2009			2017		
	점포수	인구수	인구 천명당 점포수	점포수	인구수	인구 천명당 점포수
대전	1,078	1,484,180	0.73	901	1,502,227	0.60
울산	747	1,114,866	0.67	691	1,165,132	0.59
경기	6,320	11,460,610	0.55	5,522	12,873,895	0.43
강원	1,061	1,512,870	0.70	940	1,550,142	0.61
충북	999	1,527,478	0.65	917	1,594,432	0.58
충남	1,307	2,037,582	0.64	1,173	2,116,770	0.55
전북	1,443	1,854,508	0.78	1,265	1,854,607	0.68
전남	1,385	1,913,004	0.72	1,267	1,896,424	0.67
경북	1,839	2,669,876	0.69	1,729	2,691,706	0.64
경남	2,138	3,250,176	0.66	2,065	3,380,404	0.61
제주	504	562,663	0.90	489	657,083	0.74
전국	38,205	49,773,145	0.77	32,621	51,778,544	0.63

주1: 점포수는 한국은행 지역금융통계월보 상의 일반은행, 특수은행, 종합금융회사, 신탁회사, 자산운용회사, 상호저축은행, 신용협동조합, 우체국예금, 상호금융, 새마을금고, 생명보험회사를 포함, 2017년 세종 제외

주2: 인구 천명당 점포수는 점포수를 인구수로 나눠 산출

자료: 한국은행, 지역금융통계 월보, 통계청, 「주민등록인구현황」

구재운·최성호·전성범(2014)은 지역은행산업의 효율성을 추계하였다.[7] 표 7-2-8에는 1999-2013년 동안 각 지역의 은행산업 효율성 추정치가 제시되었다. 효율성은 0에서 1 사이의 값을 가지며, 효율적인 은행일수록 1에 가까운 값을 갖는다.[8] 표본기간 중에 광주(0.888)와 전남(0.883)의 은행산업 효율성의 평균은 전국 평균(0.889)에 비해 약간 낮은 수준으로 나타났다.

7) 확률변경 접근법(stochastic frontier approach)으로 시중은행의 효율성을 추정한 후 지역별 은행의 시장 점유율로 가중 평균하여 지역 효율성을 추정하였다.

8) 어떤 은행의 효율성 값이 0.85라고 하면 이 은행은 가장 효율적인 은행이 지출한 비용보다 15% 이상 더 많은 비용을 지출하고 있다고 해석할 수 있다.

표 7-2-8. 지역 은행산업의 효율성 추계

연도	서울	부산	대구	인천	대전	광주	울산	경기
1999	0.881	0.874	0.868	0.897	0.878	0.862	0.893	0.886
2000	0.914	0.912	0.889	0.923	0.921	0.859	0.907	0.917
2001	0.885	0.876	0.875	0.893	0.902	0.881	0.875	0.888
2002	0.905	0.908	0.896	0.915	0.906	0.876	0.895	0.905
2003	0.902	0.902	0.895	0.915	0.896	0.896	0.904	0.906
2004	0.885	0.893	0.897	0.902	0.887	0.897	0.896	0.893
2005	0.891	0.898	0.901	0.899	0.893	0.902	0.901	0.894
2006	0.888	0.896	0.900	0.892	0.894	0.903	0.899	0.890
2007	0.902	0.907	0.911	0.911	0.909	0.911	0.909	0.908
2008	0.885	0.891	0.884	0.892	0.894	0.899	0.898	0.891
2009	0.885	0.886	0.873	0.887	0.888	0.899	0.897	0.887
2010	0.888	0.882	0.861	0.888	0.895	0.895	0.895	0.888
2011	0.867	0.879	0.888	0.879	0.880	0.892	0.891	0.875
2012	0.873	0.878	0.880	0.873	0.876	0.879	0.890	0.872
2013	0.877	0.875	0.868	0.866	0.869	0.878	0.884	0.868
평균	0.889	0.890	0.886	0.895	0.893	0.889	0.896	0.891
연도	강원	충북	충남	전북	전남	경북	경남	제주
1999	0.874	0.877	0.874	0.882	0.867	0.873	0.893	0.895
2000	0.913	0.917	0.917	0.914	0.892	0.907	0.908	0.911
2001	0.871	0.879	0.880	0.881	0.871	0.874	0.873	0.895
2002	0.875	0.883	0.885	0.882	0.864	0.884	0.886	0.874
2003	0.884	0.890	0.886	0.868	0.877	0.889	0.898	0.858
2004	0.884	0.886	0.882	0.870	0.882	0.890	0.897	0.877
2005	0.890	0.890	0.889	0.874	0.888	0.895	0.902	0.882
2006	0.886	0.884	0.889	0.874	0.888	0.893	0.902	0.889
2007	0.904	0.904	0.904	0.893	0.902	0.908	0.912	0.895
2008	0.895	0.892	0.896	0.885	0.899	0.893	0.906	0.910
2009	0.897	0.896	0.894	0.889	0.900	0.888	0.903	0.911
2010	0.895	0.898	0.895	0.890	0.898	0.880	0.899	0.905
2011	0.885	0.887	0.889	0.881	0.896	0.890	0.897	0.907
2012	0.865	0.876	0.875	0.862	0.874	0.879	0.893	0.894
2013	0.832	0.858	0.856	0.846	0.853	0.860	0.882	0.859
평균	0.883	0.888	0.887	0.879	0.883	0.887	0.897	0.891

주: 구재운·최성호·전성범(2014)에서 발췌

7-3 금융발달과 경제성장

: 광주·전남을 중심으로

전통적인 방법론에 따라 금융발달을 금융연관비율로 측정하기로 한다. 금융발달이 경제성장률과 양의 관계를 갖는지를 조사하기 위해 산포도를 그렸다. 그림 7-3-1에는 표본 기간 초기(2009년도)의 금융연관비율과 그 이후 10년간 실질 지역내총생산의 평균 증가율을 산포도로 제시하였다. 금융발달과 성장률 사이의 상관계수는 양수이나 값이 작고(0.023) 그 통계적 유의성도 낮다. 즉 산포도 분석만으로는 초기 금융발달 수준이 높은 지역의 평균 성장률이 높다는 해석을 강하게 주장하기는 어렵다.[9] 광주는 금융연관비율과 성장률 모두 대략 전국 평균 수준이다. 반면에, 전남은 초기 금융연관비율이 낮으며 그 이후 성장률도 낮은 지역에 속한다.

금융발달을 기업대출 비율로 정의하면 그림 7-3-2의 산포도를 도출할 수 있다. 표본 기간이 6년에 불과하여 통계적 유의성이 높지는 않다. 기업대출비율과 실질 GRDP 증가율 사이의 상관계수는 음수이며 통계적으로 유의하지 않다. 산포도에서도 유의미한 관계를 발견하기

---

9) 산포도 분석은 양 변수의 단순 상관성을 근사적으로 보여 줄 뿐이다. 성장률에 영향을 미치는 다른 변수들을 통제하고 회귀분석을 하면 다른 결과를 얻을 수 있다. 국내외의 많은 연구에서 초기 금융발달수준과 성장률 사이의 양의 관계를 찾을 수 있다.

어렵다. 광주는 기업대출비율과 성장률 모두 전국 평균 수준이며, 전남은 모두 전국 평균 이하이다.

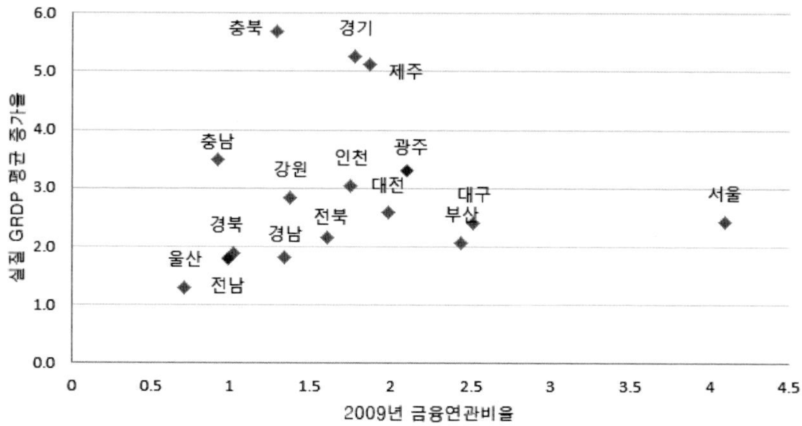

주: 2009~2018년의 실질 GRDP의 평균 증가율

그림 7-3-1. 초기 금융연관비율과 실질 GRDP 평균 증가율 사이의 관계

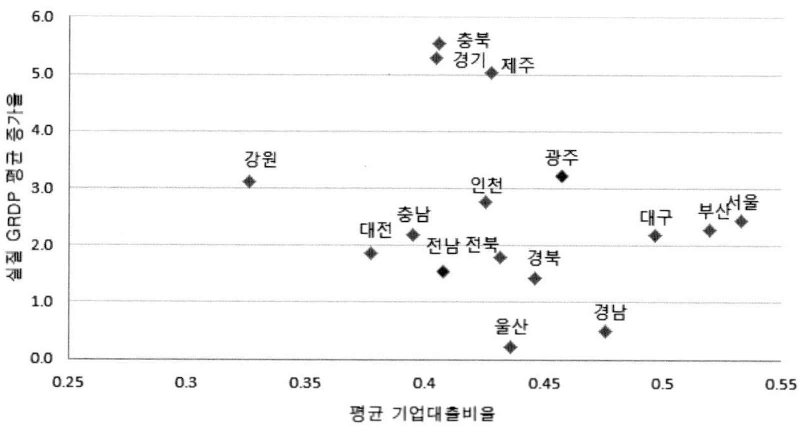

주: 2013~2018년의 실질 GRDP의 평균 증가율, 2013~2018년 총대출 중 기업대출비율의 평균 값

그림 7-3-2. 평균 기업대출비율과 실질 GRDP 평균 증가율과의 관계

본고에서는 시도하지 않았지만 은행산업의 효율성과 경제성장률 사이에는 통계적으로 양의 유의한 관계가 성립한다. 구재운·배진성(2017)의 연구에 따르면, 지역은행산업의 효율성이 개선되면 성장률이 높아진다.[10] 광주와 전남의 은행산업 효율성은 전국 평균 수준에 약간 못 미치므로 효율성이 개선되면 성장률을 높일 수 있다는 시사점을 얻을 수 있다.[11]

요약하면, 금융연관비율의 상승은 지역의 경제 상승률을 높이는 효과를 나타낸다. 특히 최근에는 금융의 양적 증가 외에 은행산업의 효율성을 개선하면 경제가 더욱 성장할 것이라는 주장이 제기되고 있다.

---

10) 기본 모형에 따르면, 어떤 지역의 은행 효율성이 0.01 상승하면 성장률이 0.336 퍼센트 높아진다.

11) 구재운·최성호·전성범(2014)은 효율적인 은행의 시장 점유율 상승 또는 시장 점유율이 높은 은행의 효율성 개선 등을 방안으로 제시하였다. 즉 광주에서는 광주은행, 전남에서는 농협의 시장 점유율이 가장 높으므로 이 은행들의 효율성이 개선되면 지역 전체의 효율성이 개선되는 효과를 기대할 수 있다.

7-4 결론 및 정책 제언

최근에는 금융의 과다 팽창에 대한 우려도 일부에서 제기되지만, 한국 경제에서 금융은 실물부문의 성장에 필수적인 요소임을 부정할 수 없다. 금융 발전 방향의 대원칙은 금융의 양적 팽창 뿐 아니라 질적 개선을 도모해야 한다는 것이다. 질적 개선을 위해서는 금융이 본연의 5가지 기능을 더욱 충실히 수행하는 방향으로 금융이 발전해야 한다.[12)]

지역경제의 성장을 위해서도 지역 내에 금융 시스템이 충분히, 그리고 효율적으로 작동되어야 한다. 금융산업 자체도 부가가치를 창출하고 고용을 증진하여 지역경제의 성장에 기여하는 점이 있다. 그러나 금융의 직접적인 성장효과보다 실물산업의 성장을 촉진하는 역할에 더 주목해야 한다. 즉 지역경제의 성장을 위해 금융은 공급 선도적(supply-leading)인 역할을 수행해야 한다. 문제는 금융시장의 지역간 개방성이 상당한 정도로 진전된 현 상황에서 지역경제의 발전을 위한 지역금융의 독자적 역할을 크게 기대하기 어렵다는 데에 있다. 지역 단위보다는 전국 차원에서 대부분의 금융 활동이 발생하기 때문이다.

금융은 실물경제와 상호 영향을 주고받기 때문에 실물 부문의 발전

12) 한국 금융산업의 발전에 관한 제언은 본고의 연구 범위를 벗어나므로 다루지 않는다.

없이 금융발달은 불가능하다. 지역의 소득 증가와 고용 증진을 위해서 지역 내에 창업이 활성화되고 기업들의 생산이 확충되어야 한다. 특히 대기업의 생산설비를 지역 내에 유치하면 생산의 급속한 증가를 유발할 수 있다. 어떤 방식으로든 지역 내 생산의 증가가 있어야 금융공급의 증가를 가져올 수 있다.

그러나 실물부문이 낙후된 지역에 금융을 획기적으로 증가시키기는 어려운 것이 사실이다. 더욱이 대기업 본사가 대부분 수도권에 위치하고 있고 본사 위주의 금융활동이 지배적인 상황에서 지방의 금융이 지역경제를 선도하는 데에는 한계가 있다. 본사의 이전이나 신규 생산시설의 지역 내 유치 등을 추진하고 있으나 실제로는 쉽지 않다. 중앙정부의 정책이 전국적인 금융의 효율적 배분만 목표로 하면 지역의 금융발달과 경제성장 사이의 선순환을 기대하기 어렵다. 지역경제의 균형 발전이라는 전제 하에 실물 부문의 균형발전이 진척되지 않으면 지역 단위의 금융발달과 경제성장의 긍정적 상호작용을 크게 기대할 수 없다.

현 상황에서도 지역금융의 경제성장효과를 촉진하기 위해서 고려할 수 있는 정책이 없지는 않다. 전국형 금융기관의 지역본부나 지점에 부여하는 자율권을 확대하면 지역금융이 지역경제의 성장에 유의한 영향을 미치게 될 것이다.[13] 또 지역경제의 발전을 위해 지역금융기관의 효율성을 제고하는 것이다. 지역금융기관은 지방은행, 저축은행, 신용협동조합, 새마을금고 등 특정 지역 내에서 주로 영업하는 금융기관을 의미한다. 이 금융기관은 전국적인 금융에 접근성이 떨어지는 소기업, 소상공인, 영세상인, 지역민 등을 대상으로 금융업을 영위한다. 지역금융기관이 해당 지역 내에서 금융의 역할을 얼마나 충실

13) 단, 이 경우에는 지역금융이 오히려 지역경제의 성장을 저해할 가능성도 있다. 지역본부의 대출 실패가 지역경제를 망칠 수도 있기 때문이다.

히 수행하느냐가 지역경제의 발전에 영향을 미치게 될 것이다. 지역금융기관이 역내 자금의 효율적 배분 기능을 충실하게 수행하여 지역 내 창업을 촉진하고 기업의 생산을 확충하는 데에 기여하면 지역경제의 성장을 기대할 수 있다.

광주·전남지역은 최근 들어 금융의 양적 팽창률이 전국 평균 이상이다. 그러나 기업대출 비중이 낮고 가계대출 비중이 높다. 이는 지역 내 기업 활동이 상대적으로 부진하기 때문이다. 전남의 경우에는 금융연관비율도 매우 낮은 수준에 있다. 즉 실물경제에 비해 금융의 발달이 저조하다. 이는 지역주민이나 기업이 지역 외에서 금융 거래를 많이 하고 있다는 증거이기도 한다. 지역금융기관의 신뢰도나 효율성을 제고하여 역내 금융 거래를 활성화하는 노력이 필요하다.

마지막으로 본문에서는 다루지 못했지만 지역금융에 관해 유의할 점을 몇 가지 지적하기로 한다. 첫째, 금융의 양적 팽창은 금융 안정성(financial stability)에 영향을 미친다. 금융 서비스의 공급은 실물 생산을 촉진하는 긍정적 효과도 갖고 있지만 금융의 지나친 공급은 금융 시스템의 안정성을 저해할 가능성도 높인다. 지역 내 금융기관의 부실화가 지역경제에 심각한 위기를 초래한 사례는 많다. 둘째, 경제의 궁극적 목적은 실물 생산의 증가에 있다는 점을 인식해야 한다. 금융은 실물 부문을 보조하는 수단이다. 금융산업의 확장보다 실물 경제의 성장이 더욱 중요하다. 금융의 효율성을 개선하여 적은 금융으로도 지속 가능한 경제성장을 견인할 수 있으면 금융연관비율이 낮아도 큰 문제는 없다.

참고문헌

구재운·문호성, "한국의 지역금융시장", 『경제분석』, 제10권 제1호, 2004, pp.1-25.

구재운, "지역금융과 지역경제성장 사이의 인과관계", 『한국경제연구』, 제15권, 2005, pp.179-198.

구재운·배진성, "은행산업의 효율성과 경제성장: 지역 연구", 『한국지역경제연구』, 제15권 제1호, 2017, pp.103-117.

구재운·배진성, "가계 부채와 소비: 지역 자료를 이용한 분석", 『한국지역경제연구』, 제17권 제3호, 2019, pp.37-51.

구재운·최성호·전성범, 『지역 은행산업의 효율성 결정요인』, 한국은행, 2014.

Beck, T., B. Beyekkarabacak, Rioja, B. and N. Valev, "Who gets the credit? And does it matter? Household vs. firm lending across countries", B. E. Journal of Macroeconomics 12, 2012.

Hasan, I., Koetter, M., & Wedow, M., "Regional growth and finance in Europe: Is there a quality effect of bank efficiency?", Journal of Banking and Finance 33(8), 2009.

King, R. and R. Levine, "Finance and growth: Schumpeter might be right", The Quarterly Journal of Economics 108, 1993.

Levine, R., "Finance and growth: theory and evidence", The Handbook of Economic Growth edited by Aghion, P. and S. Durlauf, 2005.

Masih, R. and S. F. Khan, 2011, "Is the finance-led growth hypothesis robust to alternative measures of financial development?", Applied Financial Economics 21, 2011.

Patrick, H., "Financial development and economic growth in underdeveloped countries", Economic Development and Cultural Change 14, 1966.

제8장

생활SOC 실태와 발전방향

정봉현(전남대 경제학부)

본 장은 광주전남지역을 사례로 생활형 SOC 실태와 발전방향을 다루고 있다. 먼저 사회간접자본의 개요를 검토하고 광주전남 생활SOC의 실태와 문제점을 파악한다. 이를 근간으로 주거·생활SOC 여건과 전망을 파악하여 정책관점에서 광주전남 생활SOC의 발전방향을 종합적으로 제시하고자 한다.

8-1 서론

사회간접자본(SOC: social overhead capital)은 보통 사회적 자본, 인프라, 공공시설, 간접자본이란 불린다. SOC는 직접자본이 아니고 간접적으로 여러 가지 생산 활동에 기여하는 자본으로 포괄적으로 사회를 지탱하는 자본 또는 시설들을 의미한다. 일반적으로 도로, 철도, 공항, 항만, 댐, 상하수도 시설, 및 통신시설과 같이 비교적 규모가 큰 시설을 가리키며, 국가를 구성하는 크고 작은 시설을 포함한다. 고도 경제성장 시대에 도로, 철도, 항만 등 대규모 사회간접자본은 선진국 수준의 기반시설을 구축하여 국가발전에 크게 기여했다. 하지만 국민생활과 직결되는 기본적인 인프라는 부족하고 체감수준도 낮아 국민생활의 질을 향상시키는 기반시설의 구축이 중요한 상황에 이르렀다.

SOC가 대도시 및 도심부 위주로 공급되어 지역 내 및 지역 간 격차도 발생하며, 각종 안전사고들이 증가하여 국민들의 불안감이 커지고 일상생활도 불안전한 상태에 있다. 이에 따라 정부는 양적 성장 중심의 대규모 SOC 공급을 탈피하고 안전하고 행복한 일상생활을 보장하는 생활SOC에 대한 투자를 확대할 계획이다. 이것은 국민들의 삶의 질을 향상하고 지역 간 격차를 완화하며 새로운 SOC 수요변화에 대응하는 효과가 있을 것이다. 특히 지방자치단체 의견과 실정이 반영되는 생활SOC는 부지문제를 해소하고 시설이용의 시너지효과를 발휘하여 지역요구에 부합되는 시설을 공급할 수 있다.

상기한 배경 하에, 본 장에서는 생활SOC의 개요를 이론적으로 알아보고, 광주·전남지역의 생활SOC 사업과 실태를 전반적으로 파악한다. 이를 기반으로 광주·전남지역에 생활SOC를 효율적으로 확충하고 지속가능하게 운영할 수 있는 발전적인 정책방향을 강구하고자 한다.

8-2 생활SOC의 이론적 고찰

1. 사회간접자본(SOC)의 개념

1) SOC의 개념

사회간접자본(SOC: social overhead capital)은 보통 사회적 자본, 인프라, 공공시설, 간접자본이란 불린다. SOC는 직접자본이 아니고 간접적으로 여러 가지 생산 활동에 기여하는 자본으로 포괄적으로 사회를 지탱하는 자본 또는 시설들을 의미한다(정봉현, 2010: 18-21). 일반적으로 도로, 철도, 공항, 항만, 댐, 상하수도 시설, 및 통신시설과 같이 비교적 규모가 큰 시설을 가리키며, 국가를 구성하는 크고 작은 시설을 포함한다. 유사한 법률적 용어를 보면, '사회기반시설에 대한 민간투자법'에서는 SOC(사회기반시설)는 '각종 생산활동의 기반이 되는 시설, 해당 시설의 효용을 증진시키거나 이용자의 편의를 도모하는 시설 및 국민생활의 편익을 증진시키는 도로, 철도, 항만시설 등의 시설'로 정의하고 있다. '국가회계기준에 관한 규칙'에서 SOC는 '국가의 기반을 형성하기 위하여 대규모로 투자하여 건설하고 그 경제적 효과가 장기간에 걸쳐 나타나는 자산으로서, 도로, 철도, 항만, 댐, 공항, 그 밖의 사회기반시설(상수도 포함) 및 건설 중인 사회기반시설' 등을 의미한다.

이러한 개념에는 3가지의 기본특성들이 포함되어 있다(부산발전연구원, 2008: 7-10). ① SOC는 간접적으로 생산력을 증대시키는 기능을 갖는 자본으로 간주한다. 기업측면에서 생산 활동에 필요한 자본임에도 불구하고 직접 비용을 지불하지 않아도 되는 자본이다. ② 재화의 특성으로 보아 인간 활동에 필수불가결한 재화로써 즉 공공재로서 공동소비성(비경합성), 비배제성 등의 특성으로 시장기구에 충분히 재화공급이 어려운 것이 SOC이다. 이러한 이유로 SOC은 시장 기구를 통하여 충분한 공급이 어려우므로 민간부문이 공급해도 정부가 규제하여 공공성을 유지한다. ③ SOC는 공공부문에 의하여 공급되는 재화 및 서비스이다.

따라서 SOC는 생산활동에서 필수불가결한 기본적인 시설로서 공공서비스, 교통, 통신, 전력 및 수도, 관계 및 배수 등과 연관된 재화 및 시설을 포함한다. 실제로 통상적인 SOC의 개념은 협의 및 광의로 구분한다. 협의 개념으로 SOC는 재화와 서비스의 생산에 직접 생산되기 보다는 도로, 통신, 전력 등 기업의 생산활동을 간접적으로 지원

표 8-2-1. SOC의 개념구성

구분	개념적 의미
협의	공공투자 = 정부투자 + 정부기업투자 → 공적 고정자본 형성
광의	협의 SOC + 민간철도, 사립학교, 사립병원 등
영역	

자료: 정봉현(2010)

또는 촉진하는 자본을 의미한다. 광의로는 기업의 생산활동 뿐만 아니라 교육, 의료, 보건, 국방 등과 같이 국민의 일상생활에 필요한 서비스의 생산과 관련된 자본도 들어 있다.

2) SOC의 특성

SOC는 공공성, 자본성, 지역 및 시설에 대한 독점성, 기술지향성 등의 특성들을 갖고 있다(정봉현, 2010: 19-21). 공공성은 SOC가 제공하는 서비스의 공공적인 성격으로 자본소유, 자본이용 및 자본정보에 대한 공공성이다. SOC는 대규모 투자액이 필요하고 자본의 회수기간이 길어 공공성이 강하다. SOC는 해당 자본의 시설과 지역적인 측면에서 독점성을 확보하며, 이것은 공공부문에 독자적인 SOC시설의 건설 및 운영관리를 정당화시킨다. SOC시설을 구축하는 과정에는 기술적인 사항을 충분히 검토할 필요가 있고, 기술에 대한 의존도가 높아 기술지향적인 속성이 강하다.

2. 생활SOC의 개념과 특징

1) 생활SOC의 정의

생활SOC는 사람들이 먹고 자며 자녀를 키우고, 노인을 부양하고 일하고 쉬는 등 일상생활에 필요한 필수 인프라를 의미한다(구형수, 2018: 2). 생활SOC는 생활밀착형 사회기반시설을 보육·의료·복지·교통·문화·체육시설, 공원 등 일상생활에서 국민의 편의를 증진시키는 모든 시설이다. 생활SOC는 일상생활의 기본전제가 되는 안전과 기초인프라까지 포괄할 수 있는 개방적인 개념이다. 따라서 생활SOC는 국민들이 생활하는 터전에서 쉽게 접근하게 되는 지역단위의 소규모 생활 인프라를 의미한다.

생활 SOC는 생활과 SOC가 결합된 단어로서 국민생활과 직결된 지역단위의 소규모 생활인프라(여가, 건강, 안전, 환경 분야 등)를 주요 대상으로 한다(국무조정실, 2019: 1-2). 생활 SOC는 시설 자체보다 사람에 초점을 두어 전통적인 SOC와 다르다. 모든 SOC 사업이 사람들의 보다 낳은 정주여건을 조성하기 위하여 추진된다. 사람에게 초점을 맞추지 않은 SOC사업은 존재하지 않는다. 과거에 SOC사업은 주로 기업의 생산활동과 연관되는 대규모 기반시설(철도, 항만, 도로, 댐 등)에 관심을 두었다. 반면에 생활SOC 사업은 구민 삶의 만족도를 증대시킬 수 있는 기반시설(학교, 보육시설, 노인복지시설, 문화체육시설)에 중점을 두고 있어서 기존 SOC사업과는 차별화되고 있다.

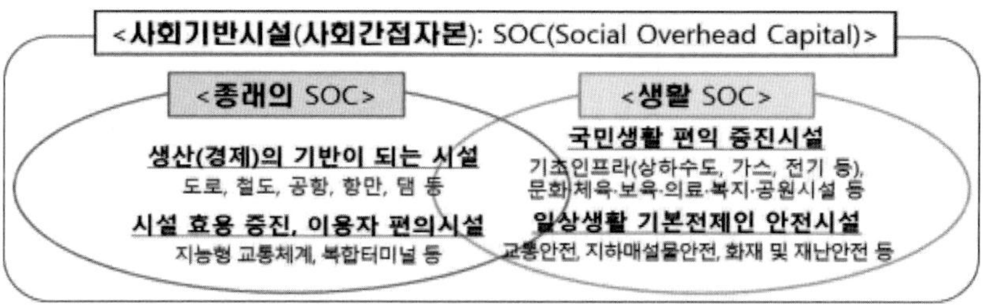

자료: 국무조정실(2019)

그림 8-2-1. 종래의 SOC와 생활SOC의 구분

2) 생활SOC 복합화사업의 개념

생활SOC 복합화사업은 복수(2개 이상)의 생활SOC 관련 국가보조사업을 하나의 부지에 단일 혹은 연계 시설물로 건립하는 사업을 의미한다. 복합화의 대상은 복합화 10종 시설 간 복합화, 복합화 10종 시설과 생활SOC 3개년 계획에 따른 국고보조사업 또는 지자체 자체사업 간 복합화 등이다. 복합화 10종 시설은 문체부의 공공도서관·작은도서관·국민체육센터·생활문화센터, 복지부의 국공립 어린이집·

주민건강센터·다함께돌봄센터, 여가부의 공동육아나눔터, 국토부의 주거지주차장 등이다. 노인·청소년 시설, 작은 영화관 등 지방비 자체 추진사업, 타 국비 보조사업과도 복합화가 가능하다. 구조 변경 사업과 복합화를 연계 및 가능하며, 개별 시설별 리모델링 복합화에 대해서는 시설별 가이드라인 참고할 필요가 있다. 복합화의 형태에는 복수 용도의 단일시설 조성하는 수직 복합화, 단일용도의 복수시설 조성하는 수평 복음화, 수직과 수평 복합화를 합쳐서 하는 중복복음화 등이 있다.

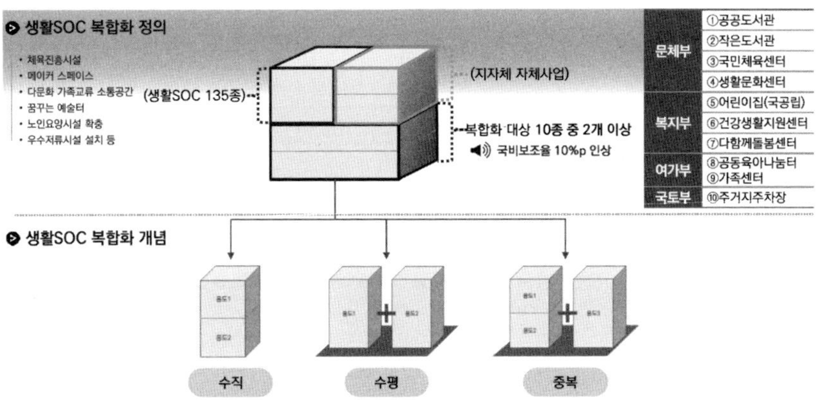

자료: 국가균형발전위원회(2019.10)

그림 8-2-2. 생활SOC 복합화시업의 개념도

3. 생활SOC의 필요성과 특징

1) 생활SOC의 배경과 필요성

과거에 우리나라 SOC는 도로, 철도, 공항 및 항만 등 대규모 기간시설 중심으로 투자하여 선진국 수준의 인프라를 구축하고 경제성장과 소득향상에도 기여하였다. 이에 비하여 보육, 복지, 문화, 체육시설

등 국민의 일상생활과 밀접한 인프라는 양적·질적으로 부족하였고, 국민이 체감하는 삶의 질 수준은 열악하였다. SOC시설 공급도 대도시 혹은 중심지역 중심으로 투자되었다. 이것은 수도권 및 비수도권 간, 도시 내 도심지와 외곽지역 간 등 지역 내·지역간 격차를 유발하였다(구형수, 2018: 2-4). 이를 테면 2017년 기준으로 응급의료기관이 없는 지자체의 64.7%가 비수도권 지역에 있었다. 실내 체육시설 1개소당 인구는 신도시·중심지는 1.3~2.6만명인 반면에 구도심은 4.5~10만명 정도였다.

코로나19 팬데믹에 따른 감염병의 확산, 화재 및 지하매설물 사동 등으로 생활 속 불안감이 증폭되어 안전 확보가 일상생활의 기본전제가 되고 있는 상황이다. 그러나 현재의 생활SOC 공급방식은 지역간 시설 불균형을 해소하기 어렵다. 개별 부처별로 시행되는 칸막이식 SOC공급체계는 지역의 복합적인 수요에 현실적으로 부응하지 못하고 있다. 왜냐하면 대부분의 생활 내 사업이 매칭 공모방식이고 국고보조율도 30~50%정도로 낮아 재정이 열악한 지자체는 SOC사업 참여가 곤란하다. 따라서 최근에 지자체들은 부지문제의 해결, 이용의 종합효과 제고를 위하여 1개 건물에 다양한 생활SOC 시설을 설치하는 복합화사업을 선호하고 있다. 그러므로 1개 행정과가 1개 시설(체육센터, 어린이집 등)을 공급하는 부처 간의 갈등 확산 및 조정 곤란으로 칸막이 방식으로 시행하여 다수시설의 복합화는 지원하기 곤란하였다.

그러므로 SOC시설도 대규모 양적 성장 중심의 투자에서 탈피하여 일상생활에 크게 영향을 미치는 인프라에 투자를 확대해야 한다. 이것은 시민의 삶의 질을 높이고 지역 간 격차를 완화하는 통로가 될 수 있다. 정부도 범정부적인 차원에서 지자체의 참여와 창의를 촉진하고 생활SOC 중심의 지역공동체를 형성하여 지역발전의 활력소가

되도록 정책을 추진하는 것이 절실하다. 이러한 정책은 국민의 기본 생활권을 보장하는 포용국가 목표에 부합되며 새로운 SOC변화에도 슬기롭게 대처하는 수단이다.

생활 SOC는 성장과 발전의 입장에서 구축할 필요가 있다. 첫째, 기초생활서비스에 대한 보편적인 접근권을 보장하여 포용성장을 달성하는 것이다. 학교, 도서관 등 교육서비스를 충분히 받지 못한 어린이는 치열한 경쟁사회에서 멀어진다. 어린이는 단순한 배움의 기회를 넘는 삶의 단계로 이동하기 위해서 기회로부터 멀어지는 사회적 배제를 경험하지 말아야 한다. 경제협력개발기구(OECD), 세계은행(World Bank), 유엔 인간정주회의(UN-Habitat) 등 국제기구는 기초생활서비스에 대한 보편적인 접근이 포용성장에 필수적인 요소로 인식하고 있다.

둘째, 생활SOC를 확충하여 일자리를 창출하고 지역경제 발전의 선순환 구조를 확립하는 것이 중요하다. 그 동안에 중앙정부는 SOC 스톡이 상당히 축적되었다고 판단하여 2015년 이후에 SOC투자를 감소시켰다. 이로 인해 SOC 스톡은 2015년 26.1조 원에서 2018년 19조 원으로 줄었고 2022년에는 17.5조 원까지 축소할 예정이다. 한국은 2017년 3/4분기 이후에 비수도권의 고용자수가 감소세로 전환되었다. 이러한 상황에서 고용유발효과가 비교적 높은 생활SOC 사업을 추진하여 일자리를 창출하는 것이 중요하다. 이를 통하여 다시 지역사회에 인구가 유입되는 지역경제 발전의 선순환 구조를 확립해야 한다.

표 8-2-2. 생활SOC 사업의 배경과 필요성

생활SOC의 배경	생활SOC의 필요성
• 일상생활 관련 인프라의 부족 • 국민의 삶의 질 체감수준 열학 • 지역 간 인프라 격차의 완화 • SOC복합화로 시너지효과 창출	• 기초생활 인프라 접근권 보장 • 포용적인 성장정책의 중요 • 생활SOC로 일자리 창출 • 지역경제발전의 선순환 구조

자료: 구형수(2018); 국무조정실(2019)

2) 생활SOC 사업의 특징

생활SOC는 궁극적으로 지역의 사회적 자본을 확충하는 매개체로, 지역공동체를 형성하는 공공의 장이다. 생활SOC는 지역의 공유자산으로서 지속가능한 관리가 필요하기 때문에 과거의 공공시설과는 다르다. 현재 공공시설은 문화·교육·건강·복지·체육 분야에 단일 관청 체계로 보유 및 운영하고 있다. 공공시설은 주인이 없는 공유시설로 인식되어 효율적인 유지관리가 현실적으로 어려운 실정이다.

따라서 생활SOC 정책은 포용적인 국가균형발전을 실현하기 위한 소명을 가지고 있다. 생활SOC는 국민이 최소수준의 생활을 영위하는 가치를 포함한다. 이것은 경제성장 과정에서 배제된 사회계층을 배려하고 삶의 질 차원에서 지역 불균형을 완화하는 데 기여한다. 그래서 생활SOC 사업은 지역의 고유속성과 주민수요를 반영하여 선정하고 추진해야 한다. 생활SOC 건물이 포용가치를 실현하는 주민중심 지역공동체를 형성하는 토대가 되어야 한다. 이를 위해서는 생활SOC 건물을 생활혁신공간으로 건립하며, 이에 필요한 사업의 발굴, 운영 및 성과관리를 위하여 제도적 체계구축이 선행되어야 할 것이다(진성만, 2019: 1-2).

표 8-2-3. 과거 SOC사업과 생활형 SOC의 구분

분 류	과거 SOC사업	공공시설	생활SOC 사업
분 야	도로, 건설, 항만	문화, 복지, 체육	10개 생활인프라
이념가치	자본주의 생산성	자본주의 소비성	포용가치 공간의미
정책방향	경제성장 기반구축	공공서비스 제공	지역생활 혁신공간
정책가치	효율성	효율성	형평적 포용성
정책목표	경제성장 기반구축	주민 삶의 질 향상	지역생활 혁신공간
추진체계	국토계획(정부주도)	중앙-지자체(정부)	정부주민 거버넌스
정책수단	국고보조금	국고보조금, 자체	포괄보즈금
운영방식	직영/위탁	직영/위탁	직영/위탁/대안 전달

자료: 권기주(2019)

8-3 광주·전남 생활SOC의 동향과 실태

1. 광주·전남 생활SOC의 동향과 여건

1) 인구감소와 건축물 노후화

광주·전남의 인구구조 변화는 주민의 생활공간에 영향을 미칠 것이다. 광주·전남에서 저출산과 인구이동으로 전체 인구가 감소하고 고령화추세가 더욱 가속화될 전망이다. 통계청의 추계에 따르면 전국 인구가 2040년까지 연평균 0.14% 감소하는 반면에 광주는 0.53%, 전남은 0.25%로 감소할 것으로 예측된다. 생산연령인구(15~64세)는 전국에서 동기간에 연평균 1.48% 감소하나, 동기간에 광주는 1.87%, 전남은 1.77% 수준으로 전국 평균 감소율보다 높은 상황이다. 전국 학령인구(6~12세)는 연평균 1.85%씩 줄어드는 반면에 광주는 2.33%, 전남은 2.44%로 전국 평균보다 높은 것으로 추산된다.

지역의 인구감소는 지속되며 건축물의 노후화도 증가할 것이다. 전국 노후건축물의 비율이 2035년을 시점으로 55%를 상회할 전망이다. 수도권을 제외한 지방의 노후건축물 분포비율이 다소 높게 나타나고 있다. 2030년 중반에는 대부분 지역에서 노후건축물의 비중이 50% 이상 분포할 것으로 예측된다.

표 8-3-1. 광주·전남 장래 인구추계

(단위: 천명)

구분	전국		광주광역시		전라남도	
연도	2030	2040	2030	2040	2030	2040
추계인구	51,927	50,855	1,419	1,340	1,715	1,670
생산연령인구	33,947	28,649	950	770	1,010	826
학령인구	6,076	5,204	187	153	196	156
고령인구	12,980	17,224	320	427	552	701

자료: 통계청(2019)

2) 원도심 공동화 및 외곽지 개발 이원화

광주광역시와 전남도 도시들의 원도심에서 주거·상업기능이 약화되고 시설이 노후화되어 있다. 반면에 도시외곽은 신규로 개발되어 도심지 인구가 많이 유출되어 공동화 현상이 심각한 실정이다. 개발의 용이성으로 신규택지와 공동주택단지들이 도시 외곽지역을 중심으로 대규모 조성되고 있다. 이것은 도시 내 저이용 유휴토지를 발생시키고, 원도심과 신규택지 간 도시내 불균형이 심화되고 있다.

광주시를 보면, 5년 미만 대부분의 신규주택은 도시 외곽지역인 건국동과 효덕동 등에 많이 분포되었다. 전남도의 경우에 목포시 옥암지구 및 무안 남악·오룡 지구에 대단위 택지가 조성되어 목포 원도심과 하당지구의 공동화 현상이 심한 실정이다. 나주시를 보면, 빛가람 혁신도시에 유입인구가 증가하는 반면에 나주 원도심지역은 공동화가 발생하며 발전 속도가 상대적으로 부진하다. 여수시를 보면, 고층아파트단지가 주로 웅천지구에 입지하는 반면에, 원도심 경호동과 문수동 지역은 도시기능이 활성화되어 한다. 원도심과 도시외곽 간 주거밀집도의 차이는 기형적인 도시공간구조를 만들며 생활SOC에 대한 격차도 심한 형편이다. 도시 외곽지역 고층의 공동주택단지가 조성됨에 따라 주거수준에 대한 격차도 발생하고 있다.

3) 지역주거정책의 중요성 부각

과거 주거정책은 공급에 치중하여 수요·공급의 논리를 바탕으로 주택의 공급물량과 입지, 공급시기에 주안점을 두었다. 이를 테면, 노태우 정부에서 신도시 200만호 주택건설사업 및 수도권 3기 신도시 조성사업 등이 시행되었다. 국민의정부는 저소득층의 주거권을 보장하기 위하여 본격적으로 공공임대주택의 공급에 중점을 두었다. 지금까지 중앙정부가 주도한 주거정책들은 대부분 택지개발사업 혹은 주택건설호수에 치중하여 중앙의 논리로 정책이 결정되었다. 수도권에 당면한 주택부족을 개선하기 위하여 지역주거정책은 중앙정부의 정책을 답습하거나 지원하는 데 그쳤다.

중앙정부의 지원은 주택의 공급과 주거복지 향상을 위하여 절실하고 필요하다. 그래서 지방정부는 구조적으로 중앙정부 의견과 정책을 존중하고 수용할 수밖에 없다. 그러나 해당 지자체의 주민들이 주거생활공간의 수요자이기 때문에 지방정부의 입장이 반영되고 지방분권 개념이 주거정책에 투영되어야 한다. 주거종합계획은 광역시 및 광역도를 중심으로 수립·시행되고 있다. 한편 무안처럼 기존 시가지역과 신도시가 공존하는 지역에서는 해당 지역만의 주거계획과 주거복지 계획을 통해 지역민의 주거권을 보장하는 정책을 마련해야 한다. 지역현황이 주거계획과 주거복지 계획을 통해 중앙정부에 전달하는 것은 대단히 중요하다.

4) SOC 시설의 인간중심 전환

한국에서 사회간접자본(SOC, Social Overhead Capital)은 도로, 철도, 공항 등 대규모 토목시설을 위주로 투자되었다. 그 결과 한국은 G20 국가 중에서 국토 면적당 고속도로 연장 1위, 국도연장 3위, 철도 연장 6위를 차지하여 선진국 수준의 인프라를 건설했다. 대형 SOC사업은 투자된 비용에 대비하여 주민들이 실제 생활에서 체감하는 이용편의는 인근 지역민들에게 극히 국한되고 전체 주민의 체감도는 극히 적었다. 대형 SOC사업의 투자비는 2015년 24.4조원에서 2018년 19조원. 2022년까지 17.5조원으로 지속적으로 감소할 전망이다.

그동안 대형 시설중심의 SOC 확충정책은 경제성장, 소득 및 생활수준 향상 등에 크게 기여했다. 하지만 사람중심의 보육·복지·문화·체육시설 등 생활친화적인 기반시설은 여전히 양·질적 측면에서 부족할 실정이다. 그래서 국민이 체감하는 삶의 질 수준은 선진국에 미치지 못하고 있다. 공급된 SOC 시설도 대도시와 지역 간 양극화를 유발했고 지역 내에서 중심지 및 외곽지 간 격차도 발생시키고 있다.

2. 광주·전남 기초 생활SOC의 실태

1) 기초 생활SOC의 접근성 지수

국토교통부 주거실태조사(2018년)에 의하면, 의료, 교육, 녹지, 문화시설 등 생활환경 항목들에 대한 시민의 체감 수준에서 국내 시·도 지역 간의 격차가 매우 심각하다. 특히 최고와 최저 간 격차를 보면, 의료시설 불만도는 149배, 교육은 55배, 대기오염 47배, 녹지 38배, 문화시설 37배 등의 순으로 차이를 보였다. 2017년 OECD 국가대상 삶의 질 체감도의 측정결과를 보면, 한국은 환경, 건강, 삶의 만족도, 일과 삶의 균형, 커뮤니티 등에 삶의 질이 OECD 평균수준 이하여서 생활환경에 대하여 만족하지 못했다. 한국은 보다 좋은 삶의 지수(BLI, Better Life Index)에서 OECD 37개국 중 29위를 차지하여 삶의 만족도는 5.9점, 전체 삶의 점수는 3.8점으로 30위를 기록해서 거주지역 생활환경에 대한 만족도가 매우 낮았다.

실제로 주민들의 삶의 질을 제고하는 역할로 지역에 조성되는 기초 생활 SOC의 접근성을 살펴보면, 광주광역시는 5개 자치구가 접근성 지수 Ⅰ등급, Ⅱ등급으로 높게 나타났다. 전남의 경우 Ⅰ등급 1개, Ⅱ등급 0개, Ⅲ등급 5개, Ⅳ등급 15개, Ⅴ등급 1개 지역으로 전국 대비 광주·전남은 생활환경이 열악하고 취약한 수준으로 밝혀지고 있다(나강열·최우람, 2020: 53-54).

2) 기초 생활SOC의 접근성 평균거리

중앙정부 차원에서 사람중심 생활인프라 확충으로의 패러다임 변화와 지역 간의 생활환경의 격차에 인식 및 불만족 증대 등 워라밸(Work-Life Balance)을 중요하게 여기는 문화의 확산으로 인한 기초생활인프라에 대한 관심은 점차 확대되어 가고 있다. 즉, 시민들이 거주하는 지역에서 쉽게 이용할 수 있는 사회복지·문화·체육 등을 통하여 삶의 질을 향상시키고, 건강한 생활을 영위하고자 하는 욕구가 점차 늘어가고 시대이다.

기초생활인프라는 도시주민의 생활편의를 증진시키고 삶의 질을 일정한 수준으로 유지하거나 향상시키기 위하여 필요한 시설로서 생활에서의 편의나 복지를 제공하는 차원에서 매우 중요한 시설 중 하나이다. 기초생활인프라의 조성 기준에 따른 우리 지역의 현황을 살펴보면, 광주시의 경우 전국의 평균을 상회하지만, 전라남도의 경우 대부분의 시설들이평균을 넘지 못하는 것으로 조사되었다(나강열·최우람, 2020: 54-55). 인구감소시대에 지역의 인구에 따른 시설의 투자가 점차 생활의 기초가 되는 기반시설의 부족으로 여실히 들어나고 있다. 특히 광주광역시에 비하여 전라남도는 모든 시설 면에서 전국의 평균에 미치지 못하고 있다. 따라서 지역의 균형발전과 성장을 위하여 기초 생활SOC 인프라 확충을 위한 노력이 필요한 시점이다.

표 8-3-2. 광주·전남 기초 생활SOC 평균 접근거리

구분 시설	광주(m)		전남(m)		전국(m)	
	평균거리	등급	평균거리	등급	평균거리	등급
유치원	294.0	5	510.5	8	425.0	7
초등학교	331.0	5	48.0	8	425.4	7
도서관	787.0	4	4,049.8	8	2,767.5	7
어린이집	186.0	6	2,494.0	9	237.9	7
경로당	133.5	7	166.8	6	255.5	8
노인교실	1,458.2	5	11,919.5	9	5,031.8	7
의원	950.5	4	3,096.9	7	2,830.3	6
약국	1,059.1	4	3,370.5	8	2,573.1	7
체육시설	805.1	4	2,923.1	7	2,439.0	7
도시공원	349.0	3	3,026.4	8	2,190.9	7
소매점	345.9	4	1,400.1	8	1,333.0	7
주차장	345.9	4	4,562.8	4	3,409.9	7

자료: 성은영(2019.1)

3. 생활SOC 3개년 계획(20~22)

1) 생활SOC 3개년 계획의 개요

생활SOC 계획의 대상기간은 2020~2022년이며, 기본적으로 생활SOC 계획은 지역이 주도하며, 다만 신속성과 형평성 차원에서 중앙정부가 지원한다(국무조정실, 2020: 2-6). 계획의 고려요소는 삶의 질 향상과 지역균형 발전에 있다. 생활SOC는 서비스 소외지역에 공급하며 범정부적으로 통합하여 추진하는 방식을 취하고 있다. 지역의 창의를 적극적으로 장려 및 활용하여 지역이 원하는 다양한 SOC시설을 공급하는 것이다. 한편 삶의 질을 제고하기 위해서 수요가 많은 시설은 국가적 관점에서 대폭 확충하는 것이다. 생활SOC가 부족한 지역

에는 시설을 확충하고, 노후화된 기존 시설은 리모델링으로 추진할 것이다.

계획의 구성요소에는 생활SOC 개념과 필요성, 비전과 목표, 3대분야-8대 과제, 추진방식 등이 포함된다. 대상분야는 삶의 질과 직접 관련된 분야와 삶의 전제인 안전분야 등이다. 대상시설은 문화·체육·복지 등 일상생활의 삶의 질과 관련된 시설 확충에 중점을 두며, 안전한 생활에 대한 높은 요구를 감안하여 일상생활과 밀접한 안전분야도 포함하고 있다. 생활SOC 사업을 원활하게 추진하기 위하여 장애요인을 해소하고 지원을 확대하여 제도를 개선하고 있다.

2) 생활SOC 계획의 목표와 대상범위

생활SOC 3개년 계획의 비전은 국민 누구나 어디에서나 품격 있는 삶을 사는 한국을 만드는 것이다. 계획의 목표는 2022년까지 국가 최소수준 이상의 핵심적인 생활인프라를 구축하는 데 있다. 계획은 3대분야 8대 핵심과제를 대상으로 추진되며, 지역주도 및 주민참여로 추진하며, 중앙정부는 지원하는 역할을 수행한다. 3대분야는 여가활력, 생애돌봄 및 안전안심으로 구분하며, 여가활력의 확충 과제들은 공공체육인프라, 문화시설 및 취약지역 기반시설을 포함한다. 생애돌봄 분야의 확충과제에는 어린이 돌봄시설, 취약계층 돌봄시설과 공공의료시설이 해당되며, 안전안심 분야에 안전한 삶터 구축 및 깨끗한 생활환경 조성과제가 들어있다. 생활SOC에 대한 총투자액은 2020~2030년 동안에 총 30조이며, 지방비 포함시에 총투자비는 48조원으로 전망된다.

표 8-3-3. 생활SOC 3개년 계획의 과제와 대상시설

분야	확충 과제	생활SOC 사업
여가 활력	공공체육인프라	국민체육센터, 실외체육시설
	문화시설	도서관, 생활문화센터, 꿈꾸는 예술터
	취약지역 기반시설	도시재생, 농산어촌개발, 어촌뉴딜
생애 돌봄	어린이 돌봄시설	어린이집, 유치원, 온종일 돌봄체계
	취약계층 돌봄시설	노인요양시설, 고령자 복지주택
	공공의료시설	지역책임의료기관, 주민건강센터
안전 안심	안전한 삶터 구축	교통, 지하매설물, 화재 및 재난안전
	깨끗한 생활환경	미세먼지 저감숲, 휴양림, 야영장
추진 방식	• 추진방식 혁신 : 제도개선 → 지역주도 - 중앙지원, 주민참여 • 기획(시설복합화) + 조성(학교·공용부지) + 운영(지속가능성) • 총투자규모 : 3년간 총 30조원 수준 투자	

자료: 국무조정실(2019)

4. 광주·전남 생활SOC 복합화 사업

1) 광주광역시 생활SOC 복합화사업

광주시는 제1차 년도 2020년에 정부의 생활SOC 복합화 사업에 16개 사업이 선정돼 국비 494억원을 지원받아 시민생활 밀착형 숙원사업을 해결하게 되었다. 생활SOC 복합화 사업은 그동안 별도의 공간에 각 부처가 관장하는 시설을 각각 만들던 방식에서 벗어나 일상생활과 밀접한 체육관, 도서관, 생활문화센터, 가족센터 등 다양한 시설을 한 공간에 모아 건립하고 국고보조율을 인상해 지원한다. 광주시 16개 복합화 사업 속에는 수영장 등을 포함한 국민체육센터, 공공·작은도서관, 생활문화센터, 주거지주차장, 다함께돌봄센터, 공동육아나눔터, 노인시설, 장애인회관, 청소년시설 등 다양한 생활밀착형 시설들이 있어 시민들이 체감할 수 있는 생활 인프라가 확충될 것이다.

정부에서 추진 중인 2021년도 생활SOC복합화사업에 광주에서 5곳이 선정돼 국비 79억원을 지원받는다. 생활SOC는 그동안 별도의 공간에 각 부처가 지원하는 시설을 각각 만들던 방식에서 벗어나 부지 확보의 어려움을 덜고 건립비도 줄이는 효과가 기대된다. 선정된 생활SOC 복합화 사업이 추진되면 시민들을 위한 생활밀착형 인프라가 확충되어 삶의 질도 향상될 것이다.

표 8-3-4. 광주시 생활SOC 복합화사업 선정내용

구분	복합화사업 내용	지원액
1차 (2020)	• 시청: 노인복합시설, 장애인회관 복합시설 • 광산구: 송정동 복합커뮤니티 센타 • 남구: 가족사랑 나눔센터, 효천문화복합 커뮤니티센터, 월산4동 행정복합센터, 리모델링(문화정보도서관, 봉선2동 행정복지센터) • 동구: 건립(공공도서관, 가족센터), 행정복지 복합센터 • 북구: 복합공공도서관(신용, 중흥), 복합체육센터(반바디, 우산근린공원) • 서구: 두드림 복합문화센터	총 16건 국비 494억원
2차 (2021)	• 남구: 건립(방림생활문화센터, 사직골생활문화센터) • 동구: 동명동 행정복지복합센터 건립 • 북구: 우산동 행정복지센터 건립 • 서구: 송당경로당 건립	총 5건 국비 79억원

자료: 국가균형발전위원회(2019.10); 국무조정실(2020.9)

2) 전라남도 생활SOC 복합화사업

전남도는 2020년 제1차 년도 생활SOC복합화 사업으로 해남군 땅끝가족어울림센터 건립, 광양시 광영 생활형 SOC복합시설 등 3건, 화순군 세대 연대센터 건립 등 18개 사업에 국비 465억원을 확보했다. 시군별로 해남군의 경우 땅끝가족어울림센터, 화순군의 '세대 연대센터'는 국민체육센터, 가족센터, 주거지주차장, 생활문화센터, 작

은도서관 등 5개의 지원사업과 군 자체사업인 주민자치센터, 엄마의 학교, 마을혁신센터 등 총 8개 시설을 갖추게 된다. 순천시의 '오천지구 복합플랫폼 구축'은 유수지를 활용해 국민체육센터와 공공도서관을 건립하는 것으로 생활 인프라 개선사업이다. 광양시의 '광영 생활형 SOC복합시설'은 공공도서관, 다함께 돌봄센터, 주거지 주차장을 포함하는 복합 플랫폼을 갖추게 된다. 이처럼 생활SOC복합화 사업은 생활문화공간을 넓히고 취약지역의 기초생활시설을 개선하는 등 생활SOC 투자를 확대하여 삶의 질 향상, 지역균형발전 도모 및 일자리 창출 등의 효과가 전망된다.

전라남도는 제2차 2021년 생활SOC 복합화 신규사업에 13개 사업이 선정되어 국비지원 415억 원을 확보했다. 생활SOC 복합화로 도서관과 체육·문화·건강센터, 어린이집, 육아·돌봄센터, 노인요양시설, 로컬푸드복합센터, 주차장 등 대상 사업 13종 중 2개 이상 시설을 하나의 부지에 복합시설로 건립하는 경우에 각 사업에 대한 국비 보조율을 인상하는 등 인센티브를 제공받는다. 순천시 원도심 문화 스테이션 사업은 지하 우수저류시설의 지상 공간 활용을 공영주차장 신설과 함께 생활문화센터, 가족센터, 건강생활지원센터, 로컬푸드복합센터 등 5개 시설을 복합화할 총 220억 원이 투입될 사업이다. 또한 기존 여성문화회관을 리모델링해 작은 도서관과 생활문화센터를 신설할 사업도 함께 선정됐다.

나주시 빛가람 혁신도시에 들어설 생활SOC복합센터는 어린이 특화 도서관을 비롯 다 함께 돌봄센터, 육아종합지원센터, 로컬푸드복합센터 등 가족 모두를 위한 맞춤형 복합플랫폼으로 조성해 혁신도시 정주 여건을 개선할 계획이다. 해남과 진도에는 장애인, 노약자를 대상으로 건강관리와 여가 증진, 문화 향유 공간이 될 체육시설이 복합건물로 설립될 예정이다. 가족센터는 순천 원도심 문화 스테이션을 비롯 구례, 고흥, 보성, 영암, 무안, 완도 등 7개 시·군이 선정돼 돌봄센터 또는 도서관과 함께 건립된다. 이밖에 곡성 '석곡학당 생활SOC 사업'과 신안 '다목적 공공도서관 건립' 사업도 선정돼 면 단위 농촌 및 도서 지역 주민들의 문화 향유를 위해 도서관과 돌봄센터 등이 복합화된다.

표 8-3-5. 전남도 생활SOC 복합화사업 선정내용

구분	복합화사업 내용	지원액
1차 (2020)	• 강진: 통합어울림센터 • 곡성: 복합문화센터 • 광양: 금호/광영 생활형SOC 복합시설, 생활SOC 복합화 • 나주: 가족센터 건립사업 • 담양: 창평복합커뮤니티센터 • 목포: 용해지구 문화시설 • 보성: 벌교복합문화센터 • 순천: 오천지구 복합플랫폼 • 장성: 가족센터 • 신안: 지도읍 체육문화센터 • 완도: 완도복합문화센터 • 여수: 여수생활문화센터, 협동관 리모델링사업 • 화순: 세대연대센터 건립	총18건 국비 465억원
2차 (2021)	• 순천: 원도심 문화스테이션, 여성문화회관 • 나주: 빛가람 혁신도시복합센터 • 곡성: 석곡학당 • 구례: 가족복합센터 • 고흥: 가족복합센터, • 보성: 복합커뮤니티센타 • 해남: 복합체육문화센터 • 영암: 가족복합센터 • 무안: 복합문화센터 • 완도: 가족센터 • 진도: 노인요양체육센터 • 신안: 다목적 공공도서관	총13건 국비 415억원

자료: 국가균형발전위원회(2019); 국무조정실(2020.9)

8-4 생활SOC 전망과 발전적 정책방향

1. 생활SOC 분야 여건전망[1)]

1) 1인가구 대응 주거수요의 증가

인구절벽으로 불리는 저출산 및 고령화 현상은 미래 한국사회에서 변수가 아니라 상수가 되고 있다. 이러한 현상은 광주·전남 지역의 경쟁력을 약화시키며 새로운 주거수요의 필요성을 제기한다. 1인 가구에 대응하는 다양한 주택수요의 현상이 나타나므로 소형주택에 대한 공급증가가 요구된다. 광주에서 1인가구는 청년층으로 집중되고 전남의 1인가구는 고령층에 대한 주거수요 증가로 이어진다. 청년층을 위한 1인가구 정책은 규모, 입지와 주변시설과 연계성 등을 종합적으로 고려한다. 전남에서는 고령자를 위한 공동주거시설이나 복지 및 안전 측면에서 1인가구 정책을 검토해야 한다. 소득계층별로 1인가구를 구분하면, 미래 한국사회에서 소득 간 양극화 현상이 심화될 수 있다. 이에 따라 주거수준이 열악한 고시원, 반지하방, 옥탑방 등에 거주하는 1인 가구에 대한 지원정책이 보다 절실하다.

---

1) 나강열·최우람, 삶의 질 제고를 위한 주거 및 생활SOC 대응방향, 광주전남연구 제16호, 광주전남연구원, 2020.2., pp.48-66의 자료 참고 후 재작성.

2) 복지중심의 주택(거)정책 전환

자치단체들은 10년 주기로 주택 관련 법정계획을 수립했다. 2015년에 주거기본법이 제정된 후에 주택계획의 패러다임이 공급에서 복지로 전환되었다. 전환된 주택정책의 근간은 주택보급률의 신장, 주택시장의 민간영역 담보, 저소득계층 주거권 안정의 공공영역의 책임증가 등에 있다. 지역의 주거복지정책은 중앙정부와 주로 연관되어 있어 광주·전남지역의 실정에 맞는 차별화된 복지정책이 더욱 필요하다.

지역에서 주거복지정책은 복지관련 급여를 통합하고 기본소득과 연관해서 소특계층별로 주거급여 수준을 고려하여 시행할 수 있다. 이에 대비하여 광주·전남지역의 주거실태조사를 시행하고 지역 주거복지정책을 개발해야 한다. 국토교통부가 시행하는 광주·전남 주거실태조사에서 표본집단규모를 확대하여 지역의 주거실태를 보다 정확하게 진단하고 기반자료도 구축해야 한다. 이에 필요한 조사비용도 중앙과 지방정부가 상호 매칭하여 조달한다.

3) 획일적 주거유형 수요의 변화

주택유형은 일반적으로 단독주택, 다가구주택, 다세대주택, 연립주택, 아파트 등으로 구분한다. 과거에 도시에서 토지구획정리사업 혹은 시가지 정비사업 등을 통해 다세대·다가구 연립주택이 등장했다. 급격한 도시화로 인해 소규모 토지에 아파트가 건설되었고 건축기술과 단지 어메니티가 증가해서 주된 주거유형이 아파트로 획일화되었다. 주택이 재산증식의 주수단으로 부각됨에 따라 매매거래와 환급성이 유리한 아파트 수요가 급증하였다.

광주·전남지역에서는 신규주택의 대부분이 기성시가지의 정비사업으로 고층아파트로 공급되는 현상으로 획일화될 수 있다. 단지미래사회에는 기후변화, 환경위기, 주택보급률 충족, 비대면사회 등장 및 인구감소에 따라 주택 고밀화의 여건이 다소 변화될 수 있다. 특히, 아파트 층간소음 및 마당의 선호, 노후건물의 안전성으로 주택수요가 아파트에서 비아파트로 옮길 수 있다. 고층아파트 공급이 가능한 도시용지의 부족, 고밀주거지의 기반시설 미흡, 도시공간 불균형 등의 아파트건설로 인한 공공부담은 더욱 증가하여 주택유형도 다양할 될 전망이다.

4) 주택의 노후·공가화와 사회경제 비용

광주·전남지역의 아파트형 위주의 획일화된 주택공급으로 20~30년의 시간이 경과하여 노후아파트가 전체의 50% 정도에 도달하게 된다. 광주시 경우에 2030년 경 건축연령 25년 아파트가 시전체 아파트의 50%를 넘을 수 있다. 노후 아파트의 증가는 공동주택 아파트의 안전성 문제를 초래하여 시민의 안전과 재산에 위협을 초래할 것이다. 거주인구 감소와 고령화는 주택의 공실률은 높이며 주택의 공·폐가 발생률도 증가시킨다. 현재 광주 및 전남지역의 전체 공가수는 광주 37,220호, 전남 118,648호에 이른다. 공가수는 광주·전남지역에서 시가지 원도심에 있는 저층주거지를 중심으로 증가하는 경향이다. 전남도의 군지역에서는 공가가 비도시지역을 중심으로 많아지고 있다. 이를 테면, 거주하던 고령자가 사망하여 공가가 더욱 늘어나서 초고령화사회의 도래에 의한 공가주택 정책을 우선적으로 검토해야 한다.

5) 최소한도 생활SOC의 관심 증가

중앙정부는 생활SOC 예산을 확대하며 기초생활인프라의 기준을 규정하고 접근성을 강화하고 있다. 이로 인해 최소한의 거주환경을 개선하고 협의회를 구성하여 효과적으로 사업을 추진할 것이다. 2018년 8월에는 지역 밀착형 생활SOC 개념을 도입하여 국민의 삶의 질을 높이며 균형발전과 일자리 창출을 도모할 것이다. 생활SOC 3개념 계획(안) (2020~2022)을 발표하여 국가 최소수준 이상의 핵심 생활인프라를 2022년까지 구축할 계획이다. 이에 따라 2019년 예산안(470조 5천억원) 중 8조 7천억 원을 생활SOC에 반영(2018년(5조 8천억 원)대비 +50.1%), 10대 지역밀착형 생활SOC 확충에 투자했다. 또한 여러 부처에 분절된 생활SOC 사업의 통합적인 추진을 위하여 국무총리 산하에 14개 부처와 문화재청 등 3개청이 참여하는 생활SOC 정책협의회를 신설했다. 협의회 업무를 지원하고 범정부적 추진을 위해서 생활SOC 추진단을 설치하여 운영하고 있다.

이것은 정부의 집중 분야와 각 자지체 및 주민 요구수요를 종합하여 수요맞춤형 생활SOC 사업을 지속하게 만들었다. 중앙정부는 활기차고 품격있는 삶터, 따뜻하고 건강한 삶터, 안전하고 깨끗한 삶터를 조성하기 위해서 로드맵을 수립하고 있다. 따라서 광주·전남지역에서 부족한 기초생활인프라를 확충하기 위하여 선제적인 대응이 필요하다. 이를 위하여 지역생활SOC 실태조사를 시행하고 선택집중을 통한 중점 생활SOC 대상의 선정, 정부공모사업을 통한 예산확보와 시설확보 등에 대한 전반적인 대책마련이 요구된다.

6) 범부처 생활SOC 복합화사업의 추진

생활SOC 사업은 사업효율성의 증대, 예산 중복투자, 부처 간 칸막이 행정 등으로 인한 한계를 극복하려고 복합화사업으로 추진한다. 생활SOC 복합화는 과거 별도의 공간에 부처별 주관의 개별시설 공급방식에서 벗어나 일상생활과 밀접한 체육관, 도서관, 어린이집, 주차장 등 다양한 시설을 일정공간에 모아서 사업효과를 극대화하는 방식이다. 복합화는 생활SOC 중 10종 시설을 규정하고, 시설 간의 복합화와 10종 시설과 생활SOC 3개년 계획에 따른 타 국고보조사업 또는 지자체 자체사업 간 복합화 등 2가지 방식으로 추진한다.

2019년 생활SOC 복합화사업을 보면, 17개 시·도, 172개 시·군·구에서 지역의 고유특성과 주민수요 등을 고려하여 자율적으로 신청한 사업을 바탕으로 모두 289건이 선정되었다. 2020년부터 최대 3년간 국비 약 8,504억원(2020년 약 3,417억원)이 지원된다. 광주·전남지역에는 총 34개 사업(광주 16건, 전남 18건)이 선정되었고, 2020년부터 3년간 국비 959억원(광주 494억·전남 465억)이 지원된다. 광주시는 16개 신청사업 전부가 채택되어 8개시(특별시, 광역시, 시 포함) 중 서울 다음으로 가장 많고, 국비 총 494억원을 지원 받는다. 전라남도는 18개 사업이 선정되어 9개 자치도 중 7번째이며 총 465억원의 국비를 지원 받는다.

또 다른 복합화 사업방식은 지역발전투자협약 연계 또는 광의적 생활SOC 복합화사업과 연계하여 추진한다. 이것은 전국 국민생활과 밀접한 생활SOC에 대한 투자를 늘리고 국민의 삶의 질 향상과 지역발전을 이루기 위한 전략사업이다. 사업은 국회에서 예산 확정 후에 지역발전투자협약으로 추진하는 방식과 낙후지역 및 농산어촌 등에 대해서는 어촌뉴딜 300(해수부), 지역수요맞춤지원사업(국토부), 취약지역생활여건개조사업(농림부·국토부), 농촌신활력플러스·일반농산어촌 개발사업(농림부) 등 지역단위사업과 연계하여 추진한다.

따라서 생활SOC 시설 복합화사업의 추진을 위해서는 지자체가 주도하는 희망시설의 복합화 가능한 투자물량에 대한 사전조사는 물론 사업선정과정을 효과적으로 관리하는 공모시스템을 구비해야 한다. 그리고 도시재생뉴딜 등 부처 간 연계가능한 사업에 대한 지속적인 모니터링과 협업을 통하여 발굴·제안하는 것이 중요하다.

표 8-4-1. 주거생활SOC의 여건과 전망

구 분	여건의 변화 및 전망
주거수요	• 다인 가족수요 → 청년·고령자층의 1인 수요
주거정책	• 공급위주의 주거정책 → 복지측면의 주거정책
주거유형	• 획일적인 아파트형 → 다양한 주거유형 전환
유지관리	• 아파트 공급위주 → 아파트 노후화·공가주택 관리
SOC시설	• 대형SOC 건설 → 최소한도 생활SOC 시설 제공
사업방식	• 부처별 개별사업 방식 → 복합화·연계형 사업 방식

자료: 나강열·최우람(2020)

2. 광주·전남 생활SOC의 발전방향

1) 최소한도 기초 생활SOC의 확충

생활SOC는 주민 삶의 터전에서 사람이 최소 한도로 주변환경을 누리는 삶의 질 수준을 향상하기 위한 인간중심의 기반시설이다(신동훈·최우람, 2020: 64). 과거에 SOC 시설투자는 수도권에 집중되어, 지역 간 발전격차가 심하고 비수도권 지역에서는 소외감과 상대적인 낙후성이 증대되었다. 균형적인 국토 발전과 전 국민의 균등한 복지와 행복한 삶을 위해서는 소외지역에 대한 관심과 지속적인 투자가 매우 중요하다.

도시에서도 도심과 주변지역 간 공간구조를 자세히 분석하여 최소한의 기초생활이 보장되는 생활권을 형성하여 생활SOC를 조성해야 한다. 이를 위해서는 기초 생활SOC별 기능을 고려한 생활권-도시권-광역권의 형성을 유도한다. 생활SOC의 수요공급에 대한 정확하게 진단하기 위해서는 과학적인 조사자료의 분석을 기반으로 지역 수요과 공간구조를 반영하는 기초 생활SOC 확충정책이 매우 중요하다.

지역민의 실질적인 요구수준을 반영하는 최소한의 생활SOC 사업을 추진해야한다. 기존의 생활SOC 공급은 공공기관이 주도하여 사업의 대상과 장소를 선정하여 일방적으로 추진하였다. 이제 효율적인 사업추진과 주민의 숙원사업을 시설에 반영하는 생활 SOC 사업을 선정하여 실행해야 한다. 생활SOC는 주민 삶과 직결되는 중요한 척도이므로 지역민의 요구와 의견을 반영해야 한다.

2) 생활SOC 유형별 서비스 파악 및 공간계획제도 이용

기초 및 광역생활권 단위에서 도보와 차량접근성에 기초하여 생활SOC 서비스 수준을 파악한다(신동훈·최우람, 2020: 14). 이 자료의 구축은 생활SOC 종합계획을 수립하는 데 필요하다. 국토정보 플랫폼(http://map.ngii.go.kr)에 구축되어 있는 생활SOC 유형별 공간분포 및 서비스 수준을 분석한다. 인접 기초지자체가 연결하여 활용하는 경우에 광역생환권 단위로, 단일 기초지자체 단위에서 활용하려면 기초생활권 단위로 서비스 수준을 분석하는 것이 좋다.

생활SOC를 기초생활권 단위보다 광역적 차원에서 계획하는 경우에는 광역도시계획, 도시·군기본계획에 관련 내용을 포함하거나 '광주·전남 생활SOC 종합계획'을 새로 수립한다. 생활SOC 종합계획의 내용들은 생활SOC 유형별 서비스수준, 생활권별 생활SOC 유형별 공간배치 및 접근성 향상, 유지관리와 재원조달방안 등을 포함하고 있다.

3) 생활SOC 공급방식의 차별화 및 시설 간 접근성 제고

배후인구를 토대로 생활SOC 유형별 서비스 수요의 분석은 차별화된 생활SOC 공급방식계획을 수립하기 위해서 필요하다(신동훈·최우람, 2020: 15). 이를 통하여 새로운 생활SOC 시설은 서비스가 수요가 충분한 지역에 건립하고, 서비스 수요가 불충분한 지역에는 생활SOC 시설에 대한 접근성을 강화한다. 인근지역에 유휴시설이 있고 생활

SOC 유형별 서비스 수요가 충분한 지역에서는 시설을 개·보수 및 용도를 전환한다. 수요가 적은 지역에서는 해당 유휴시설을 철거하고 시설활용이 가능한 인근 생활권으로 접근성을 향상시킨다. 이를 위하여 수요자와 생활SOC 시설을 연결하는 수용응답형 대중교통서비스를 공급한다. 일정 장소에 다양한 생활SOC 서비스가 집중된 곳에는 생활SOC 복합시설을 추진하고, 기능적인 연계가 필요하도록 다른 유형의 생활SOC 시설 간 교통체계를 형성한다.

생활SOC 시설은 지역별 균등배분보다 지역특성을 고려하여 공공재로서 특성을 살리도록 공급한다. 보행거리 기준에 입각한 생활SOC 균형배분 원칙에 추가적으로 시설활용 측면에서 지역특성을 고려하여 서비스를 확충한다. 사회복지의 소외 지역 및 취약계층 밀집지역을 선별하여 생활SOC 복합화사업 우선 대상지로 선정하고 사업을 진행한다. 이와 더불어 주민의견을 수렴하여 주민이 체감하는 생활SOC 시설을 집중적으로 지원하고, 광역차원에서 필요한 생활SOC 발굴한다. 취약지역 혹은 연계사업을 찾아서 차별화된 생활SOC 전략을 수립한다.

4) 지역특성에 적합한 생활SOC 사업의 추진

인구감소, 지역소멸 및 낙후지역의 특징이 있는 전남도의 위기를 사전에 대비하여 생활SOC 사업을 시행한다. 인구감소로 지역소멸이 우려되는 지역은 생활SOC가 지역발전의 촉매제 역할을 하도록 생활SOC를 적정으로 공급 및 확충한다. 지역 공동화 및 인구감소 지역에는 공동체의 지속가능성을 기반으로 지역을 활성화시켜야 한다. 이를 위하여 중장기적으로 지역인구 추세를 파악하고, 이를 극복하기 위해서 생활SOC 공급방안을 강구한다.

광주·전남 특성에 맞는 생활SOC 사업은 지역의 균형발전을 유도하고 주민의 삶의 질을 증진하는 데 기여한다. 사업공론화 과정에 전문가 및 지역민을 참여시켜서 제안의견을 생활SOC 사업에 반영하는 것이 좋다. 도시재생 뉴딜 사업시에 수요가 많은 생활SOC 시설을 우선적으로 반영하고 접근성을 향상시킨다.

주민참여의 확대는 지역특성을 반영하는 생활SOC 사업을 기획하는 데 필요하다. 주민의 요구시설을 기획하도록 주민참여 모델을 개발하고 확대하여 주민의 삶과 연계되는 사업을 계획한다. 생활SOC 사업과정에서 주민의 실생활과 연계된 요구사항을 고려하여 반영한다. 생활SOC 사업과정에 주민참여 모델을 구축하여 주민, 지자체, 전문가로 구성된 지역협의체 혹은 거버넌스체계를 만드는 것이 필요하다. 도시재생센터 및 현장지원센터 등 재생사업과 연계하여 지역의견을 수렴하는 다양한 프로그램을 운영하는 것도 바람직하다.

5) 지역별 생활SOC의 접근성 향상

주민의 생활편의 접근성은 생활SOC의 건설과 운영관리에서 중요한 고려요소이다. 생활편의 접근성을 향상하기 위하여 지역거점시설과 마을단위시설 등으로 유형화하여 지역별 차별화 전략으로 배치하며, 지역맞춤형 공간복지전달체계와 결합해야 한다(신동훈·최우람, 2020: 64-65). 마을단위 배치시설의 경우에 마을, 동네에 직접적으로 공급한다. 일정규모 이상의 지역거점시설의 경우에 접근성이 좋은 생활거점에 배치하여 접근성을 제고시킨다. 중심 및 주변지역 간 교통체계를 연계하여 시설 간 접근성의 확보, 지역 간 연계·운영, 공동이용시설의 배치로 SOC의 효율성을 극대화한다.

생활SOC 사각지역에서 배후인구를 고려하여 시설공급 방식을 결정한다. 수요가 충분한 지역에는 시설을 건립하고, 수요가 부족한 지역에는 시설의 접근성을 강화하는 방식으로 지역별 생활SOC 전략수립이 필요하다. 인근에 유휴 생활SOC시설 있는 경우에 시설 개보수와 용도전환, 철거 후 재건축 등의 공급방식으로 차별화 전략을 강구한다.

6) 생활SOC 사업의 공사관리체계 구축

지역단위에서 생활SOC 사업 공사관리체계를 구축하는 것은 시설공사의 좋은 품질을 확보하고 자원낭비를 방지하는 데 효과적이다(신동훈·최우람, 2020: 16). 정부의 생활SOC 복합화사업은 3년동안 단기간에 생활SOC복합화 사업량이 크게 증가한다. 급증하는 생활SOC 사업에서 부실공사의 방지와 효율적인 자원이용은 장차 생활SOC 사업의 성패를 좌우할 것이다.

따라서 생활SOC에 대한 공공건축을 사전에 검토하고 공공건축가가 사업의 기획, 설계, 시공 및 유지관리 등 전체과정에 참여하여 양질의 생활SOC 시설건설 방안을 마련해야 한다. 특히 100억원 미만의 생활SOC 시설은 소형 공공건축사업으로 사전 검토대상이 아니므로 지자체 차원에서 공사관리체계를 마련하는 것이 타당하다. 생활SOC 시설의 조성단계부터 참여형 건축기획과정 및 워크샵을 이용하여 주민의 참여기회를 확대시켜야 한다.

7) 생활SOC 사업과 지역경제성장 정책의 연계

광주·전남지역에서 시행하는 생활SOC 복합화사업과 지역경제활성화 및 일자리 창출사업고 연계하면 시너지 효과가 증가한다. 지역청년층이 생활SOC 사업의 건축·운영과정에 참여해서 전문가 양성과 일자리 창출에 기여한다. 민간투자를 통한 생활SOC 복합화사업은 일자리 창출 및 확대를 통하여 지역경제성장에 기여할 것이다.

민간투자를 촉진하기 위해서 민·관투자사업 모델을 개발하여 활용한다. 재정상태가 열악한 지자체를 위하여 민간투자를 적극적으로 유치하는 지원정책을 강구한다. 민간투자자에게도 최소한의 수익성을 보장해주며, 사업의 발생수익도 사업주체(마을기업, 민간회사, 사회적기업)들이 공유하여 지역발전의 상생모델을 개발하고 발전시킨다.

8) 생활SOC 복합화와 도시재생뉴딜사업 연계

생활SOC 사업 복합화는 지역단위사업과 연계하여 추진하는 것이 바람직하다(신동훈·최우람, 2020: 65). 도시재생 뉴딜사업은 범부처 공동으로 수립하는 포용국가 사회정책 추진계획에서 생활SOC 공급 부분을 대표하는 사업이다. 이것은 장래 도시재생 뉴딜사업에서도 지역별 생활SOC 조성을 위한 정책에 집중될 것이다.

특히, 기초생활인프라의 개념을 정립하고 도시재생사업의 일환으로 추진하는 사업들과 다양한 부처의 생활SOC 사업을 연계하여 뉴딜사업으로 추진하도록 유도한다. 정부의 생활SOC 3대 분야 10대 투자사업 중 관련 부처 생활SOC 사업을 도시재생 뉴딜사업과 연계하여 추진한다. 이 경우에 지역특화재생 인정, 보조율 인상 등의 인센티브를 제공한다. 또한 도시재생 뉴딜사업지역에 생활SOC 브랜드 사업으로 공급 예정인 '어울림 생활센터'에 관련 부처의 사회서비스 사업을 접목하여 하드웨어와 소프트웨어를 포함하는 통합서비스를 제공한다.

따라서 생활SOC 공급계획 및 운영방안은 도시재생전략계획 및 도시재생활성화계획 수립 또는 소규모 재생사업 등에서 마련되어야 한다. 지역분석을 토대로 생활SOC의 지역별 기능, 공간, 프로그램 등을 기획하고 도시재생활성화지역 이외의 지역에도 생활SOC사업이 추진될 수 있도록 정책을 추진한다.

8-5 결론

본 장에서는 생활SOC의 개요를 이론적으로 알아보고, 광주·전남지역의 생활SOC 사업과 실태를 전반적으로 파악했다. 이를 토대로 광주·전남지역에 생활SOC를 효율적으로 확충하고 지속가능하게 운영할 수 있는 발전적인 정책방향을 제시하였다.

사회간접자본(SOC)은 기반시설, 인프라로 칭하며 간접적으로 다양한 생산활동에 기여하고 포괄적으로 사회를 지탱하는 자본, 시설을 의미한다. 한편 생활SOC는 생활밀착형 사회기반시설로서 보육·의료·복지·교통·문화·체육시설·공원 등 일상생활에서 국민의 편의를 증진시키는 지역단위의 모든 소규모 생활인프라 시설이다. 생활SOC 복합화사업은 복수(2개 이상)의 생활SOC 관련 국가 보조사업을 하나의 부지에 단일 혹은 연계 시설물로 건립하는 것이다. 과거 고도성장 시대에 대규모 사회간접자본은 선진국 수준의 기반시설을 구축하고 국가발전에 크게 기여했다. 그러나 국민 생활과 직결되는 기본적인 인프라는 부족하고 체감수준도 낮아 국민생활의 질을 악화되었다. 생활SOC가 열악하여 지역 내 및 지역 간 격차가 심화되며 국민들도 불안하고 일상생활도 불안정하게 되었다.

이에 따라 국민들이 기초생활 인프라에 대한 접근성을 보장하는 포용정책이 중요한 실정이다. 생활SOC 사업은 일자리를 창출하고 지역경제성장을 유도하는 선순환 구조의 역할을 담당할 것이다. 생활SOC 사업은 지역생활을 혁신적으로 발전시켜 형평적 포용성을 구현하는 주민생활 밀착형 기반시설이 되고 있다. 특히 광주·전남은 인구가 감소하며 건축물의 노후화가 심하다. 도시 내 원도심의 공동화 및 외곽지역 신규개발로 이원화되어 지역 내 불균형이 심화되고 있다. 그동안 광주·전남에 공급된 SOC 사업도 대규모 시설위주에서 주민생활을 위한 방식으로 전환할 필요가 있다. 광주·전남의 생활환경은 열악하고 취약한 실정이다. 전남의 인구감소와 낙후 상태는 전국 평균수준에 미달하여 생활SOC를 확충하기 위한 노력과 정책이 절실한 입장이다.

정부는 여가활력, 생애돌봄 및 안전안심 등 3대 분야에 8개 핵심과제를 대상으로 생활SOC 3개년 계획(2020~2022)를 수립하여 총30조를 투자할 계획이다. 제1차 년도 2020년 생활SOC 사업에 광주시는 16개 사업에 걸쳐 국비 494억원, 전남도는 18개 사업에 국비 465억원을 지원받게 되었다. 제2차 년도 2021년 생활SOC 선정사업을 보면, 광주시는 5개 사업에 국비 79억원, 전남도는 13개 사업에 국비지원 415억원을 확보하였다.

광주·전남 생활SOC의 장래 여건들은 1인가구의 증가, 주거복지의 관심증대, 다양한 주거수요 기대, 아파트의 노후화, 최소한도 생활SOC 수요증가 및 생활SOC 사업의 필요성 증대 등으로 변화할 전망이다. 이러한 여건전망에 따라 광주·전남에서 지역 내 및 지역 간 격차를 완화하고 주민 삶의 질을 향상하기 위한 지역밀착형 기초 생활SOC 복합화시설을 더욱 확충해야 한다. 광주·전남지역 생활SOC 복합화사업의 발전적인 정책방향들은 최소한도 기초 생활SOC의 확충, 생활SOC 유형별 서비스 파악 및 공간계획제도 이용, 생활SOC 공급방식의 차별화 및 시설 간 접근성 제고, 지역특성에 적합한 생활SOC

사업의 추진, 지역별 생활SOC의 접근성 향상, 생활SOC 사업의 공사 관리체계 구축, 생활SOC 사업과 지역경제성장 정책의 연결, 생활 SOC 복합화와 도시재생뉴딜사업의 연계 등으로 제시되고 있다.

참고문헌

공공투자관리센터, 『공공투자사업의 지역경제파급효과 추정을 위한 다지역 산업연관모형 구축 및 분석』, 한국개발연구원, 2000.

공공투자관리센터, 『공공투자지출의 국민경제적 파급효과 분석』, 한국개발 연구원』, 2001.

공공투자관리센터, 『공공투자사업 예산관리의 효율화 방안』, 한국개발연구원, 2002.

국무조정실, 『생활SOC 3개년 계획(안) (2020~2022)』, 생활SOC 추진단, 관계부처 합동, 2019.4.15.

국가균형발전위원회, 『20년부터 생활SOC 복합화사업 본격 추진한다』, 보도자료, 2019.10.4.

국무조정실, 『정부 제2차 생활SOC 복합화사업(21년 사업) 149건 확정』, 보도자료, 생활SOC 추진단, 2020.9.17.

김재형, 『공공투자사업의 타당성 평가체제 개선방안』, 한국개발연구원 공공투자관리센터, 1999.

김태윤·김상봉, 『비용편익분석의 이론과 실제: 공공사업평가와 규제영향분석』, 박영사, 2004.

구형수, 생활SOC 정책의 주요 이슈와 전략적 추진방안, 『국토정책 브리프』 696호, 국토연구원, 2018.12.31.

구형수, 『생활SOC 공급을 통한 공간복지 실현방안』, 생활SOC 정책컨퍼런스 발표자료, 국무조정실, 2019.12.17., pp.165-197.

구형수, 생활SOC 정책에 대한 건설산업의 대응방안, 『건설정책저널』 통권 37호, 2020.4.

나강열·최우람, 삶의 질 제고를 위한 주거 및 생활SOC 대응방향, 『광주·전남연구』 제16호, 광주전남연구원, 2020.2., pp.48-66.

부산발전연구원, 『동남권 SOC 투자사업의 경제성장 기여도 및 유발효과 연구』, 미래경제 기획연구, 미래경제연구센터, 2008.

신동훈·최우람, 생활SOC 추진동향 및 광주전남 대응방향, 『광전 리더스 인포』 제187호, 광주전남연구원, 2020.5.12.

안홍기·김민철, 『교통기반시설투자의 지역간 배분과 지역경제성장에 관한 연구』, 국토연 2006-35, 국토연구원, 2006.

양지청, 『지역경제 및 사회간접자본론』, 청양, 2002.

이다예외 2인, 지역유형별 생활SOC 공급·운영 사례와 시사점, 『국토정책브리프』 제76호, 국토연구원, 2020.4.27.

이형희·김대형, 『광역과 기초단체간 세원배분방안』, 한국지방행정연구원, 2006.

정봉현, 『사회간접자본의 실태와 대책, 광주지역의 투자환경』, 강태구 외 11 공저, 전남대학교 지역개발연구소, 2000.3.

정봉현, 『사회간접자본과 지역발전-호남권 교통현안과 대책』, 전남대학교 출판부, 2010.

조진우, 생활SOC 정책의 문제점과 개선과제, 『토지공법연구 제90집』, 2020.5, pp.173-198.

진성만, 생활SOC 사업의 지속가능한 운영방안, 『지방자치 정책브리프』 제80호, 2019.12.

최석인외 5인, 『4차산업혁명시대 인프라의 질적 제고방향과 전략: 스마트 인프라의 필요성과 추진전략』, 한국건설산업연구원, 2017.6.

한국개발연구원, 『Public Infrastructure Investment and the Role of Public-Private Partnerships』, 2005.

홍기용, 『공공사업분석론』, 형설출판사, 2002.

홍성웅, 『사회간접자본의 경제학』, 박영사, 2005.

제9장

균형발전정책의 변천과정과 광주·전남지역정책의 지속가능한 발전 방향

나주몽(전남대학교 경제학부)

본 장은 균형발전정책이 본격화된 2000년대 이후 역대 정부별로 상이하게 나타나는 균형발전정책의 다양한 추진과정을 살펴보았다. 이러한 균형발전정책의 추진과정에서 광주·전남에 지역발전의 현주소를 지역발전지수와 지역혁신지수를 통해 분석하고 광주전남 지역관점에서 균형발전정책에 대응한 지속 가능한 지역발전방향에 대해 고찰한다.

* 이 글은 나주몽(2020) “국가균형발전정책 변천의 특성과 광주·전남지역의 발전방향”, 광주전남연구 제17호에 실린 내용을 기초하여 수정·보완한 것이다.

9-1 서론

경제활동의 글로컬화 및 디지털 첨단기술의 융복합화가 진전되는 경제 환경 속에서 지역의 글로벌 경쟁력 강화가 당면 과제로 부각되고 있다. 더욱이 새로운 글로벌 혁신 경제의 도래와 더불어 국가경제에서 지역의 역할은 급속히 변해가고 지역경쟁력에 대한 중요성도 강조되고 있다.

우리나라는 60년대 이후 산업화를 통한 경제성장을 지원하면서 신속한 경제부흥을 위해서 국가주도로 성장거점 위주의 지역정책을 꾸준히 추진한 결과 수도권의 과도한 집중과 지역간 불균형 문제를 초래했다. 국가주도의 산업정책은 60년대 산업단지 및 기간시설 건설, 70년대 중화학공업육성, 80년대 산업합리화 단계를 거쳐 90년대에는 경쟁촉진과 기술혁신을 통한 산업력 강화를 통해 경제성장을 이루어왔다. 이처럼 90년대 중반까지 산업화 시기에는 지역균형이나 지역발전보다는 국민경제 전체의 성장을 우선시 하였다.이에 오랫동안 자원과 의사결정권한을 독점해온 국가가 특정지역을 중심으로 지역정책을 추진해 왔고, 지역격차 및 지역 불균형은 바로 그 산물이라고 할 수 있다.

90년대 후반부터 산업정책에 지역의 중요성이 강조하면서 불균형발전을 조장한 국가가 직접 나서서 수도권 집중 억제와 지역간 격차를 완화하는 '국가균형발전정책'이 2000년대에 본격적으로 추진되어 역대 정부별 균형발전정책을 수행해 왔다.

최근 경제성장률의 둔화, 저출산·고령화 등 인구구조의 변화, 경제적 양극화 문제와 함께 저성장기에 새로운 패러다임 변화가 진행되고 있다. 고도성장기의 확장적 국토이용에서 도시재생, 산업단지 재생 등 기존 토지를 재활용하고, 컴팩트화하는 개발경향이 나타나고 있다. 이미 1990년 이후 인구가 감소하기 시작한 농촌지역에서는 고령화 문제, 폐·공가 등의 유휴공간 문제가 본격화 되었고 이에 대한 대책이 시급한 실정이다(안홍기 외, 2017). 이처럼 새로운 패러다임으로 전환하고 있는 시기에 직면하여 지역은 서로 동일하지 않고 서로 다른 특성을 지니고 있기 때문에 지역 실정에 맞는 차별적인 지역정책이 필요하다. 따라서 2000년대 이후 균형발전정책의 흐름을 제대로 파악하고 지역적 차원에 지역정책의 대응도 중요하다고 할 수 있다.

균형발전정책 추진과정에 있어 균형발전특별법에서 균형발전의 정의만 살펴보더라도 정권별 정책 환경변화와 국민들의 요구와 같은 다양한 요소와 특징 등이 반영되어 변화되어 가고 있다는 것을 알 수 있다. 참여정부와 문재인정부는 지역 간 발전의 기회균등과 지역발전 역량 증진, 지역자립, 삶의 질 개선 등을 통해 지역발전을 이루는 것을 국가균형발전으로 정의한 반면, 이명박정부는 지역별 특성화 발전과 지역간 협력을 통해 지역경제를 활성화하고, 국민 삶의 질 개선 등을 통해 지역발전을 이루는 것을 지역발전으로 정의하였다. 또한 박근혜정부는 이명박정부와 전반적으로 유사하지만, 지역(행복)생활권을 개념을 강조하는 생활기반 확충을 정의에 포함하였으며, 참여정부의 지역간 균형발전을 정의에 다시 포함시켰다(정종석 외, 2018).

역대 정부별 균형발전정책에 있어 참여정부는 국가균형발전의 관점에서 균형발전 토대를 마련하여, 공간적 분산정책을 추진한 반면,

이명박정부와 박근혜정부는 지역발전의 관점에서 권역을 나누어 지역간 불균형 해소보다는 지역 경쟁력 강화를 중점적으로 수행하였다. 문재인정부는 참여정부 균형발전정책을 계승하여 지방의 정치적·경제적 자립화와 지역간 불균형 해소를 도모하고 있다. 이들 균형발전정책은 추진하는 과정에서 관점에 차이는 있지만 각 지역이 특성에 맞는 발전과 지역 간의 연계 및 협력증진을 통하여 지역경쟁력을 높이고 국민의 삶의 질을 향상시키기 위한 지역 간의 균형 있는 발전을 도모해 왔다고 할 수 있다.

본 연구에서는 균형발전정책이 본격화된 2000년대 이후에 역대 정부별로 상이하게 나타나는 균형발전정책의 다양한 추진과정을 살펴본다. 그리고 그에 따른 광주·전남에 지역 경쟁력의 위상을 지역발전지수와 지역혁신지수를 통해 분석하여 광주전남의 지역관점에서 균형발전정책에 대응한 발전방향에 대해 고찰하고자 한다.

9-2 균형발전정책의 변천 특징과 평가

1. 국민의정부 균형발전정책 특징과 평가

국민의정부는 1997년 외환위기로 기존 발전전략의 한계에 직면하여 외환위기 극복과 함께 지식기반 경제에 부합하는 혁신환경을 구축하고 지역균형 발전 및 경제활성화를 추구하기 위해 지역중심의 내생적 산업발전 전략을 균형발전의 대안으로 제시하였다. 이에 기존의 발전전략인 정부주도형 하향식 산업육성정책에서 분권적 상향식 지역산업정책으로 전환을 시키기 위해 전략산업진흥사업을 추진하였다. 즉 지역전략산업진흥사업을 부산, 대구, 광주, 경남의 4지역에 추진하였고 산업기술단지지원에 관한 특례법을 제정하여 6개 시범 테크노파크를 경기, 송도, 충남, 대구, 경북, 광주에 지정하여 운영하였다.

4개 지역전략산업진흥사업(1999)은 지역혁신체계 구축, 지역주력산업의 고부가가치화, 경쟁력 강화 등을 통한 지역의 경제발전을 촉구하기 위해 총사업비 1조 8,970억원(국비 1조 562억원)을 투입하여 인프라조성 및 기술개발사업에 중점 투자하였다. 더욱이 2002년에는 지역산업육성정책의 대상을 4개 지역에서 9개 지역(대전, 충남, 전북, 전남, 제주, 울산, 경북, 강원)으로 추가 확대하여 사업을 추진하였다. 이외에도 자유무역지역, 경제자유구역, 벤처기업육성 촉진지구를 선정하여 국가균형발전을 추진하였다.

중앙정부가 국가균형발전에 대해 관심을 갖기 시작한 것은 1987년 민주화 과정을 거쳐 지방자치가 전면적으로 도입되고 이에 따라 지역격차 해소에 대해 지역민의 관심이 높아가기 시작하면서부터였다. 김대중 대통령의 국민의정부에서부터 기존 수도권 규제 중심, 성장거점 중심의 입지형 전략에서 벗어나 지역 간 균형발전에 바탕을 둔 방향으로 중앙정부의 지역발전정책의 방향이 바뀌었다. IMF외환위기 이전의 정부들은 수도권과 비수도권의 격차를 줄이기 위해서는 단순히 수도권에 인구와 자원이 집중되는 것을 막기만 하면 된다는 사고를 가졌다. 그에 반해, 김대중 정부는 그러한 수도권 규제 중심의 사고로는 수도권과 비수도권 간의 지역격차의 불균형을 해소할 수 없기 때문에 오히려 지역별 특화산업을 육성해 지역산업의 경쟁력을 확보하는 방법으로 수도권-비수도권 지역격차를 줄여나가는 근본적인 대책이 필요하다고 생각했던 것이다(차재권, 2017).

국민의정부 출범과 함께 지역산업을 진흥하고 지역혁신체계를 구축하기 위한 클러스터접근 방식이 지역산업정책으로 자리 잡은 한편 2003년 참여정부의 출범과 함께 핵심적인 국가정책 의제로 대두되었다(서중해 외, 2015). 이러한 배경 하에 지역산업정책을 통한 국가균형발전을 도모하고자 하는 노력은 노무현, 이명박, 박근혜정부를 거치는 동안 균형발전정책은 역대정부 지역정책의 근간을 이루어 왔다. 그 결과, 생산, 재정, 인구 부문에서는 국가균형발전정책의 성과가 일부 나타나기도 했다.

2. 참여정부 균형발전정책 특징과 평가

참여정부의 국가균형발전의 비전과 목표는 각각 '전국이 개성 있게 골고루 잘사는 사회 건설'과 '혁신주도형 지역발전으로 자립형 지방화 달성'으로 설정하였다. 이를 위한 핵심 추진과제에는 신활력지역의 발전, 지역혁신역량 강화, 지역전략산업의 육성, 공공기관 지방이전 및 혁신도시 건설, 신수도권발전정책 등이 포함되었다. 제도적 정비로서는 국가균형발전 특별법 제정, 국가균형발전위원회 설립, 국가균형발전특별회계 신설, 국가균형발전 5개년계획 제도 도입 등 균형발전의 기틀을 마련되었다(이원호, 2018).

참여정부는 국가균형발전을 위해서 모든 주체의 자원과 역량을 결집하여 통합되고 일관된 시스템으로 추진하려는 확고한 의지에 따라서 강력한 추진체계를 구축하였고 국가균형발전특별법으로 제도화했다는 측면에서 큰 의의가 있다. 혁신도시와 기업도시, 세종시 등 정부기능과 공공기관 및 일부 민간기업의 지방이전을 추진하여 거점도시 개발전략을 통해서 지역간 불균형을 시정하고 공간적인 분산형 균형발전을 모색했다. 특히 지방의 자립적인 성장기반 구축을 기치로 지역전략산업(4 + 9)을 육성하고 지역혁신클러스터 조성을 위해 노력하여 고도성장기 이후 심화된 지역불균형 발전을 시정하고 국민통합의 기초를 마련한 점은 긍정적인 측면이다.

그러나 수도 이전을 둘러싼 논쟁에 휘말렸고, 이전 공공기관의 물리적인 이전에 과도하게 집중하다보니 지역 주민 삶의 질 향상은 다소 미흡했다는 평가를 받고 있다. 또한 '신산업'의 육성을 비롯하여 지방에서 여러 부처가 경쟁적으로 각종 개발사업을 추진하는 과정에서 중복투자가 발생하여 비효율과 자원 낭비를 초래했다고 보고 있다. 법정기구로써 시도와 시군구에 설치하였던 지역혁신협의회는 타 혁신주체들과 협력이 부족했다(박진경 외, 2018).

3. 이명박정부 균형발전정책 특징과 평가

이명박정부는 '일자리와 삶의 질이 보장되는 경쟁력 있는 지역 창조' 비전 아래 광역경제권 중심의 지역발전 전략을 추진하였다. 정책의 주요 특징은 지역발전 및 국가경쟁력 향상에 기여도가 높은 광역경제권의 산업으로서 글로벌 경쟁력 강화, 연계 협력의 강화 및 이를 통한 클러스터 발전의 임계점 확보, 기업 수요자 중심의 사업 추진, 부가가치 창출을 최우선의 목표로 설정 등의 특징적 내용을 가지고 있다(이성근·이춘근·나주몽, 2018).

이른바 5+2 광역경제권 전략 하에서 세계 각국의 지역정책 광역화 추세에 대응하기 위하여 지역산업정책의 지역단위를 광역적으로 확장하여 육성정책을 추진했다. 이를 통해 선도사업은 광역경제권별로 여건과 특성에 맞는 1~2개 신성장 선도산업을 선정하여 R&D, 기업지원, 인력양성 등의 지원을 통해 권역의 지속적 성장 촉진을 도모하였다. 이를 통해 분산·중복투자를 지양하고 시·도간 벽허물기, 시·도 경계를 넘는 광역 현안 해결 및 지역의 글로벌 경쟁력 강화를 강조하여 규모의 경제를 실현하는 지역간 연계발전의 필요성을 제시한 측면은 긍정적이었다. 또한 SOC 위주의 30대 선도프로젝트, 첨단의료복합단지, 국제과학비즈니스벨트, 4대강 살리기 등 대형 프로젝트를 추진하였다. 또한 기존 행정구역에서 벗어나 규모의 경제를 실현할 수 있는 광역경제권 개념을 제시하고 관련 사업들을 기획·추진한 점과 지방소비세·지방소득세 신설, 지역발전특별회계(일부 계정)의 포괄보조금 제도 도입, 지역상생발전기금 신설·운영 등은 주요성과로 꼽힌다.

그러나 정부의 성격과 정치적 이념의 변화에 따라 초기 '국가균형발전'의 개념이 퇴색하였고 효율성과 경쟁력 중심의 신지역발전전략을 채택하면서 지자체의 역할이 크게 축소되었다는 한계가 있다. '균형발전'이 '지역발전'으로 성격이 바뀌면서 계획, 조직, 재정 등 전반적인 추진체계가 중앙 주도적 시스템으로 변화했다. 광역경제권 발전위원회는 사무국 역할만을 담당하여 광역단위의 혁신주체로써는 기능이 부실했고, 원활하게 작동하지도 못했다(박진경 외, 2018).

4. 박근혜정부 균형발전정책 특징과 평가

박근혜정부는 '국민에게 행복을, 지역에 희망을'이란 지역발전정책의 새로운 비전을 설정하여 주민이 실생활에서 행복과 희망을 체감하고, 행복한 삶의 기회를 고르게 보장하며, 자율적 참여와 협업의 동반자관계를 통해, 전국 어디에서나 정책의 사각지대가 없도록 하는 지역희망(HOPE) 프로젝트를 추진하였다. 이러한 지역발전정책의 비전 달성을 위해 지역행복생활권 구현, 맞춤형·패키지 지원, 지역주도 및 협력 강화의 3대 추진전략을 제시하였다(이성근·이춘근·나주몽, 2018).

박근혜정부에서는 '산업' 측면에서 창조경제를 강조하고, 지역차원에서는 행복생활권을 중심에 두는 정책을 추진하였다. 지역산업정책에서는 기존의 지역산업정책을 포용하면서도 약간 차별화된 지역산업정책을 추진하고 있다고 평가할 수 있다. 정책 추진의 범위는 이명박정부에서 설정한 광역경제권 단위를 폐지하고 다시 시·도 지역생활권 중심으로 환원한 것이 특징이다. 이와 함께 행복생활권 설정 차원에서 시·군 단위의 소규모 지리적 단위를 상대적으로 중시하였다. 즉 63개 지역생활권을 구성하고 지방자치단체 간 연계협력 사업을 추진하였고 시·도 주력산업, 15개 지역특화발전 프로젝트, 경제협력권 육성사업을 추진하였다. 지역발전위원회와 관계 부처는 공모사업으로서 지역행복생활권 선도사업과 새뜰마을사업을 추진하였다.

이명박정부의 광역발전계획과 광역경제권 발전위원회를 폐지하고 시도발전계획을 부활시켜 국가균형발전 5개년 계획체계를 참여정부 시절로 복원시킴으로써 전체적으로 시·도를 비롯한 자치단체의 자율성과 책임성을 강화한 측면은 긍정적이다. 또한 세종시와 혁신도시의 제1단계 사업을 대부분 마무리하고, 새뜰마을 사업 등을 통해 취약지역 소외계층의 지역발전 정책 체감도를 높였다는 점은 긍정적으로 평가된다.

그러나 지역생활권정책은 박근혜정부의 국민행복시대를 대표하는 브랜드 정책이지만 정책 내용이나 예산규모 등에서 사업이 빈약하고 정책 이미지가 미약했으며, 미시적인 생활권 문제에 과도하게 치중하다 보니 광역권 발전전략 등이 미흡하였다. 또한 주요 추진조직인 지역발전위원회의 기능과 역할은 미약해서 부처 간 정책조정에 한계를 보였고, 시도생활권발전협의회는 형식적인 조직에 불과했다. 또한 수도권으로의 경제력 집중 심화, 지역 일자리 위기에 선제적으로 대응하지 못한 점은 부정적인 측면이다. 지역격차 완화와 지역 경쟁력 강화라는 지역정책의 기본목표를 경시하고, 주로 지자체 수준의 소소한 삶의 질 향상 정책에 치중했다는 비판을 받았다.

9-3 균형발전정책에 따른 광주·전남지역 현주소

1. 지역발전지수와 지역혁신지수의 개념

우리나라의 균형발전정책이 2000년대 이후 본격적으로 추진되어 왔지만 이에 대한 평가나 연구는 상대적으로 많이 이루어지지 않았다. 더욱이 2000년대 본격적으로 추진되어 온 균형발전정책을 역대 정부별로 나누어 광주·전남지역에 어떠한 영향을 미쳤는가에 대해 살펴 볼 수 있는 직접적인 평가나 분석은 역시 어렵다. 이에 국가균형발전위원회에서 균형발전지표를 개발하였으나 이제 자료 공개를 준비하고 있는 단계이며, 그나마 산업연구원에서 지표를 개발한 지역발전지수와 지역혁신지수 등은 시계열 통계자료를 제공하고 있어 지역별 현황을 살펴볼 수 있다.

이에 본고에서는 국가균형발전위원회의 국가균형발전포털(나비스)에서 제공하는 시계열 통계자료인 '지역발전지수'와 '지역혁신지수'를 활용하여 광주·전남지역이 어떻게 발전되어 왔는가에 대한 현황을 분석하고자 한다. 즉 2000년 이후에 역대 정권이 끝나는 연도를 기준으로 균형발전정책의 성과가 있었을 것이라고 간주하고 지역발전과 지역혁신의 관점에서 광주·전남지역에 미치는 간접적인 영향을 살펴보고자 한다.

먼저 지역발전지수는 내가 살고 있는 지역의 발전 수준을 나타내는 지표이며, 지역혁신지수는 지역에서 혁신활동이 얼마나 활발하게 일어나고 있는지를 보여주는 지역별 표준화 지표라고 할 수 있다. 즉 2000년 이후에 역대 정권에서 본격적으로 추진해 온 국가균형발전정책의 성과로써 지역발전수준과 지역혁신활동 측면에서 광주·전남의 현황은 어떠한지 당해 연도의 지역별 상대적 비교를 통해 살펴보고자 한다.

지역발전지수는 살고 있는 지역의 발전 수준을 나타내는 지표로 지역의 경제력과 생활여건 등 지역발전을 구성하는 제반 요인을 포괄하여 지역의 발전정도를 종합적으로 파악하고 평가하기 위해 만들어진 지수이다. 지역발전지수는 크게 지역경제력지수와 주민활력지수 부문으로 구성되며, 각 부문은 다시 5개의 하위 평가지표로 구성되었다.

지역경제력지수는 지역의 경제력을 총체적으로 파악하기 위한 지표로서, 소득수준·혁신역량·인력기반·산업발전·SOC/재정력 지표 등 각 지역의 경제적 역량을 대변하는 5개 하위 평가지표로 구성되었다.

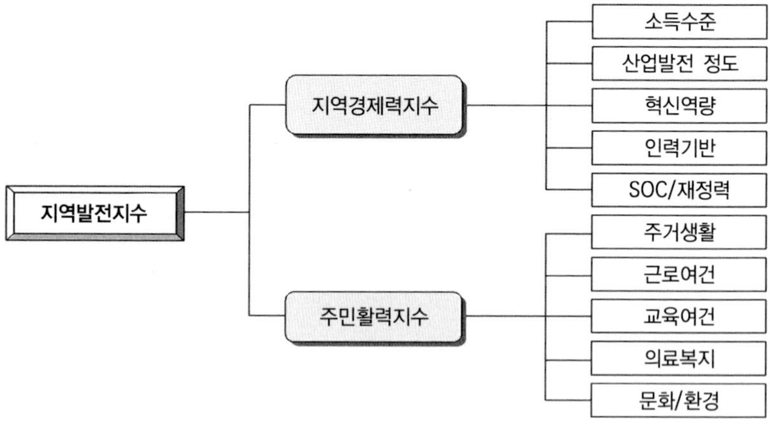

그림 9-3-1. 지역발전지수의 지표 체계

주민활력지수는 지역 주민의 핵심적인 생활영역을 파악하기 위한 지표로서, 주거생활·근로여건·교육여건·의료복지·문화/환경 등 각 지역 주민생활 여건을 대변하는 5개 하위 평가지표로 구성되었다. 본고에서는 지역발전지수를 통해 내가 살고 있는 지역의 발전 수준을 다른 지역과 비교하여 광주전남의 지역발전 위상을 살펴본다.

다음으로 지역혁신지수는 2000년대 초반에 전 세계적으로 혁신주도형 성장이 중시됨에 따라 경제의 혁신성과에 대한 관심과 연구가 고조되었고 EC(European Community)는 리스본전략의 일환으로 매년 회원국들의 혁신성과를 평가·비교하고 있다. 이러한 EC의 혁신성과 평가지표를 산업연구원이 우리나라의 통계 실정에 맞게 수정한 지표로 16개 시·도별 혁신지수를 평가하고 있다.

지역에서 이러한 혁신성장 전략을 추진하기 위해서는 지역혁신시스템의 구축이 선행되어야 한다. 지역혁신시스템은 4차 산업혁신시대의 상호작용적 학습의 적정 단위로서 지역 내의 혁신주체들 간의 신뢰와 호혜성을 토대로 지식의 창출, 확산, 활용도를 높이기 위한 상호협력체제라고 할 수 있다. 지역혁신성장을 위해서는 지역혁신시스템을 통해 혁신활동이 작동되고 있는가에 대해 살펴볼 필요가 있다. 혁신은 기업뿐만 아니라 공공부문, 대학, 연구소, 기타 사회 전반으로 조직 발전의 필수 요건이라고 할 수 있다.

이렇게 지역 내의 혁신활동이 지역혁신시스템을 통해 어떻게 효율적으로 작동하고 있는가를 단편적으로 살펴볼 수 있는 한 가지 대안이 지역혁신지수라고 할 수 있다. 지역혁신지수는 지역정책의 효과성을 분석하고, 새로운 정책을 수립하는 데 근거를 제시하는 등 유용하게 활용될 수 있다(장재홍 외 2017).

지역혁신지수는 혁신에 필요한 요소 투입 및 그 산출물의 활용 등 해당 지역에서 일어나고 있는 전반적인 혁신활동의 상대적 수준을 평가하기 위해 만들어진 지수로 크게 혁신투입부문지수와 혁신산출부문지수로 구성되며, 각 부문은 2개의 하위부문으로 다시 분류된다.

앞에서 언급한 지역발전지수는 지역의 발전 수준을 나타내는 지표라고 하면, 지역혁신지수는 지역에서 혁신활동이 얼마나 활발하게 일어나고 있는지를 보여주는 지표로 자립적인 균형발전을 위해 지역경제의 성장에 추동력을 가늠해 볼 수 있는 지표이다. 특히 지역혁신지수는 혁신에 필요한 요소 투입 및 그 산출물의 활용 등 해당 지역에서 일어나고 있는 전반적인 혁신활동의 상대적 수준을 평가할 수 있어 지역균형발전정책의 성과를 살펴 볼 수 있다.

지역혁신지수에 있어 혁신투입부문는 각 지역의 혁신잠재력 및 지식창출 활동에 대한 투자를 파악하기 위한 지표로서 다시 인적자원부문과 지식창출 부문으로 나뉘며, 각 부문별로 지역의 혁신투입요소를 대변하는 4개의 하위 평가지표로 구성된다.

한편 지역혁신지수의 혁신산출부문은 혁신적인 부문의 경제적 성과를 측정하고 지식재산권을 통해 성공적인 노하우를 축적해가는 정도를 파악하기 위한 지표로서, 다시 혁신활용부문과 지식재산권부문으로 나뉘며, 각 부문별로 지역의 혁신산출물 및 이의 활용 정도를 대변하는 4개의 하위 평가지표로 구성된다.

2. 지역발전지수를 통해 본 광주·전남 균형발전정책의 현주소

2000년 이후 역대정권의 마지막년도가 균형발전정책의 성과를 볼 수 있는 지역발전수준으로 간주하고 역대정권의 임기 마지막 연도의 지역발전지수를 지역별로 살펴봄으로써 역대정권의 균형발전정책에 대한 영향을 고찰하고자 한다. 즉 역대정권의 시기를 국민의정부(2003년), 참여정부(2008년), 이명박정부(2013년), 박근혜정부(2017년)로 구분하여 광주·전남지역의 지역발전지수의 추이를 중심으로 살펴본다.

먼저 지역발전지수의 전국평균지수는 국민의정부 2003년에 5.8, 참여정부 2008년에 5.9, 이명박정부 2013년에 5.88, 박근혜정부 2017년에 5.88로 나타나 전국평균 지역발전지수는 참여정부에 조금 증가했다가 이명박정부와 박근혜정부에서는 감소하여 정체하는 추이를 보이고 있다.

표 9-3-1. 지역별 지역발전지수의 추이 변화

지역발전지수	2003	2008	2013	2017
전국	5.80	5.90	5.88	5.88
서울특별시	6.83 (1)	6.74 (1)	6.72 (1)	6.60 (1)
대전광역시	6.25 (3)	6.36 (3)	6.27 (3)	6.31 (2)
경기도	6.23 (4)	6.30 (4)	6.22 (4)	6.24 (3)
울산광역시	6.36 (2)	6.50 (2)	6.47 (2)	6.22 (4)
충청남도	5.76 (7)	6.07 (5)	6.20 (5)	6.20 (5)
제주도	5.65 (12)	5.76 (10)	5.85 (8)	6.15 (6)
충청북도	5.57 (13)	5.81 (8)	5.90 (7)	6.01 (7)
광주광역시	5.94 (5)	5.92 (6)	5.92 (6)	6.01 (8)
경상남도	5.70 (10)	5.92 (7)	5.84 (9)	5.73 (9)
경상북도	5.70 (11)	5.80 (9)	5.78 (10)	5.66 (10)
인천광역시	5.86 (6)	5.75 (11)	5.60 (12)	5.64 (11)
대구광역시	5.72 (9)	5.59 (13)	5.62 (11)	5.63 (12)
부산광역시	5.75 (8)	5.64 (12)	5.58 (13)	5.52 (13)
강원도	5.33 (14)	5.55 (14)	5.41 (15)	5.51 (14)
전라북도	5.22 (15)	5.43 (15)	5.46 (14)	5.44 (15)
전라남도	4.94 (16)	5.26 (16)	5.21 (15)	5.25 (16)

주: ( )은 16개 지자체 순위임
자료: 국가균형발전포털(나비스)

광주의 지역발전지수는 2003년에 5.94, 2008년에 5.92, 2013년에 5.92, 2017년에 6.01로 전국평균지수보다 높은 수준을 나타내고 있다. 국민의정부 5.94에서 참여정부와 이명박정부 때에 낮아졌다가 박근혜정부에 6.01로 상승한 것으로 나타났다. 한편 전남지역발전지수는 2003년에 4.94, 2008년에 5.26, 2013년에 5.21, 2017년에 5.25로 전국평균지수의 수준보다 낮으나 국민의정부 초기에 4.94에서 참여정부에 5.26으로 급상승했다가 이명박정부 때에 낮아졌고 박근혜정부에 5.25로 상승한 것으로 나타났다.

참여정부와 박근혜정부를 기준으로 비교해 보면 전국평균은 5.9에서 5.88로 약간 감소한 반면에 광주는 5.92에서 6.01로 증가했으며, 전남도 5.26에서 5.25로 감소한 것을 알 수 있다.

따라서 지역발전지수를 통해 살펴보면 광주의 지역발전수준은 참여정부 시기보다 박근혜정부에 증가한 반면 전남의 지역발전수준은 전국평균과 유사하게 감소했다고 할 수 있다. 그럼에도 불구하고 광주지역의 지역발전 순위는 국민의정부(2003년)에 5위에서 박근혜정부

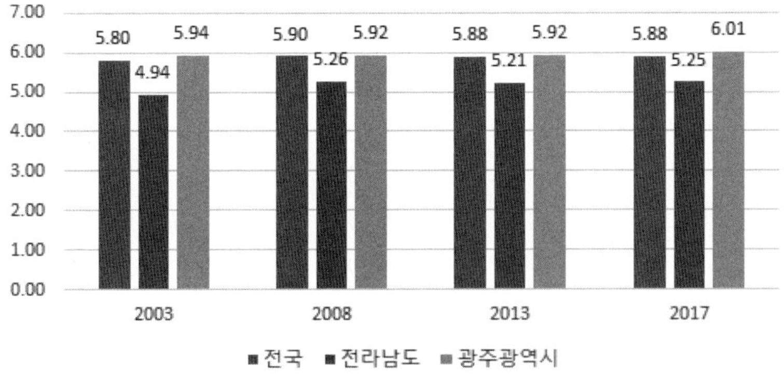

자료: 국가균형발전포털(나비스)

그림 9-3-2. 광주·전남 지역발전지수의 추이

(2017년)에 8위로 위상이 하락하였다. 전남지역의 지역발전 순위는 국민의정부(2003년)에서부터 박근혜정부(2017년)까지 16위로 최하위를 유지하고 있는 실정이다.

다음은 광주·전남의 지역발전지수를 구체적으로 살펴보기 위해 지역발전지수를 구성하고 있는 지역경제력지수와 주민활력지수를 통해 살펴본다.

첫째 지역발전지수를 구성하고 있는 경제력지수의 특성을 살펴보면 다음과 같다. 지역경제력지수의 전국평균지수 2003년에 5.72, 2008년에 5.77, 2013년에 5.76, 2017년에 5.79로 조금씩 지속적으로 증가하는 것으로 나타났다. 그러나 광주의 지역경제력지수는 2003년에 5.82에서 2008년에 5.69, 2013년에 5.67로 감소하다가 2017년에 5.76로 반등하는 것으로 나타났다. 참여정부(2008년)에 5.69에서 이명박정부 때에 5.67로 낮아졌다가 박근혜정부에 5.76으로 약간 상승하였으나 국민의정부 5.82 때보다 경제력지수는 하락한 것으로 나타났다. 한편 전남의 지역경제력지수는 2003년에 4.73, 2008년에 4.93, 2013년에 4.91, 2017년에 4.88로 전국평균지수보다 낮으나 국민의정부에 4.73에서 참여정부에 4.93으로 크게 상승했다가 이명박정부와 박근혜정부에 하락하는 것으로 나타났다.

참여정부와 박근혜정부를 기준으로 비교해 보면 전국평균은 5.77에서 5.79로 증가했다. 한편 광주는 5.69에서 5.76으로 증가하였으나, 전남은 4.93에서 4.88로 감소한 것으로 나타났다.

따라서 지역경제력지수를 통해 살펴보면 광주의 지역경제력수준은 참여정부 보다 박근혜정부에 상대적으로 지역경제력이 증가한 것으로 나타났으며 반면 전남의 지역경제력수준은 참여정부보다 박근혜정부에 감소했다고 할 수 있다. 한편 지역경제력 순위측면에서 보면 광주는 국민의정부(2003년)에 6위였으나 참여정부(2008)에서 8위로 하락했다가 박근혜정부(2017년)에는 9위로 하락하였다. 또한 전남지역의 지역발전 순위는 국민의정부(2003년)에서부터 박근혜정부(2017년)까지 지속적으로 16위를 차지해 최하위를 유지하고 있는 실정이다.

균형발전정책에 의해 광주·전남의 지역경제력수준은 어려운 상황에 있으며 소득수준·혁신역량·인력기반·산업발전·SOC/재정력 측면에서는 상대적으로 개선되지 않았다고 할 수 있다.

표 9-3-2. 지역별 지역경제력 지수의 추이 변화

경제력지수	2003	2008	2013	2017
전국	5.72	5.77	5.76	5.79
서울특별시	7.14 (1)	7.04 (1)	7.03 (1)	7.01 (1)
경기도	6.33 (3)	6.41 (3)	6.37 (3)	6.44 (2)
대전광역시	6.25 (4)	6.29 (4)	6.21 (4)	6.37 (3)
울산광역시	6.69 (2)	6.59 (2)	6.51 (2)	6.33 (4)
충청남도	5.53 (11)	5.86 (6)	6.07 (5)	6.14 (5)
충청북도	5.47 (12)	5.62 (9)	5.71 (7)	5.81 (6)
제주도	5.19 (13)	5.39 (13)	5.51 (13)	5.80 (7)
인천광역시	5.88 (5)	5.91 (5)	5.72 (6)	5.78 (8)
광주광역시	5.82 (6)	5.69 (8)	5.67 (8)	5.76 (9)
대구광역시	5.71 (7)	5.52 (12)	5.52 (12)	5.61 (10)
경상남도	5.63 (8)	5.73 (7)	5.67 (9)	5.59 (11)
부산광역시	5.63 (9)	5.59 (11)	5.53 (11)	5.54 (12)
경상북도	5.56 (10)	5.61 (10)	5.58 (10)	5.45 (13)
강원도	5.06 (14)	5.18 (14)	5.06 (14)	5.12 (14)
전라북도	4.88 (15)	4.94 (15)	5.02 (15)	5.04 (15)
전라남도	4.73 (16)	4.93 (16)	4.91 (16)	4.88 (16)

자료: 국가균형발전포털(나비스)

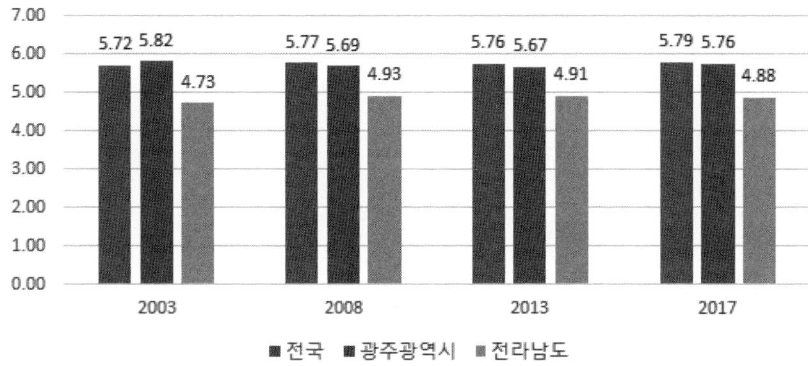

자료: 국가균형발전포털(나비스)

그림 9-3-3. 광주·전남 지역경제력지수의 추이

둘째 지역발전지수를 구성하고 있는 주민활력지수의 특성을 살펴보면 다음과 같다. 주민활력지수의 전국평균지수 2003년에 6.11, 2008년에 6.25, 2013년에 6.20, 2017년에 6.09로 2008년에 증가이후 지속적으로 감소하는 것으로 나타났다. 그러나 광주의 주민활력지수는 2003년에 6.46에서 2008년에 6.52, 2013년에 6.59로 증가했다가 2017년에 6.56으로 약간 감소하는 추이를 나타냈으나 광주의 주민활력지수는 전국평균에 비해 상대적 매우 높은 수준을 유지하고 있다. 한편 전남의 주민활력지수는 2003년에 5.53, 2008년에 6.13, 2013년에 6.01, 2017년에 6.08로 전국평균지수보다 낮으나 국민의정부에 5.53에서 참여정부에 6.13으로 상승했다가 박근혜정부에 감소한 것으로 나타났다.

참여정부와 박근혜정부를 기준으로 비교해 보면 주민활력지수 전국평균은 6.25에서 6.09로 감소했다. 한편 광주는 6.52에서 6.56으로 증가하였으나 전남도 6.13에서 6.08로 감소한 것으로 나타났다.

표 9-3-3. 지역별 주민활력지수 추이변화

주민활력지수	2003	2008	2013	2017
전국	6.11	6.25	6.20	6.09
제주도	6.83 (1)	6.76 (1)	6.75 (1)	6.96 (1)
광주광역시	6.46 (2)	6.52 (5)	6.59 (3)	6.56 (2)
충청북도	5.90 (12)	6.29 (9)	6.38 (6)	6.48 (3)
강원도	6.25 (7)	6.52 (6)	6.34 (7)	6.44 (4)
전라북도	6.34 (5)	6.73 (2)	6.64 (2)	6.36 (5)
충청남도	6.42 (3)	6.62 (3)	6.53 (4)	6.35 (6)
대전광역시	6.41 (4)	6.54 (4)	6.42 (5)	6.17 (7)
경상북도	6.06 (9)	6.31 (8)	6.30 (9)	6.15 (8)
전라남도	5.53 (15)	6.13 (11)	6.01 (11)	6.08 (9)
경상남도	6.13 (8)	6.44 (7)	6.27 (10)	6.03 (10)
울산광역시	6.34 (6)	6.26 (10)	6.34 (8)	5.98 (11)
경기도	5.86 (13)	6.02 (12)	5.81 (14)	5.76 (12)
대구광역시	5.80 (14)	5.76 (15)	5.90 (12)	5.67 (13)
서울특별시	5.95 (10)	5.96 (13)	5.88 (13)	5.64 (14)
부산광역시	5.94 (11)	5.78 (14)	5.70 (15)	5.47 (15)
인천광역시	5.46 (16)	5.34 (16)	5.28 (16)	5.33 (16)

자료: 국가균형발전포털(나비스)

따라서 주민활력지수는 광주는 상대적으로 주민활력수준이 증가한 반면 전남은 참여정부보다 상대적으로 주민활력수준이 감소한 것으로 나타났다. 한편 주민활력지수의 지역별 순위측면에서 보면 광주는 국민의정부(2003년)에 2위로 높은 수준을 유지했지만 참여정부에 5위로 하락한 이후 지속적으로 순위가 증가하여 박근혜정부(2017년)에서는 2위로 상대적으로 높은 수준을 유지하고 있었다. 또한 전남의 주민활력지수의 순위는 국민의정부(2003년)에서 15이였던 것이 참여정부와 이명박정부에서 11위로 증가하고 박근혜정부(2017년)에서는 9

위까지 상승하여 주민활력수준이 지속적으로 상승하였다. 균형발전 정책에 의해 광주·전남의 주민활력수준은 주거생활·근로여건·교육여건·의료복지·문화/환경측면에서 상대적으로 개선되었다고 할 수 있다.

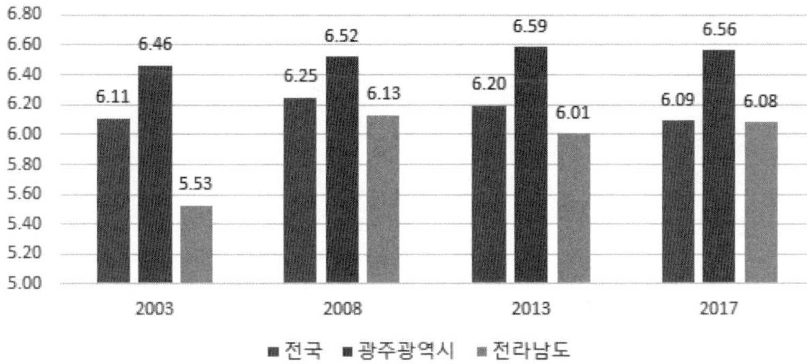

자료: 국가균형발전포털(나비스)

그림 9-3-4. 광주·전남 주민활력지수의 추이

3. 지역혁신지수를 통해 본 광주·전남 균형발전정책의 현주소

지역혁신성장은 4차 산업혁명의 경제 환경에서는 다양한 성장잠재력을 가지고 있는 지역경제를 토대로 지역 혁신성장의 가시적 성과를 창출하고 이들 성공사례를 타 지역으로 이전·확산하는 분출효과 확산 전략으로서 균형발전측면에서 의의가 크다고 할 수 있다.[1)]

1) 혁신성장은 우리 경제·사회의 구조와 체질을 근본적으로 바꾸고, 사람중심의 경제를 실현하기 위한 성장전략이라고 할 수 있다. 구체적으로, 민간주도로 기술·자본·인력 등 생산요소의 원활한 연결을 통해 경제전반의 생산성을 제고하고 효율적인 자원배분을 도모하는 것으로 이를 위해 노동시장 개선, 규제 재설계, 사회적 자본 확충 등 경제·사회 전반의 제도혁신도 병행되어야 한다. 기획재정부(https://www.moef.go.kr/pa/archiveInvGrowthNdNcssty.do)

총합혁신지수의 전국평균은 2003년에 0.4455에서 2008년에 0.4282, 2013년에 0.4147, 2017년에 0.4158로 점점 하락하는 추이를 보이고 있다. 광주의 총합혁신지수는 전국평균 총합혁신지수보다 낮은 수준을 유지하면서 2003년 0.3243에 비해 2008년과 2009년에 각각 0.2429, 0.2341로 감소하다가 2017년에 2.384로 약간 반등하는 추세를 보이고 있다. 전남의 총합혁신지수도 전국평균 총합혁신지수보다 낮은 수준을 유지하면서 2003년에 0.0948에 비해 2008년 0.1044로 소폭 증가했다가 감소와 증가를 반복하고 있는 추세를 보이고 있다.

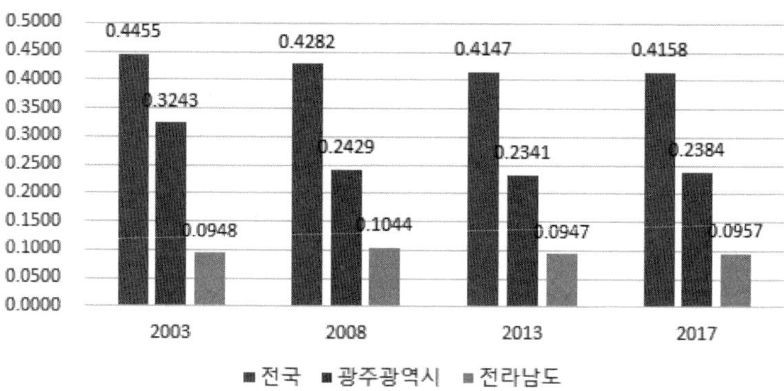

자료: 국가균형발전포털(나비스)

그림 9-3-5. 광주·전남 지역혁신지수의 추이

이러한 광주와 전남의 총합혁신지수를 구체적으로 살펴보기 위해 총합혁신지수를 구성하고 있는 혁신투입과 혁신산출부문 지수를 통해 살펴보면 다음과 같다. 먼저 혁신투입부문에서 광주와 전남 모두 전국평균보다 낮은 것으로 나타났다. 이는 인적자원과 지식창출부문에 이 지역에 대한 혁신투입이 전국평균보다 낮다는 것을 보여 준다.

혁신투입부문의 지역별 상대적 수준은 광주가 2003년에 7위에서 2008년에 8위로 하락하여 2013년과 2017년도 지속적으로 8위를 유지하고 있다. 또한 전남은 2003년과 2008년에 각각 15위와 16위를 나타냈으며, 2013년과 2017년에도 각각 15위와 16위를 차지하였다.

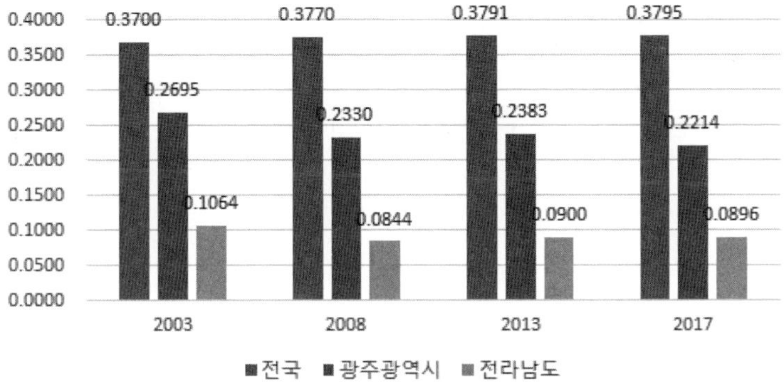

자료: 국가균형발전포털(나비스)

그림 9-3-6. 광주·전남 혁신투입지수의 추이

표 9-3-4. 광주·전남의 지역혁신지수의 추이변화

지역혁신지수		2003	2008	2013	2017
총합혁신지수	전국평균	0.4455	0.4282	0.4147	0.4158
	광주광역시	0.3243 (8)	0.2429 (9)	0.2341 (9)	0.2384 (8)
	전라남도	0.0948 (15)	0.1044 (15)	0.0947 (15)	0.0957 (15)
혁신투입	전국평균	0.3700	0.3770	0.3791	0.3795
	광주광역시	0.2695 (7)	0.2330 (8)	0.2383 (8)	0.2214 (8)
	전라남도	0.1064 (15)	0.0844 (16)	0.0900 (15)	0.0896 (16)
혁신산출	전국평균	0.5211	0.4794	0.4502	0.4521
	광주광역시	0.3790 (8)	0.2527 (11)	0.2298 (12)	0.2555 (9)
	전라남도	0.0832 (15)	0.1243 (15)	0.0994 (15)	0.1018 (15)

자료: 국가균형발전포털(나비스)

한편 혁신산출부문에서 광주와 전남 모두 전국평균보다 낮은 것으로 나타났다. 이는 혁신활용과 지적재산권 부문에 혁신산출이 전국평균보다 낮다는 것을 보여 준다. 혁신산출부문의 지역별 상대적 수준은 광주가 2003년에 8위에서 2008년과 2013년에 각각 11위와 12위를 차지하여 3~4단계 하락하였고 2017년에 9위로 반등하였다. 또한 전남은 2003년과 2008년, 2013년, 2017년 모두 15위를 차지하였다.

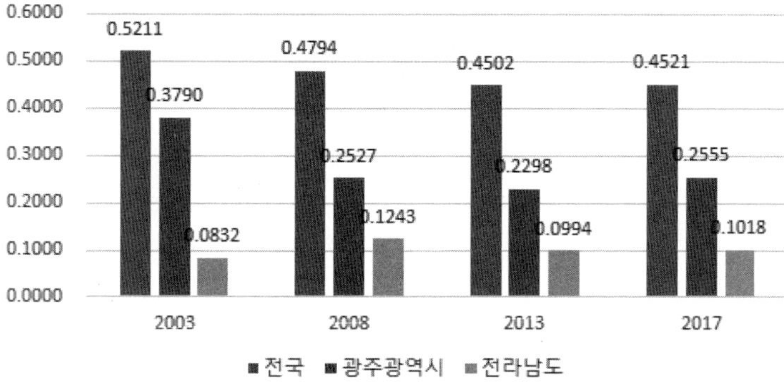

자료: 국가균형발전포털(나비스)

그림 9-3-7. 광주·전남 혁신산출지수의 추이

4. 문재인정부 균형발전정책의 전략

지금까지 균형발전정책을 통해 다양한 지역정책의 추진에도 불구하고 인구·경제력, 생활서비스 접근성 측면에서 지역 간 불균형은 지속되고 있다. 특히 지방에서는 주력산업 침체로 인해 지역경제 여건이 악화되는 가운데, 일부 지역은 혁신역량 미흡으로 자립적인 성장과 재도약 기반 마련에 한계에 직면하고 있다.

이에 문재인정부에서는 국가균형발전정책을 체계적이고 실효성 있게 추진하기 위해 국가균형발전 5개년 계획을 발표하고 정책을 추진하고 있다. 즉 제4차 국가균형발전계획에서는 '지역주도 자립적 성장 기반 마련'을 목표로 설정하여 사람, 공간, 산업의 3대 전략을 통해 '지역이 강하고 균형잡힌 나라'를 만들고자 한다. 여기서 국가균형발전계획의 3가지 전략은 사람중심의 안정되고 품격 있는 삶, 방방곡곡 생기도는 공간, 산업에 있어 일자리가 생겨나는 지역혁신을 추진하는 것이다.

문재인정부에서는 국가균형발전 5개년계획을 통해 3대 가치인 분권, 포용, 혁신을 반영하여 국가균형발전정책을 구현하고자 하고 있다. 첫째, 분권가치측면에서 지역발전투자협약(계획협약) 재도입과 균형발전특별회계 개편(재정분권 반영) 등을 통해 국민주권시대 자치분권에 맞춰 지역이 주도적으로 기획하고 추진할 수 있도록 중앙부처가 지원하는 분권형 균형발전을 추진하고 있다.

둘째, 포용가치 측면에서 기존의 국가균형발전 개념을 복원하고 국가균형발전위원회의 위상을 강화하며, 혁신도시 시즌 2와 지역혁신체계를 재구축 등 국가균형발전체계의 발전적 복원을 위해 국가균형발전특별법 개정을 통해 균형발전 지원체계 재정립하였다. 또한 국가균형발전 프로젝트, 생활 SOC 확충, 사각지대 없는 문화·보건·복지, 도시재생 등을 통해 전국 어디서든 안정되고 품격있는 삶을 누릴 수 있도록 보다 강력한 국가균형발전정책을 추진하고 있다.

셋째, 혁신의 가치측면에서 지역주도의 자립적 성장기반의 마련을 목표로 지역주도 산업육성, 국가혁신클러스터 육성, 규제자유특구 조성, 유휴자산 활용 등 정책을 통해 지역주도 혁신성장으로 지역의 자립적 성장 기반을 마련하는 한편, 우리 경제의 새로운 성장 동력의 토대를 마련하고자 하고 있다.

문재인정부의 균형발전정책을 실제적으로 추진하기 위한 균형발전 지원체계의 핵심과제는 국가균형발전 프로젝트 추진, 균형발전총괄

지표 개발 및 지역차등지원, 생활밀착형 SOC사업 확대, 지역발전투자협약(계획협약) 본격 추진, 국가균형발전특별회계 개편, 지역혁신체계 구축 등으로 중앙부처의 관계기관을 통해 추진되고 있다.

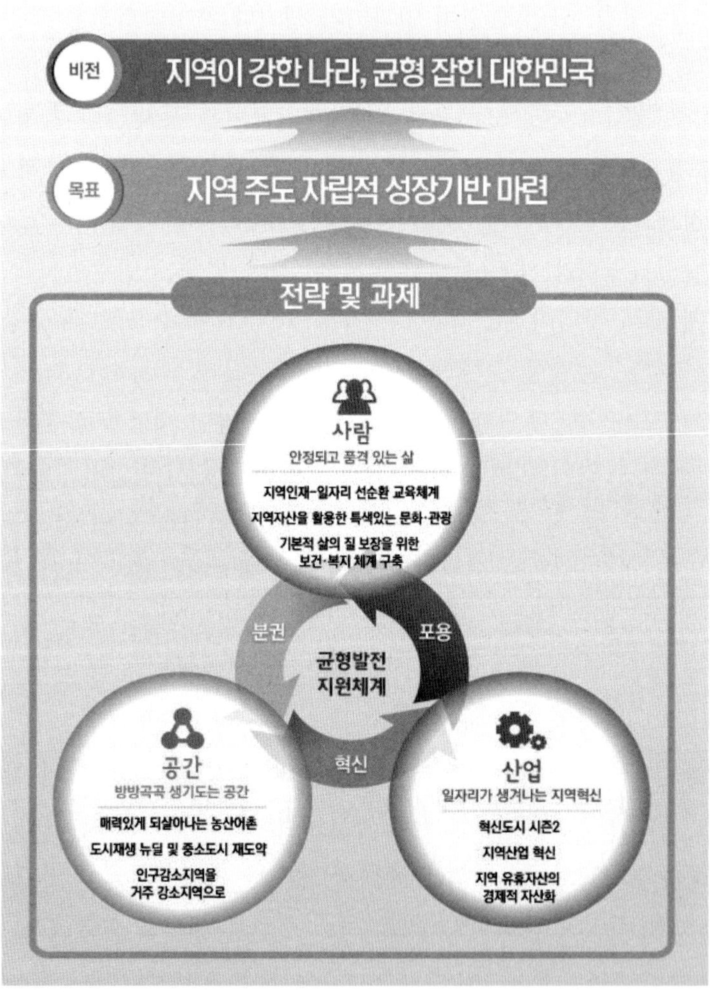

자료: 국가균형발전위원회·산업통상자원부(2019)

그림 9-3-8. 문재인정부 국가균형발전정책의 비전과 전략

5. 한국판 뉴딜정책에 따른 지역균형 뉴딜방향

한국판 뉴딜은 최근 디지털 뉴노멀에 의한 패러다임 변화에 따른 사회·경제·환경위기를 극복하기 위한 해결책으로 사회적 합의가 필요하다는 인식 하에 문재인정부에서는 한국의 저성장 위기 극복과 코로나 이후 글로벌 경제 선도를 위한 국가발전전략으로 '한국판 뉴딜 종합계획'을 발표하였다. 한국판 뉴딜에서는 디지털 뉴딜, 그린뉴딜, 안정망강화라는 추진전략을 통해 일자리 창출 등을 통해 경제적 충격 최소화하고, 코로나 19의 팬데믹으로부터 다른 나라보다 빠르게 정상 성장경로 회복을 지향하며, 디지털 전화과 4차산업혁명으로부터 구조적 변화에 적응을 선도하기 위한 토대 구축을 목표로 하고 있다. 즉 디지털 뉴딜을 통해서는 우리 강점인 ICT 기반으로 디지털 초격차 확대를 통해 경제전반의 디지털 혁신과 역동성을 촉진·확산하며, 그린 뉴딜을 통해서는 친환경·저탄소 등 그린경제로의 전환을 가속화하여 탄소중립(Net-Zero)을 지향하고 경제기반을 저탄소·친환경으로 전환을 도모하고자 한다. 이와 함께 안전망 강화를 통해서 경제구조 재편 등에 따른 불확실성 시대에 실업불안 및 소득격차를 완화하고 적응을 지원하여 경제주체의 회복력 강화를 도모하고자 한다.

그러나 '한국판 뉴딜종합계획'에서는 국가경쟁력과 미래성장동력의 원천으로써 잠재적 혁신역량을 가지고 있는 지역의 역할과 기능을 어떻게 활용하고, 지역활성화와 국가균형발전과 연계할 것인가에 대한 내용이 명확하지 않고 미흡한 측면이 있었다.

특히 지역경제는 과거 고도성장 시기를 지나 이제는 저성장 시기에 진입한 가운데 글로벌 경쟁력을 잃어 가고 있고, 기존지역 주력산업의 신속한 구조조정과 신성장동력산업 창출을 동시에 진행해야 하는 어려운 과제에 직면하고 있는 실정이다.

더욱이 수도권으로 집중 현상이 다시 강화되고 고착화 되는 현상이 두드러지고 있는 상황에서 비수도권은 인구절벽 및 지방소멸의 위기감이 확산되면서 지역균형발전에 대한 요구가 커지고 있다.

이러한 가운데 2020년 10월에 제2차 한국판 뉴딜 전략회의에서 정부는 '지역과 함께하는 지역균형 뉴딜 추진방안'을 확정하고, 한국판 뉴딜의 지역확산 등 지역균형 뉴딜의 강력한 추진을 위한 로드맵을 제시하였다. 이것은 디지털 뉴노멀 시대에 지역발전 차원에서 그 의의가 크다고 할 수 있다.

지역균형 뉴딜은 한국판 뉴딜을 지역기반으로 확장시키는 개념으로서 한국판 뉴딜의 실현·확산으로 지역 활력을 제고하고 국가균형발전 정책과 연계·결합해 지역발전을 추구하는 전략으로 지역을 새롭게(New), 균형적(Balanced)으로 발전시키겠다는 약속(Deal)이라고 할 수 있다.

지역균형 뉴딜사업은 3가지 유형으로 추진되다. 첫째, 한국판뉴딜의 지역사업 유형으로 한국판 뉴딜 종합계획 사업 중 지역에서 실행되고 효과가 지역에 귀착되는 한국판 뉴딜의 지역사업으로 추진된다. 즉 한국판 뉴딜 160조원의 절반 수준인 약 75조원이 지역에 투자될 것으로 전망되며 이는 스마트시티(국가시범도시) 구축 등 지역에서 구현되는 '중앙정부 추진 프로젝트'가 주축을 이루며 이와 함께 그린 스마트 스쿨 등 중앙-지방정부가 함께 하는 소위 '매칭 프로젝트' 방식으로도 추진된다.

둘째, 지자체 주도형 지역균형 뉴딜사업 유형으로 지자체가 지역특색을 감안해 주도적으로 발굴 추진하는 소위 지자체 주도형 지역균형 뉴딜사업의 추진된다. 예를 들어 경기도의 공공배달 플랫폼 구축, 강원도의 수소 융복합 클러스터 조성, 그리고 전남 신안의 해상풍력단지 조성 등과 같이 현재 약 130여개 지자체(광역 11개, 기초 125개)가

각 지역 특성에 맞는 지역형 뉴딜사업을 구상·계획 또는 시행중에 있다. 특히 지역에서 스스로 발굴 제시한 지역 고유의 뉴딜사업을 통해 한국판 뉴딜을 확산하고 이와 함께 국가균형발전을 도모하고자 하는 것이 지역균형 뉴딜의 또 다른 축이라고 할 수 있다.

셋째, 공공기관 선도형 뉴딜사업 유형으로 전국 지역에 위치해 있는 공공기관들이 해당지역의 지자체·연구기관·기업 등과 협업해 실행하는 소위 공공기관 선도형 뉴딜사업으로 추진된다. 예를 들어 에너지 공공기관들의 광주전남혁신도시의 에너지 밸리 등 지능형 디지털발전소 구축, 한국가스공사의 LNG 생산기지 스마트팩토리 구축 등이다. 이것은 공공기관의 자본, 기술, 인력 등 자원을 활용해 중앙정부 및 지자체 주도 각종 뉴딜 프로젝트들이 결합돼 시너지 효과는 매우 클 것으로 기대된다.

따라서 지역균형뉴딜은 지자체가 한국판 뉴딜을 지역에서 구현하고 창의적인 뉴딜을 만들어내는 주역으로서 거듭날 수 있도록 정부는 4가지 중점 추진전략을 적극적으로 추진할 계획이다.

첫째, 한국판 뉴딜의 지역사업 추진과 관련 무엇보다 지역 현장에서 신속 실행되도록 적극 뒷받침하며 기존 지역균형발전 및 지역경제정책과의 연계도 강화한다. 즉 한국판 뉴딜 사업이 국가균형발전에 기여할 수 있도록 지자체 대상 뉴딜 공모사업 선정시 지역발전도를 함께 고려토록 하고 사업 참여에 어려움을 겪는 지자체 대상으로 컨설팅도 제공할 계획이다. 아울러 규제자유특구 신규 지정시 또는 경제자유구역내 핵심전략산업 선정시 지역균형뉴딜과의 연계성을 강화하고 지역주력산업의 디지털·그린 중심 재편, 디지털·그린기업 대상 지방투자보조금 추가인센티브 강화 등 기존 지역경제정책도 한국판 뉴딜 및 지역균형뉴딜을 지원하는 방향으로 개편 또는 지원할 계획이다.

둘째, 지자체 주도형 뉴딜사업의 경우 지자체가 창의에 기반한 지역균형 뉴딜사업 발굴에 동참하도록 교부세·지방채 한도 지원, 투자절차 간소화, 뉴딜 및 지역관련 펀드 투자 등을 통해 적극 뒷받침할 예정이다.

셋째, 공공기관 선도형 뉴딜사업 추진의 경우 국가균형발전과 연계하여 적극적으로 발굴·추진한다. 예를 들어 한전의 광주·나주 에너지밸리 구축 등과 같이 각 공공기관들이 기관역량과 지역특색 등을 결합해 지역균형뉴딜 취지에 부합하는 선도사업을 발굴·추진할 계획이다.

9-4 광주·전남 균형발전정책의 발전방향과 과제

1. 국가균형발전정책에 있어 광주·전남의 발전방향과 과제

문재인정부는 국가균형발전정책에 있어 지금까지 중앙정부가 주도하는 방식에 의한 지역특화발전으로는 저성장, 양극화, 저출산, 지방소멸 등과 같은 구조적 패러다임 전환에 따른 문제해결을 대응하는데 한계가 있다고 인식하였다. 이에 문재인정부에서는 지방정부주도로 지역간 균형발전, 지역의 자립적 성장기반 마련, 지역특화발전에 초점을 맞추어 차별화 된 균형발전정책을 추진하고 있다.

광주·전남이 국가균형발전정책을 실효성 있게 추진하기 위해서는 중앙정부 관계부처가 균형발전지원체계의 관점에서 추진하고 있는 개편과정에 선제적으로 대응하고 준비하는 것이 중요하다. 균형발전지원체계의 핵심사업은 국가균형발전 프로젝트추진, 생활밀착형 SOC사업 확대, 지역발전투자협약의 본격전인 추진, 지역혁신체계 구축, 국가균형발전특별회계 개편, 균형발전총괄지표개발 및 지원차등지원과 연계하여 균형발전정책이 추진되고 있다. 균형발전지원체계의 관점에서 광주·전남의 국가균형발전정책 추진의 현주소와 발전방향을 살펴보면 다음과 같다.

첫째, 국가균형발전 프로젝트 추진은 국가균형발전을 위해 전국 권역을 연결하는 광역 네트워크를 구축하고, 산업기반 조성, 주민 삶의 질 개선을 위한 인프라, R&D 사업 등을 추진하는 사업이다. 그 유형은 크게 'R&D투자 등 지역전략산업 육성', '지역산업 인프라 확충', '광역 교통·물류망 구축', '지역주민의 삶의 질 제고' 사업으로 나누어져 각 지역에 국가균형발전과 지역경제 활성화를 위해 경제적 파급효과가 큰 공공투자 사업을 선정하였고 이를 추진하고 있다.

광주는 국가균형발전 프로젝트로 인공지능중심 산업융합집적단지 조성(4천억원)프로젝트가 예비타당성 면제사업으로 선정되어 추진하고 있다. 또한 광주의 지역특화산업과 스마트특성화사업의 기반구축에 대한 R&D투자지원이 추진되고 있다. 여기서 광주의 지역전략산업은 디지털생체의료, 광융합, 복합금형, 스마트가전이며 스마트특성화 사업은 광융합, 지능형전력시스템, 스마트가전 및 전장, 생체의료 사업으로 R&D투자지원이 이루어지고 있다.

한편 전남은 수산식품 수출단지 조성(1천억원), 압해~화원 등 서남해안관광도로확충(1천억원)이 예비타당성 면제사업으로 선정되어 추진하고 있다. 또한 전남의 지역특화산업과 스마트특성화사업의 기반구축에 대한 R&D투자지원이 추진되고 있다. 전남의 지역전략산업은 바이오헬스케어소재, 첨단운송기기부품, 에너지신산업, 청색청정환경이며, 스마트특성화 사업은 마이크로그리드 융합기기, 고기능 첨단소재, 중소형 선박과 기자재, 바이오메디컬 사업으로 R&D투자지원이 이루어지고 있다.

광주와 전남은 국가균형발전프로젝트의 유형에서 'R&D투자 등 지역전략산업 육성'과 '지역산업 인프라 확충'에 해당한다. 즉 광주의 인공지능중심 산업융합집적단지 조성과 전남의 수산식품 수출단지 조성은 'R&D투자 등 지역전략산업 육성'하는 유형으로 국가균형발전프로젝트로 선정되어 예비타당성 면제 사업이 되었다. 또한 전남의 서남해안관광도로 사업은 '지역산업 인프라 확충'하는 유형에 해당된다. 또한 광주와 전남의 모두 지역특화산업과 스마트특성화사업은 기반구축을 위한 R&D투자지원을 통해 지역특화산업이 육성되고 있다.

광주·전남의 역대정권 말에 지역발전지수와 지역혁신지수를 통해 앞장에서 살펴보았듯이 광주·전남에서는 지역발전지수 중에서 경제력지수가 상대적으로 취약했으며, 지역혁신지수 역시 지역투입과 지역산출부문 모두 전국평균에 미치지 못하고 있은 실정이다. 따라서 광주와 전남에서 선정된 국가균형발전 프로젝트사업 유형이 'R&D투자 등 지역전략산업 육성'과 '지역산업 인프라 확충'에 해당되는 만큼 지역산업을 특화할 수 있는 기회로 삼아야 할 것이다. 또한 광주·전남이 상향식 접근방식으로 선정한 지역특화산업과 스마트특성사업의 R&D투자 기반구축을 활용하여 지역의 혁신역량을 배양하고 외부 민간투자유치를 촉진할 수 있는 기회로 활용해야 할 것이다. 특히 지역산업지원육성에서는 지역산업에 공적투입의 직접적인 효과보다는 지역특화산업 지원을 통해 민간투자를 유발하여 지역경제에 미치는 전체적인 파급효과가 중요하므로 지역경제파급효과에 대한 투자효율성을 높이고 일자리 창출과 함께 지역혁신의 산출부문을 극대화하는 전략적 선택이 필요하다.

둘째, 생활밀착형 SOC 확충은 보육·의료·복지·교통·문화·체육시설·공원 등 일상에서 국민의 편익을 증진시키는 생활SOC 사업을 통해 삶의 질을 높이고 균형발전을 지원하는 하는 것이다. 생활SOC 사업은 지역이 주도하고, 신속성 및 형평성을 위해 중앙정부가 보완·지원하는 추진원칙에 의해 사업이 이루어지고 있다.

광주의 생활밀착형 SOC사업은 '공기정화 기술개발 및 경제생활 SOC 구축을 통한 삶의 질 제고' 사업이 생활밀착형 SOC사업으로 선정되어 광산구에 지역발전투자협약 시범사업으로써 공기정화 기술개발과 테스트베드 사업이 추진되고 있다. 전남의 생활SOC사업은 목포 용해지구 문화시설 건립사업과 여수 생활문화센터·협동관 리모델링 사업 등 15개 시·군 18개 사업이 선정되어 국비 465억원을 확보하게 됐다(무등일보 2010.10.03. 일자기사).

예를 들어 해남군의 경우 '땅끝가족어울림센터'를 건립하여 해남의 밝은 미래 인재 양성에 필요한 다양한 복지수요를 충족하기 위해 맞춤형 원스톱 종합서비스를 제공하게 된다. 화순군의 '세대 연대센터'는 국민체육센터, 가족센터, 주거지주차장, 생활문화센터, 작은도서관 등 5개의 지원사업과 군 자체사업인 주민자치센터, 엄마의 학교, 마을혁신센터 등 총 8개 시설을 갖추게 된다. 순천시의 '오천지구 복합플랫폼 구축'은 유수지를 활용해 국민체육센터와 공공도서관을 건립하는 것으로 생활 인프라 개선사업으로 국가정원 등 주변 관광 콘텐츠와 연계해 지역의 장기적 발전을 견인, 시민과 관광객 모두를 위한 혁신공간으로 조성된다.

이처럼 생활SOC복합화 사업은 생활문화공간을 넓히고 취약지역의 기초생활시설을 개선하는 등 생활에 밀접한 인프라 투자를 확대함으로써 삶의 질을 높이고 지역균형발전을 도모하는 사업으로 기대하고 있다.

그러나 생활SOC복합화 사업은 추진과정에서 지역주민과 지자체가 소통하여 지역역량 강화를 기반으로 운영되는 것이 무엇보다도 중요하다. 따라서 생활SOC복합화 사업의 추진에 있어 지역 자원과 창의성이 최대한 활용될 수 있게 유도하고 지자체-지역주체(주민, 활동단체, 전문가) 간 소통채널을 구축하여야 한다. 이를 통해 주민들이 실질적으로 활용하고 만족도를 극대화하여 지역혁신의 공간으로 역할을 할 수 있도록 만들어가야 할 것이다.

셋째, 지역발전투자협약의 추진은 지자체가 자율적으로 지역발전계획을 수립하고 중앙과 지자체간 협의하고 조정한 후 협약을 체결하여 사업을 추진하여 성과를 내도록 진행된다. 현행 균형발전정책의 사업을 추진하는데 있어 중앙부처 주도 하향식 접근방법은 부처간 칸막이와 단년간 산발적인 사업을 추진하여 주민들이 체감할 수 있는 성과의 과실을 얻는데 한계가 있어 지자체 주도의 상향식 접근방법으로 추진함으로써 중앙의 다부처 묶음형 사업과 다년간 사업으로 확대하고 포괄적 생활밀착형 SOC사업 확대를 모색하고 있다.

지역발전투자협약의 대상사업은 지자체와 중앙정부가 공통의 이해관계를 갖고 균형발전정책에 부합하는 분야를 대상으로 시행하게 된다. 특히 일자리 창출, 생활 SOC, 지역 혁신성장, 삶의 질 개선 등의 분야를 중심으로 각 지자체별로 자체적으로 발굴하여 지역발전을 모색하도록 한다. 추진방식은 '전용사업 지원형'과 '기존사업 묶음형'의 투트랙으로 추진된다. 즉 '전용사업 지원형'은 균특회계 내 전용예산을 지원하여 다부처 묶음의 신규사업을 추진하고 여타 신규사업 등과도 연계하는 방식이며, '기존사업 묶음형' 사업은 기존의 다부처 사업을 연계하여 관련 부처들의 책임성 제고, 인허가 효율화 등 도모하고자 한다.

최근 광주와 전남에서는 지역혁신성장계획을 수립하고 있는데 지역발전투자협약에 있어 '전용사업 지원형'에 의해 균특회계 내 전용예산을 지원하여 다부처 묶음의 신규사업을 추진하고 여타 신규사업 등과도 연계하는 방식으로 지역혁신성장사업이 추진된다. 이에 2020년도 중후반에 광주·전남은 지역혁신성장계획에 의한 사업에 대해 지역발전투자협약을 맺고 사업을 추진할 예정이다. 따라서 광주·전남에서는 지역혁신협의회를 중심으로 철저한 모니터링과 함께 지역혁신성장계획이 확대 추진될 수 있도록 지역 내에서 지역의 혁신성장을 위한 전략산업의 체계적인 로드맵을 수립하고, 사업간 연계 등을 통해 규모 있는 투자 유도 및 적절한 신규사업을 발굴하고 선제적으로 대응하는 것이 중요할 것이다.

넷째, 국가균형발전특별회계 개편에 있어서는 지역이 더 잘 할 수 있고 지역주민의 생활 복리와 관련된 지역밀착형 사업 위주로 발굴하고 이양하는 국가균형발전특별회계에 의한 예산개편이 이루어지고 있다. 정부는 재정분권 추진방안을 토대로 '19년에 국가균형발전특별회계 개편 및 국가균형발전 특별법 개정 추진하였다. 이에 지방세 확충과 연계하여 균형발전특별회계 포괄보조 사업을 중심으로 '20년에 3.5조원 내외 규모의 중앙정부 기능을 지방정부로 이양하게 된다. 여기서 지방의 재정부담 및 기능이양 등을 감안하여 현재 국세인 부가가치세수의 11%인 지방소비세율을 '19년에 15%(+4%p), '20년에 21%(+6%p)로 인상하게 된다. 따라서 향후 국가균형발전특별회계 개편에 따라 '20년도에 지방이양사업이 반영되고, 생활SOC복합화시설 적용대학 확대 및 보조율이 인상된다. 그리고 '20년 차등지원 인센티브 평가항목이 변경된다.

국가균형발전특별회계 개편에 의해 '19년에 37+6개 균특회계 포괄보조사업은 2020년 예산편성지침을 기준으로 15+5개로 축소·개편된다. 특히 지역자율계정 중 37개 시도자율편성사업은 15개 포괄보조사업으로 축소되며 약 2조원에 해당하는 사업이 지방으로 이양된다. 또한 농촌자원복합산업화지원사업 및 지역전략식품산업육성사업 등의 농식품부 사업(7조7천억원), 도활사업을 포함하는 국토부사업(7조5천억원), 문체부 관광자원개발사업 등 대부분 시도자율편성사업 지방이양 된다. 예를 들어 '20년 국가균형발전특별회계에서 지역자율계정은 역대 최소규모이나 지역지원계정은 역대 최고규모로 변경되어 '20년 전남 국가균형발전특별회계 보조금 예산의 경우에 전년대비 47.7% 감소할 것으로 나타났다.

더욱이 2단계 재정분권(2021~2022)은 지방재정의 자율성·책임성 강화와 국가균형발전 촉진을 위해 국세와 지방세 비율을 7 : 3으로 개선됨에 따라 광주와 전남은 중장기 관점에서 국가균형발전특별회계 개편에 따라 적극적인 대응이 필요하다.

다섯째, 지역혁신체계 구축은 지역혁신협의회를 중심으로 혁신주체 활동을 결집하여 지역 주도의 발전전략 수립과 사업을 발굴하여 추진한다. 지역혁신협의회에서는 시·도발전계획 및 시행계획, 국가혁신융합단지 지정 및 육성, 지역발전투자협약안, 시·도의 국가균형발전시책 시행 등에 대해 심의하고 지역경제시책 운영체계를 평가 및 모니터링을 하는 역할을 담당한다. 또한 혁신기관 간에 연계 및 협력과 지역혁신 정책 및 성공사례의 발굴과 홍보하는 역할을 통해 소통과 협력의 매개역할 하도록 되어 있다.

현재 광주와 전남의 지역혁신협의회는 20명의 위원으로 구성되어 지역혁신협의회 활동을 하고 있으나 수요자중심의 지역혁신체계 구축의 관점에서 보면 아직은 지역혁신협의회의 내부의 역량을 다지고 있는 실정이다. 따라서 균형발전정책에 있어 지역혁신협의회는 이전의 지역 거버넌스와 달리, 실질적 권한 부여와 함께 지역발전의 혁신역량 제고를 통해 자립형 지역발전을 촉진할 필요가 있다.

또한 지역혁신협의회가 전문성을 갖고 지역 특화 전략산업 육성 계획 및 지역 주도형사업 기획, 부처 공모사업 우선순위 조정 등 컨트롤타워 역할을 강화해야 한다. 중앙부처 중심의 지역혁신 사업구조가 지역 중심으로 개편되고 있는 과정에서 지역혁신협의회를 중심으로, 혁신 주체 활동을 결집하여 지역 주도의 발전 전략 수립과 사업을 실질적으로 발굴하고 추진할 수 있도록 광주와 전남의 지역 여건에 맞게 지역혁신시스템을 형성해 가야 할 것이다.

2. 지역균형 뉴딜추진에 있어 광주·전남의 발전방향과 과제

정부가 한국판 뉴딜정책 추진에 있어 지역균형뉴딜정책의 의지와 로드맵을 명확히 제시한 만큼 지역차원에서도 지역경제의 위기를 전환을 모색하는 기회로 삼아 한다. 광주·전남의 지자체 차원에서 적극적이고 체계적인 대응과 실천이 뒤따라야 할 것이다, 이를 위해 지역경제 관점에서 발전방향과 과제는 다음과 같다.

첫째 한국판 뉴딜정책의 추진 목표가 경제구조 고도화와 지속가능한 일자리 창출에 초점을 두고, 디지털경제 촉진을 위한 미래지향적 대규모 사업 추진인 만큼 지역경제차원에서 기존에 구축된 지역경제의 잠재력을 최대한 활용하고 지역의 비교우위 자원의 강점분야에 집중 투자가 이루어져야 할 것이다. 기존 산업과의 융복합 촉진과 더불어 산업 경쟁력 강화와 글로벌 신산업시장을 선점할 수 있도록 지역경제의 구조고도화 차원에서 성과를 낼 수 있고 이것이 혁신 프로젝트 추진이나 융복합산업 활성화 과정에서 지속 가능한 일자리 창출의 선순환 구조와 연계될 수 있도록 지역차원에서 지역균형뉴딜정책의 추진과정에 선택과 집중이 이루어져야 할 것이다.

둘째, 지역균형뉴딜정책이 성공적으로 지역주도 혁신성장과 연결되기 위해서는 지역 현장수요를 반영할 수 있는 지역문제 해결로 전환해야 할 필요가 있으며 이를 위한 지역균형뉴딜 사업에 대한 비즈니스 모델의 개발이 요구된다. 지역균형뉴딜의 공공부문 지원사업이 지역경제의 기업 수요 주도의 문제해결형 비즈니스 모델로 전환되기 위해서는 중앙과 지역 주도 사업의 유기적 연계가 필수적 이다. 이를 위해 지역균형뉴딜정책에서 제시하고 있는 지속가능한 지역균형 뉴딜 생태계의 조성에 있어 지역균형뉴딜 사업에 대한 비즈니스 모델의 개발이 필수적이며 중앙-지방간 원활한 협업을 위해 구성될 '지역균형뉴딜 분과'에서 시도뉴딜추진단의 역할이 중요하다.

셋째, 혁신주도형 지역경제 활성화를 위해서는 지역에 혁신역량이 축적되어 있는 혁신주체를 활용한 혁신환경의 거점형성이 중요한데 공공기관의 역량을 활용하여 공공기관의 뉴딜관련 선도사업을 발굴하고 확대하여 혁신도시를 지역균형 뉴딜 거점으로 활용하는 것은 지역차원에 중요하다. 혁신도시는 현재 하드웨어측면에서는 많은 투자가 이루어졌지만 공공기관의 혁신주체가 지역경제 활성화와 연계된 소프트웨어 측면의 투자는 미흡하다고 할 수 있다. 혁신역량을 지역에 착근시키고 시너지효과 창출을 위해서는 혁신도시에서 지역잠재력을 반영한 대표 공공기관이 선도적으로 협업과제를 주도적으로 협업과제를 발굴하고 이를 통해 지역균형뉴딜정책을 통한 인프라 조성, 지역기업 지원, 지역인재 육성이 체계적으로 지원되어 혁신도시의 혁신역량을 지역경제 활성화와 연계하여 경제적 파급효과를 극대화할 수 있도록 유도해야 할 것이다. 특히 공공기관과 연계한 지역산업의 혁신을 위해서는 지역차원에서 지역혁신플랫폼을 만들고 이를 통해 지역산업과 주기적인 산학협력, 현장경험을 통한 인적자원의 고도화와 핵심자원화의 피드백 관계를 형성하여 차별적인 경로로 지역혁신의 촉진과정이 이루어져야 할 것이다. 앞으로 지역균형뉴딜정책이 지역혁신시스템과 연계되어 지역경제 위기의 전환을 모색할 수 있는 토대가 형성되길 기대한다.

참고문헌

관계부처합동, 『한국판 뉴딜 추진방향』, 2020.05.

관계부처합동, 『한국판 뉴딜 종합계획-선도국가로 도약하는 대한민국으로 대전환』, 2020.7.

관계부처합동, 『지역과 함께하는 「지역균형 뉴딜」 추진방안』, 2020.10.

국가균형발전위원회·산업통상자원부, 『제4차 국가균형발전 5개년계획(2018~2022)』, 2019.

김찬준·송하율·정종석·송우경·이두희·김현우·서정현·조성민, 『국가균형발전특별회계 개편 연구』, 국가균형발전위원회·산업연구원, 2019.

박진경·이제연, 『지방분권형 균형발전정책의 실효적 추진방안』, 한국지방행정연구원, 2018.

장재홍·이유신, 『지역별 혁신활동 수준 및 정책효과 분석』, 산업연구원, 2017.

안홍기·김수진·이미영·하수정·홍사흠·김다윗정, 『저성장기 지역균형발전 정책방향과 과제』, 국토연구원, 2017.

이성근·이춘근·나주몽, 『최신 지역경제학』, 법문사, 2018.

이원호, "우리나라 균형발전정책의 변천과 문재인정부 지역정책의 성공을 위한 정책과제", 『대한지리학회 학술대회논문집』, 2018, pp.22-30.

정종석·홍진기·송화율·김찬준·김현우·조성민, 『균형발전 인지예산 제도 도입에 관한 연구』, 산업연구원, 2018.

차재권, 역대정부 균형발전정책의 성과 평가, 『사회과학연구』, 제25권 제2호, 2017, pp.130-174.

무등일보 2010.10.03.일자 기사(http://www.honam.co.kr/detail/0kIA7d/583051)

___ 집필 저자 소개 (게재순)

나주몽

일본 큐슈대학교 지역구조전공 비교사회문화박사
(현) 전남대학교 경제학부 교수
대표실적
『최신지역경제학』, 서울: 법문사, 2018. (공저)
『사회적경제와 지역혁신』, 전남대학교출판부, 2016. (공저)
『지역협업의 과학』, 전남대학교출판부, 2016. (공역)

김원기

미국 Texas A&M University 경제학박사
(현) 전남대학교 경제학부 조교수
대표실적
"Impacts of RMB Devaluation on China's Trade Balances: A Time-Varying SVAR Approach", Applied Economics, Vol.52(45) pp.4952-4966, 2020.
"Government Spending Policy Uncertainty and Economic Activity: U.S. Time Series Evidence", Journal of Macroeconomics, Vol.61 103124, 2019.

이상호

KAIST 산업경영학 박사
(현) 전남대학교 경제학부 교수
대표실적
"Effects of integration with a consumer-friendly firm in a Cournot duopoly", Journal of Industry, Competition and Trade, 20(4), 2020.
『사회적경제의 정책과 실천』, 전남대학교출판문화원, 2018. (공저)
『Firms Strategic Decisions: Theoretical and Empirical Findings』, Bentham Science Publishers, 2018.

조수미

전남대학교 경제학 박사
(현) 전남대학교 지역개발연구소 학술연구교수
대표실적
"Corporate social responsibility and strategic trade policy: An endogenous timing game and its policy implications", Austrian Economic Papers, 58(4), 2019.
『사회적경제의 정책과 실천』, 전남대학교출판문화원, 2018. (공저)

김일태

미국 조지아대학교 경제학박사
(현) 전남대학교 경제학부 교수
대표실적
『사회적경제와 소셜이노베이션』, 전남대학교출판문화원, 2020. (공저)
『광주경제지도』, 전남대학교출판부, 2012. (공저)

김봉진

전남대학교 경제학박사
(현) 광주·전남연구원 책임연구위원
대표실적
"전남 철강산업의 전후방 연관구조와 정책적 시사점", 광주전남연구, 17, 2020. (공저)
"호남광역경제권 연계협력사업의 방향 탐색", 한국지역경제연구, 9(1), 2011. (공저)

박경석

프랑스 Paris I 대학교 경제학 박사
(현) 전남대학교 경제학부 교수
대표실적
"광우병 위기 이후 도입된 유럽연합의 식품안전정책에 대한 평가 : 사회후생 및 정치경제적 관점", 국제지역연구, 제22권 제3호, 2018.
"왜 도하개발아젠다 협상은 타결이 어려운가? GATT 및 WTO 무역자유화 협상에서의 의사결정", 무역학회지, 제36권 제5호, 2011.

이찬영

미국 아이오와주립대학교 경제학박사
(현) 전남대학교 경제학부 교수
대표실적
"출산율과 여성고용률의 동시 제고 방안 탐색: 광주전남 지역을 중심으로", 『한국지역경제연구』, 제18권 1호, 2020.
"광주전남 지역의 연령별·이동지역별 인구이동 결정요인 분석", 『산업경제연구』, 제29권 6호, 2016.

배정환

미국 펜실베니아주립대학교 농업환경지역경제학 박사
(현) 전남대학교 경제학부 교수
대표실적
"Green official development Aid and carbon emissions: do institutions matter?", Environment and Development Economics, 2020.

"Increasing consumer participation rates for green pricing programs: A choice experiment for South Korea", Energy Economics 74, 2018.

"Determinants of CO2 emission for post-Soviet Union independent countries", Climate Policy, 17:5, 2017.

구재운

미국 워싱톤대학교 경제학 박사

(현) 전남대학교 경제학부 교수

대표실적

"은행산업의 효율성과 경제성장: 지역 연구," 『한국지역경제연구』, 제15권 제1호, 2017.

"가계 부채와 소비: 지역 자료를 이용한 분석," 『한국지역경제연구』, 제17권 제3호, 2019.

정봉현

영국 셰필드대학교 도시·지역계획학 박사

(현) 전남대학교 경제학부 교수

대표실적

『사회간접자본(SOC)의 개발·관리정책 방향』, 전남대학교출판문화원, 2018. (공저)

『사회간접자본과 지역발전-호남권 교통현안과 대책』, 전남대학교출판부, 2010.